本书获西南大学马克思主义学院出版基金资助，为2019年教育部高校示范马克思主义学院和优秀教学科研团队建设项目（重点选题·西部选题）“西部地区高校研究生思想政治理论课教学研究”（项目批准号：19JDSZK050）阶段性成果

实践的力量

西南大学研究生思政课社会调查报告

主编／邱永琼　王永友　吴艳东

西南大學出版社
SWUP
国家一级出版社　全国百佳图书出版单位

图书在版编目(CIP)数据

实践的力量：西南大学研究生思政课社会调查报告 / 邱永琼，王永友，吴艳东主编. — 重庆：西南大学出版社，2022.12
ISBN 978-7-5697-1741-9

Ⅰ.①实… Ⅱ.①邱… ②王… ③吴… Ⅲ.①研究生—思想政治教育—研究—中国 Ⅳ.①G643.1

中国国家版本馆CIP数据核字(2023)第004127号

实践的力量:西南大学研究生思政课社会调查报告

主　编　邱永琼　王永友　吴艳东

责任编辑: 钟孝钢
责任校对: 王玉竹
装帧设计: 闰江文化
出版发行: 西南大学出版社(原西南师范大学出版社)
　　地　址: 重庆市北碚区天生路2号
　　电　话: 023-68868624
　　邮　编: 400715
经　销: 全国新华书店
印　刷: 重庆市圣立印刷有限公司
成品尺寸: 185 mm×260 mm
印　张: 16
字　数: 277千字
版　次: 2022年12月　第1版
印　次: 2022年12月　第1次印刷
书　号: ISBN 978-7-5697-1741-9
定　价: 48.00元

前言 PREFACE

长期以来，西南大学高度重视研究生“中国特色社会主义理论与实践研究”课程的实践教学，把实践教学作为研究生思政课教学的重要组成部分，并作为研究生思政课理论教学的重要拓展延伸，给出单独学时专门组织研究生进行社会实践。研究生思政课的实践教学逐渐实现了规范化、专题化、标准化和系统化，这已成为西南大学研究生思政课教学的一大亮点和鲜明特色。

2019年，西南大学获批了教育部高校示范马克思主义学院和优秀教学科研团队建设重点项目“西部地区高校研究生思想政治理论课教学研究”。在这一重点项目的支持下，西南大学研究生“中国特色社会主义理论与实践研究”课程的实践教学不断走向深入，实践教学的形式也进一步细化为社会调查、专题研究和革命教育基地参观学习。关于社会调查和专题研究，我们紧紧围绕经济建设、政治建设、文化建设、社会建设、生态文明建设、党的建设以及社会热点等内容，每年提供规范的选题供研究生开展社会调查和专题研究时选用。各教学班的同学自愿组合成若干个团队，每个团队原则上不超过5人，他们在任课教师的指导下确定选题，完成调查研究（或专题研究）并撰写调查研究报告（或专题研究报告）。各教学班在完成社会调查和(或)专题研究的基础上,组织班级内各团队先在课堂上进行汇报比赛,通过比赛推选出1~2篇优秀调查报告和(或)专题研究报告去参加全校实践教学汇报竞赛,评出一、二、三等奖。

此次结集出版的18篇实践报告就是2020至2021两年的部分获奖调研报告,涉及乡村振兴、农民权益、文化服务、环境保护等重大话题,以及现代大学生的网络观、婚恋观、生育观、资源观、生态观、环保观、党史观等观念,展示了西南大学研究生运用马克思主义及其中国化理论成果发现问题、分析问题与解决问题的意识和能力。这对于引导广大研究生深入学习中国特色社会主义理论体系,积极投身中国特色社会主义伟大实践,牢固树立道路自信、理论自信、制度自信和文化自信,不断增强广大研究生的历史使命感和社会责任感,进一步促进研究生“中国特色社会主义理论与实践研究”课程的实践教学,增强思政课教学的针对性、有效性和实效性具有重要意义。

目录 CONTENTS

重庆市荣昌区通安村乡村振兴调查报告

史文祺　王景宇　张斌[①]

摘要 乡村振兴战略是党和国家做出的重大决策，也是民心所盼，战略的实施为农村经济发展带来了重大机遇。然而，深入分析不难发现在现阶段乡村振兴战略的实施过程中依然存在着农村青年人才流失严重、青年回乡意识薄弱、农民综合素质偏低等现实问题，部分地区在工作落实中仅仅追求经济发展而忽视农村基层思想政治教育工作的问题仍然突出。

重庆市荣昌区通安村是重庆市六大乡村振兴示范点之一，作为乡村振兴战略实施的典型，在农村产业扶持、青年人才培养、基层组织建设、思想教育引导等方面具有示范性、典型性和代表性。本文综合运用文献研究法、实地调研法和对比研究法，围绕"打破乡村振兴战略发展壁垒"这一核心主题，通过对该地的实地调研，总结通安村在乡村振兴工作中的经验，侧重探讨基层乡村在乡村振兴整体布局中的能动作用。本研究提出了解决现阶段农村发展问题的几点建议，包括积极完善基层组织建设、推进乡风文明建设、重视高校人才引进、推进农村经济持续增长等。乡村振兴不仅仅是"经济振兴"，"思想振兴"也必不可少。因此，本研究在相应解决措施上可视化"乡村振兴""党的建设""经济"三者之间的内生关系，构建直观模型，以期为乡村振兴战略的落实、推进提供可行性建议。

关键词 通安村；乡村振兴；调查

① 史文祺、王景宇、张斌为西南大学马克思主义学院2019级硕士研究生。

乡村振兴战略是习近平总书记2017年10月18日在党的十九大报告中提出的战略。乡村振兴的最终目标，就是要不断提高村民在产业发展中的参与度，扩大其受益面，彻底解决农村产业和农民就业问题，确保当地群众长期稳定增收、安居乐业。中国过去是一个典型的农业国，中国社会是一个乡土社会，中国文化的本质是乡土文化。故而，振兴乡村显得尤为重要，对于避免中国落入“中等收入陷阱”，坚持新发展理念，全面建成社会主义现代化强国，实现中华民族伟大复兴的中国梦具有十分重大的现实意义和深远的历史意义。

实施乡村振兴战略要与巩固拓展脱贫攻坚成果有机衔接起来。要使乡村得以振兴，有效巩固拓展脱贫攻坚成果是前提。打赢脱贫攻坚战、实现全面建成小康社会奋斗目标①后，我国“三农”工作面临新形势、新任务，推动巩固脱贫攻坚成果同实施乡村振兴有效衔接具有重要战略意义。

本调查主要围绕重庆市荣昌区通安村的特色乡村振兴模式进行研究，包括通安村的“在村头”益农信息社电商平台、“陶都知青”文化品牌等经济发展特色模式，以及该村党支部的建设情况。本研究采用了实地调研法，以重庆市荣昌区通安村为调查对象。该村占地面积为9 300亩，共有14个村民小组，村民2 414户，总人口7 380人。特色农业产业优势明显，兰草、花椒、苗木等种植业基础较好，现有标准化蔬菜大棚600亩，精品苗木800亩，休闲垂钓水面200余亩。村域内现有渝西摩配、瑞力比燃气、锦坤陶瓷等八家企业。该村还是荣昌区生态农业科技示范园、安陶产业园和文化创意产业园所在地。

① 2021年2月25日，习近平总书记在全国脱贫攻坚总结表彰大会上庄严宣告，我国脱贫攻坚战取得了全面胜利，现行标准下9 899万农村贫困人口全部脱贫，832个贫困县全部摘帽，12.8万个贫困村全部出列，区域性整体贫困得到解决；2021年7月1日，习近平总书记在庆祝中国共产党成立100周年大会上庄严宣告，经过全党全国各族人民持续奋斗，我们实现了第一个百年奋斗目标，在中华大地上全面建成了小康社会，历史性地解决了绝对贫困问题。

本次调查研究采用了文献研究与实地调研相结合、定性分析与定量分析相结合的方法。在查阅大量国内外研究论文和研究报告，以及日常工作中各种汇报材料等基础上，对这些资料进行收集、整理、分析和比较，初步梳理通安村发展的现状，学习借鉴国内外成功的经验，明确了研究的方向，并适当参考主要媒体报道和重大会议上的领导讲话等内容进行综合分析，从中发现问题。调查涉及的具体实例以日常工作中开展的实地调研所掌握的情况为主。实地调研一般采取听报告、查阅资料、发放调查问卷、与基层干部群众座谈等灵活多样的形式开展。本文运用Microsoft Excel对收集的数据进行整理、分析和数理统计。本文尽量用数据说话，但避免大篇幅的数据堆砌，只对一些关键指标进行说明。

一、重庆市荣昌区通安村基本状况分析

重庆市荣昌区通安村近年来深入实施乡村振兴战略，村“两委”团结带领广大村民，按照“产业兴旺、生态宜居、乡风文明、治理有效、生活富裕”的总要求，创新发展理念，开拓新的发展思路，在民主法治、生态文明、产业发展等方面取得了较好成效，连续两年人均纯收入增幅超过15%，被评为农业农村部信息进村入户试验点、全国农业农村信息化工作现场示范点、重庆市基层宣传思想文化工作创新示范点等。

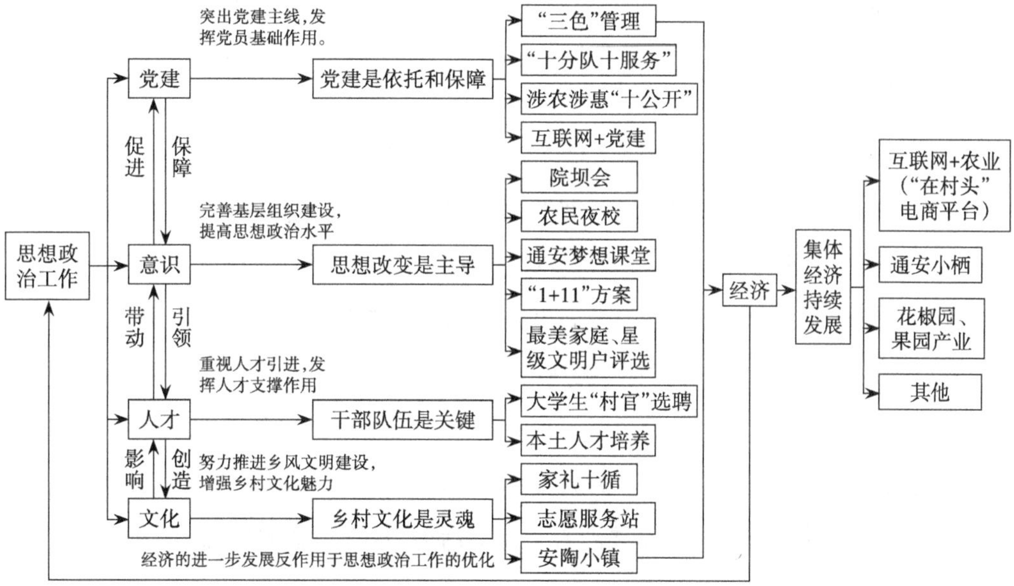

图1　通安村乡村振兴发展模式图

(一)党组织建设及人才队伍建设情况

通安村从党建、基层干部队伍建设和人才引进三个方面入手,做出了卓有成效的探索。

一是突出党建主线,以党建为支点,发挥党员在乡村振兴中的基础性作用。荣昌区目前有156个村(社区),其中通安村属于规模较大的村(社区),村中有7300多人,其中党员170多名,其他村民有相当一部分入党积极性高。近年来,通安村以党建工作为发力点,抓组织建设和党员管理。首先,开通了"通安村那些事"微信公众号,通过"互联网+党建"的方式,实现了党务、村务的网上公开,建立了流动党员、其他务工人员联系党组织的新纽带。其次,通过实施党员"十分队十服务""村干部涉农涉惠十公开"等措施,形成了党员为村民服务的新途径。最后,通过党员"三色"管理、党员网上登记等方式,构建了党员管理新模式。另外,通安村注重对普通民众进行党的思想理论的教育引导,主要通过院坝会等形式向村民介绍党的思想理论,提升党员和村民的思想觉悟,切实增强基层组织的组织力、向心力和凝聚力,为党员和群众在乡村振兴的广阔天地中建功立业提供坚实后盾。

二是加强基层干部队伍建设,以基层干部队伍建设为重点,发挥干部队伍在乡村振兴中的关键性作用。通安村党总支书记张雪把抓班子带队伍作为首要职责,经常与班子成员交心谈心,开设"通安课堂"每周为班子成员上党课,探索构建并完善"村干部涉农涉惠十公开"制度,建立全村党员的QQ群、微信群开展经常性教育,切实增强了基层干部服务群众、服务发展的能力,激发了广大党员干部干事创业的激情,赢得了村民群众的信任。

三是重视人才引进,以乡村人才培育引进为亮点,发挥人才队伍在乡村振兴中的支撑性作用。"致天下之治者在人才",人才队伍是振兴乡村的有力支撑。通安村重视人才引进工作,连续两届村党总支书记都是具备新思想、新知识的大学生,尤其是张雪书记带领通安村村民转变发展思路,开创"互联网+农业"新模式,极大促进了通安村的发展。同时,通安村亦鼓励和支持外出务工人员回乡就业创业,为家乡发展献策出力。通安村的两位名誉村干部林贤成和叶忠伦都是本地人,同时也是优秀的企业家,虽然在外经商,但村里的大事小事都积极参与,主动建言献策出力。这些先进人才的引进为通安村的发展注入了新的活力,带来了新的思想,在乡村振兴中发挥着支撑性作用。

（二）乡村文化建设情况

村委会通过开展家风润万家活动、评选乡贤好人活动、志愿服务活动，培育村民知情达理的新风尚。在通安村便民服务中心的公告栏上有许许多多的家风活动宣传，例如"最美家庭""星级文明户"评选活动，"最美家训""好家风故事"征集活动，传统节日体验式亲子活动，"家礼十循"宣传以及家风专栏等。在便民服务中心附近的居民楼里，就有几家村民的房屋前挂有"星级文明户"的荣誉牌。在与这些村民的交流过程中，我们能够强烈地感受到大家对于自己家被评为"星级文明户"后那种由衷的自豪感。除了家风展示活动以外，还有诸如典型选树传美德推荐评选活动、百姓茶会，以及志愿服务送爱心等文化建设活动。

此外，通安村还开展了"通安村梦想课堂"等活动（见表1）。

表1　通安村"梦想课堂"活动

课堂内容	主办单位	地点
迎新春写春联文化艺术课堂	通安村村委会	通安村会议室
新春关爱留守儿童励志课堂	通安村村委会	通安村会议室
折扇技术培训课堂	通安村村委会	通安村会议室
陶艺体验互动课堂	通安村村委会	通安村会议室
陶文化及观看荣昌陶器展览文化艺术课堂	通安村村委会	通安村会议室
组织留守儿童参观博物馆及陶艺体验	通安村村委会	通安村会议室
花椒种植及剪枝技术课堂	通安村村委会	通安村会议室
暑期留守儿童七彩课堂	通安村村委会	通安村会议室
院坝电影	通安村村委会	通安村会议室
创业就业课堂	通安村村委会	通安村会议室
田间课堂	通安村村委会	通安村会议室
送文化下乡文艺演出	通安村村委会	通安村会议室

课堂内容不仅有节日性质的"春联文化艺术课堂"、培训性质的"折扇技术培训课堂"、本地特色的"陶艺体验互动课堂""花椒种植及剪枝技术课堂"，还有诸如关心村里留守儿童成长发展的"新春关爱留守儿童励志课堂""暑期留守儿童七彩课堂"，等等。课堂形式多种多样，内容丰富多彩，涉及老百姓生活的方方面面。这些活动极大地提高了村民们的学习热情，而且，这些有趣的课堂形式，让更多村民了解了外

面的世界，开阔了他们的视野，与时代接轨，感受新时代伟大祖国翻天覆地的变化。

“陶文化”一直是通安村的主要特色文化之一，如何传承与发展其特色陶文化也成了村里领导班子的重要思考问题之一。村委会的领导班子一直都在挖掘、打造专业人才队伍，形成合力。在安北陶艺村里引进了安富本地的制陶大师刘吉芬，他不仅是重庆市的工艺美术大师，还是国家级非物质文化遗产项目——荣昌陶的代表性传承人。同时，通安村和安北陶瓷厂合作开设陶艺课程，对有通安村户籍的妇女和儿童，每年提供不少于4次的陶艺体验和培训课程，为“陶文化”在通安村的传承打下基础，为制陶人才的集聚提供基地，从而大大提高了“陶文化”给通安村带来的文化效益。

（三）“农村—电商—城镇”模式助力乡村振兴

“电商”是近几年最火的词语之一，通过电商创业成功的人不在少数，而将电商用于乡村振兴，则是一个很好的实践模式。我国有许多农村地处偏远地区，与外界交流不便，相对闭塞，村民想要外销产品或者购买生活用品比较麻烦。但是，互联网却可以打破时间和空间的界限，“农村—电商—城镇”模式让农村与外界的交流变得方便，从而促进了农村的发展。

在通安村，“在村头”电商平台便是利用互联网助农益农的优秀案例。“在村头”从通安村发源，到覆盖荣昌区所有行政村只用了不到两年的时间。这一“奇迹”是由荣昌“在村头”农村电商孵化平台创造的。这一平台还入选了全国“互联网+”现代农业百佳案例名单，这是因为它将农民最需要的服务融入电商平台。“在村头”以“共创、共赢、共理、共心、共享”为理念，以在每个行政村建立独立的电商平台和信息服务点为抓手，将农民最需要的服务都融入这一平台，为农民服务“到村头”。

类似于“在村头”这样的电商平台，都是由本地村干部或创业青年发起，通过信息化手段，解决农户农产品销售问题；通过产品生产、销售标准化和溯源体系的建立，解决农产品安全问题；通过平台服务功能，协助村委会村级治理；通过平台宣传引导功能，转变农户的生产生活方式，实现农业信息化入村入户；通过平台的共享功能，让城里人能及时享用高品质、原生态的农产品。村民不仅可以通过平台进行农产品销售，接受特色农产品种植技术的培训，购买各种农用物资，还能通过平台上的村务公开信息、村内人脉网，享受到村务方面的服务，真正形成了线下管理和线上管理相融合的新型农村治理模式。因此,“农村—电商—城镇”模式的创新运用对乡村振兴战略的实施有着不可忽视的作用。

二、新时代基层乡村振兴模式存在的问题

我们在调研的过程中发现,基层乡村振兴模式尚存在许多突出问题,具体来说,体现在实施的针对性不强、人才问题、党支部领导力不强等方面。只有具备“问题意识”,才能对症下药。只有明确制约乡村振兴的因素,才能找到破题之途。

(一)乡村振兴的具体实施上针对性不强

在乡村振兴的具体实施上,产业选择的针对性不强,没有深入挖掘当地的乡村特色,因地制宜、因时制宜、因势制宜地选择适合的产业。这就导致乡村缺乏投资的良好环境,无法吸引投资,也使得较新、较优的技术不能落地。

首先要明确的是,乡村的产业不一定都是劳动对象为农作物、牲畜等的传统乡村产业,也可以是结合地方特色的新型劳动产业。比如将绿水青山转化为金山银山,具体而言,就是将自身的特色转化为优势。其次,选择的产业一定要适合当地环境、适合自身水平,不能搞“一刀切”,应选择最佳配置方案,而不是盲目地不加选择地见一个学一个,否则就会导致“捡了芝麻丢了西瓜”,失去了本地的特色和优势。

(二)乡村振兴中人才问题突出

一是人才数量不足。实施乡村振兴战略,是全面建成小康社会后开启全面建设社会主义现代化国家新征程的必然选择。但是,基层乡村振兴人才队伍的总量却难以满足其内在需求。首先,乡村振兴人才队伍仍存在大量“失血”的问题。如今,一些乡村人口“空心化”严重,由于现有的户籍、宅基地租赁、土地流转等一系列政策,以及在公共服务和文化生活上乡村与城市存在一定的差距,我国一些地区的人才由农村单向地流入城市,农村发展出现“失血”和“贫血”问题,难以吸引和留住优秀人才。其次,乡村振兴人才队伍的“输血”有待加强,乡村振兴得以实现的一个重要途径是要引导各类优秀人才回归乡村。然而,当前我国乡村振兴人才政策尚不完善,制度化和规范化的设计不足,存在临时性和碎片化问题,导致各类人才想回回不来、回来留不住、留下留不长。而且,农村的工作较为繁重、待遇较低、升迁慢,这也导致

一些人才不愿回农村工作。最后,乡村振兴人才队伍实现“造血”功能还需再规划。目前,我国城乡之间仍存在较大差距,农村发展相对滞后,且缺乏完善的育才机制以及科学的发展平台。农村人才管理存在较大空白,大量农村籍大学毕业生、其他青壮年劳动力流向城市,农村的内部“造血”机能弱,难以形成人才、产业集聚的良性循环。

二是人才素质不高。乡村振兴战略的实施不仅需要各种类型的劳动力,还需要素质较高、能力较强的实用型人才。当前,农业生产已经达到了一个新的水平,现代农业是一项对技术水平要求较高的科技型产业,需要一支素质较高、管理能力较强的人才队伍。然而,由于历史和现实等各方面原因,当前从事农业生产的人员,尤其是从事农业一线生产的人员,受教育程度普遍偏低,综合素质不高。许多基层干部也欠缺对“互联网+农业”等新兴业态的了解,对新技术、新方法缺乏有效掌握与实操训练,对新技术、新产品的应用能力差,尤其是主动进行技术创新的动力不足,对科学技术的接受和应用能力较差。

三是人才结构不优。当前,乡村振兴人才队伍不仅数量不足、素质不高,而且还存在结构不优的问题。一是年龄结构上,乡村干部队伍以老年人为主体,年轻人较少。二是生产结构上,乡村人员以从事普通农业生产经营为主,而从事规模生产经营的较少。三是人员类型结构上,乡村人才流失严重,凡有一技之长的大多流入了城市,导致乡村人才匮乏,主要表现为新型职业农民、实用人才较少,既懂技术又懂管理的复合型人才更是缺乏。

(三)乡村振兴中党支部领导力量偏弱

“乡村富不富,关键看支部。”习近平总书记在党的十九大报告中指出:“党的基层组织是确保党的路线方针政策和决策部署贯彻落实的基础。要以提升组织力为重点,突出政治功能,把企业、农村、机关、学校、科研院所、街道社区、社会组织等基层党组织建设成为宣传党的主张、贯彻党的决定、领导基层治理、团结动员群众、推动改革发展的坚强战斗堡垒。”乡村基层党组织是乡村生产力发展的重要支撑力量。

乡村经济的快速发展离不开坚强而有力的乡村基层党组织。将党支部的力量充分发挥出来,成为“扛大旗”“指方向”的关键,这既是中国特色社会主义的制度优势,又是实现乡村振兴的保障。然而,在实践中,乡村党支部建设往往存在三方面突出问题:一是支部建设缺乏活力,没有充分发挥出党的核心力量,战斗堡垒作用没有形成;二是支部部分党员先锋模范作用不强，没有更好地展现个人主观能动性；三是支部领导班子的内部结构不完善，不能充分发挥领导力量。

三、新时代乡村振兴模式存在问题的原因分析

乡村振兴所面临的突出问题，主要集中在思想意识、组织建设等方面，对这些问题做系统分析，是走出新时代乡村振兴困境的应有之义。

（一）思想意识："等靠要"现象仍部分存在

自从党中央提出乡村振兴战略以来，通安村在推进乡村振兴工作中着重抓的一个方面是精神文明建设，特别是思想建设，而在思想上，最主要是破除部分村民的"等靠要"思想，增强他们的内生动力，引导他们形成自我发展意识。

我们在调研过程中了解到，在之前的脱贫攻坚阶段，群众对那些好吃懒做、不劳而获的贫困户有不满的情绪。通俗地讲，就是有些贫困户张口要政策，伸手要条件，寄希望于"天上掉馅饼"。他们平时好吃懒做，不积极脱贫，拿着国家补助吃喝玩乐，日子反而过得"潇洒"，但又不符合脱贫条件，成为脱贫工作的难点和重点。"等靠要"思想是极度缺乏进取心和奋斗精神的表现。

在推进巩固拓展脱贫攻坚成果同乡村振兴有效衔接的过程中，基层党组织要充分发挥广大村民的主体作用，调动其自我发展的积极性和创造性。

通安村在村民的思想建设方面，主要通过开院坝会，布置宣传展板及标语，开展各种荣誉评选活动和志愿者服务来激励村民艰苦奋斗、自立自强。党的十九大、二十大闭幕后，通安村通过在各村社轮流举行"党的十九大、二十大精神宣讲院坝会"来宣传党的乡村振兴相关政策、精神。在通安村便民服务中心的公告栏上有不同方面的家风活动展示，例如"最美家庭""星级文明户"评选结果等。在便民服务中心附近的居民楼里，我们看到好几家村民房屋前挂有"星级文明户"的荣誉牌。除此之外，还有诸如典型选树传美德活动、志愿服务活动、文明旅游志愿岗等活动。

归根结底，乡村振兴的有效推进关键要靠物质和精神共抓，产业振兴和思想转变共进，充分激发脱贫群众因认同劳动光荣、懒惰耻辱而产生的内生动力，引导他们树立自力更生、勤劳致富的思想意识。

（二）人才引进困难，乡村难留人才

乡村振兴战略的实施旨在发挥农民发展的主观能动性，打造一体化的城乡关系，推进乡村文化建设，稳步提升农民整体生活质量，而这一些目标的实现关键在人、在人才。但是由于农村经济、社会发展的相对滞后，依靠土地上劳作所得为主要收入或者全部收入的农民，尤其是有一定文化或者掌握了一定技术的青年农民，面对在家劳作收入与外出务工收入的巨大差距以及乡村文化、娱乐设施的滞后，留在农村的意愿较低。即使有乡村振兴相关政策的支持，农村经济长期发展缓慢的客观事实，使农民尤其是青年农民不相信农村经济能够快速发展、农村整体面貌能够在短期内有实质性改变，青年尤其是青年人才不愿意留在农村或者回村创业。因此，乡村难以留住自己的人才，乡村振兴所需要的农村内在发展动力不足。

外来人才尤其是高级人才愿意到农村创业发展，不外乎基于情怀、良好的自然环境与资源、经济效益与社会效益等原因，但是最根本的吸引力还是在于经济效益与社会效益。而经济效益与社会效益难以在短期内实现，这就需要人才政策与经济政策的大力支持，但是目前政策力度不够大，且现有政策落实也不到位。因此人才引进困难，乡村发展供血能力、续航能力都还存在不足。

（三）党组织建设薄弱，战斗堡垒作用不够凸显

首先，要将党组织的建设与开展乡村振兴工作进行有机结合。党建工作与乡村振兴工作同步开展，能够较好地提升乡村振兴工作的精准度。中国共产党作为广大人民群众切身利益的维护者，其党建工作能使乡村振兴更好地开展，而乡村振兴战略的提出实际上是党建成果在“三农”问题上的一种凸显。当前，乡村振兴已经进入了一个新的阶段，党建工作与乡村振兴相结合，自然成为乡村振兴工作的重要抓手。然而，在实际工作中，如何充分发挥基层党组织的力量成为问题的关键，解决这一问题的关键首先就在于加强党的建设。这又包含了两层意思：一方面是加强思想建设，提升思想政治工作的有效性；另一方面是加强支部建设，在组织构成上要能发挥个人主观能动性。

其次，应始终坚持以党建统领乡村振兴工作。有序开展党建工作，能让党的乡村振兴工作领导能力得到有效提升，而有序开展乡村振兴工作，也能促进基层党建。开展乡村振兴工作，实际上也是对基层党组织综合能力的一种检验，对于基层党组

织而言，开展乡村振兴工作的过程也应当成为其同步开展党建工作的过程。在开展乡村振兴工作中暴露出的种种问题，必须引起基层党组织重视，基层党组织要借助开展乡村振兴工作的契机，更好地开展党建工作。

四、优化新时代乡村振兴工作的举措

通过对重庆荣昌通安村、四川大凉山、湖南十八洞村等地一些具有代表性的乡村振兴探索模式的研究发现，无论是哪一种振兴模式，它们都是在扶贫先扶志（思想脱贫先于物质生活脱贫）的基本理念上形成的。比如：大凉山精准扶贫模式中的“四好家庭”和“农民夜校”建设，十八洞村的“道德星级评价”，以及通安村精神文明建设中的“最美××”系列、整洁庭院、星级文明户的评选等，这些都是思想脱贫在精准扶贫中发挥重要作用的佐证。大凉山和十八洞村作为全国精准扶贫重要的示范点，在国家乡村振兴战略的布局中发挥着重要作用，为巩固拓展脱贫攻坚成果同乡村振兴有效衔接提供了一种可借鉴的发展模式。

（一）完善基层党组织建设，提高思想政治工作水平

农村基层组织在乡村振兴战略的实施中发挥着“压舱石”的作用，必须用组织建设来保障乡村振兴战略的落实，而组织建设不够完善是目前制约乡村振兴发展的短板，进一步加强基层党组织建设是乡村振兴战略实施阶段亟待解决的问题。

一是提升基层党组织的组织力。基层党组织是确保党的路线、方针、政策得以实施的基础，是构成党组织的细胞。要充分发挥基层党组织对乡村振兴战略布局的保障作用，明确党建就是生产力的理念。思想建设是党的基础性建设，加强党组织对思想政治工作的指导，可以全面提升党的组织力、领导力和凝聚力。为此，必须使用思想政治教育这个法宝，通过加强基层党组织的理论学习、提高干部的思想认知水平、营造风清气正的组织环境，使其与乡村振兴战略的要求相适应。同时，正确面对社会意识形态多样化、复杂化的趋势，发挥基层党组织在实施乡村振兴战略中的引领作用，形成服务型、创新型、学习型、教育型和交互型的新型综合基层战斗堡垒。

二是加强干部队伍建设。干部队伍的素质直接影响了乡村振兴战略的具体落实，农民和乡村干部之间好比“渡船”与“摆渡人”的关系，需要双方共同努力才能完成乡村振兴这项“过河任务”。因此，必须加深干部对党和国家最新政策的了解程

度，提高基层干部的思想认知水平，加强对基层干部的理想信念教育，强化对干部队伍的监督。建立专职、兼职和挂职的基层思想政治教育干部队伍，发挥农村党员、先进村民的表率与带动作用，形成党管人才、党育人才的政治格局。基层干部队伍的建设应注重强化对干部的思想意识形态教育，提升他们的自我认知能力和工作实践能力。干部队伍的建设应当结合实际，符合当地发展要求，以增强村民的获得感和幸福感。

(二)加强人才输入，高校助力乡村振兴

由于新时代乡村振兴工作中存在着“人才贫血症”和“文化缺乏症”。要完成乡村振兴的战略部署，保证乡村良性运转，必须将人才振兴、活动创新和管理更新等有机地结合起来。然而，现阶段乡村存在内生动力不足、生产要素不全、社会关系不优、综合素质不高等客观条件。这既要依靠政策保障，又要调动有利因素确保留住人才。

若要乡村振兴，干部队伍建设是关键。农村人才匮乏，村干部结构不合理，原来的干部队伍亟须改进，大学生“村官”的到来不失为一个促进改良的催化剂。

通安村目前村干部主要有“五职”，即(正副)书记、主任、民政、低保和会计等，分别负责相关工作。本土干部，是由街道安排相关适合的人，然后进行招聘选任，而大学生“村官”则是由市委组织部招聘来的，学历要求在本科及以上。

本地村干部的文化水平普遍较低，思想相对保守，缺乏带领大家脱贫致富的本领，习惯了传统的方法，形成了思维定式，大多凭热情和经验做事，不善于变通，缺乏创新精神。因此，国家通过选聘大学毕业生到村担任村干部，为农村输送有用的人才，让这些有眼界、有知识，且朝气蓬勃的新生力量去充实基层干部队伍，在一定程度上改变了农村人才缺乏及村干部结构不合理的状况。

大学生“村官”对于乡村振兴起着重要的作用。在通安村，人人都知道、人人都夸奖的大学生“村官”张雪，便是最好的例子。张雪，人称“张村头”，她在职期间搭建起农业电商孵化平台，开通了“工业品下乡，农产品进城”的快车道，让村民在家实现创业致富。张雪带头搭建起的“在村头”电商平台，让村民像城市人一样能享受到价廉物美的网购服务，而农产品代销功能的叠加，更让通安村的村民分享到了电商的红利。

因此，选聘大学毕业生到村任职，是贯彻党的十九大、二十大精神，推进乡村振兴工作的一项重要举措，对培养和造就与人民群众有着深厚感情的党政干部后备人才具有重大而深远的战略意义。农业、农村的发展和进步，农民的致富，都离不开先进文化、先进科学技术和法治观念的支撑。选聘大学毕业生到农村担任大学生“村官”，能为乡村振兴带来先进发展理念和提供智力支持。一些所学专业与农业和农村相关的大学毕业生，他们的专业知识较为丰富，整体素质也较高。让当选的大部分大学生“村官”留在农村，把他们学到的先进文化知识和科学技术与农村实际结合起来，可以从根本上转变农民传统的生产方式、交往方式和价值观念，引导农民投身于乡村振兴的实践中，从而更好地促进村民法治观念和科学发展意识的形成、民风民俗的改善，真正带动农民致富，推动农村经济、社会又好又快地发展。

（三）推进乡村文化建设，提升乡村振兴实效与时效

在乡村文化建设中，传统乡村文化风俗具有基础性地位，在长期的历史进程中形成的优良传统与独特氛围让当地人民接受并遵循，形成了当地人民所特有的精神风貌，具有改善人际关系、激发爱国热情、增强文化自信和调节社会矛盾等重要价值。乡村文化振兴的关键是乡风文明的建设。

一是培养村民自觉学习的意识。在乡村振兴中，农民始终是贯穿全局并发挥着绝对的中心作用的，是实现乡村文化振兴的重要力量。但是，农民自身思想意识淡薄、自觉学习精神缺失及农民自身的局限性等现实性问题是制约乡村振兴有效推进的“枷锁”。引导村民树立文化就是财富、风俗即财产的理念，让村民切切实实感受到文化的价值与魅力，树立自觉学习、终身学习的观念，从“自在”的状态转变为“自觉”的学习状态。坚持由村级干部牵头培养农民的学习意识、搭建农民自我学习的平台、营造自觉学习文化的氛围尤为重要，以“树典型、立新风”为主题开展宣传活动，通过“典型引领”的方式带动全体村民自觉弘扬传统美德，并融入文化风俗礼仪活动。通过开展农民技能培训、举办村级讲堂、评选最美乡贤等活动，营造农村积极向上的文化学习氛围。

二是提高农民的认知水平和知识水平。农村发展相对落后在一定程度上与村民文化素养较低、思想观念落后、科学知识缺乏有关。在改造村民“客观”生活环境的基础上，更要注重培养村民的“主观”意识，丰富他们的精神文化生活，使其树立正确的科学观、世界观，通过思想境界的提升来为提升生活质量和实现长期富裕奠定

必要的思想基础。农民现代农业知识技术的缺失是制约农业发展的最直接的原因。这一方面是由现代农业生产技术供给与农民需求不符合所致,现代农业生产技术讲究“因地制宜”,要求对不同地区、不同时间、不同作物采用不同的方式,片面地学习“生产技术”而不讲究变通最终只会导致产量不高、效果削弱的结果;另一方面则是源于农民自身思想政治水平没有得到有效提高,这导致农业技术的发展与农民对技术的掌握能力不协调。农民农业技术水平的提高不能仅仅靠直接地传授技术,最终应靠思想上的转变带来对技术的掌握。通过在农村开展农业知识培训、举办农民自查自学讲堂、开设微党校等,丰富农村文化活动和开展思想政治教育。另外,发挥先进典型的模范作用,以点带面在寓教于乐中对农民进行间接的思想政治教育。只有真正提高农民的思想政治水平,农民才能更好地掌握农业技术知识。

三是利用活动载体和创设环境引领文化创新发展。相比于传统的语言文字载体,活动载体更能有效地激发村民参与的积极性,在活动中加强对文化的认知、提升对文明的思考、增强参与乡村振兴的行动力,使村民参与其中、乐在其中。文化娱乐教育活动要有特色,要充分发挥本地传统风俗的独特优势,提升活动的知名度与影响力,不断发掘潜在的文化活动形式,扩展现有文化资源的内涵意义。文化以一定的环境氛围为基础,环境的优劣程度影响甚至决定了文化传承发展的速度与成效。一方面,要坚持保护生态环境与文化风俗并行,生态环境不仅影响文化遗产的保存,也是利用文化风俗开发衍生产品的基础。我们既要为文化遗产提供适宜的保存空间,防止因小失大、眼光短浅的急功近利行为,又要打造宜居的乡村生活环境,保证生产与生活不冲突、不矛盾。另一方面,坚持创设良好的人际氛围与民风民俗,在传承当地优秀精神文化的同时,打造家庭内部、村民内部、村内村外人员之间的友好和谐关系,形成人人安居乐业、共建村庄、共享幸福的良好局面。

乡村振兴战略正在稳步实施,乡村振兴惠及的群众生活基本稳定、经济收入改观、思想观念更加进步、自我发展的积极性显著提高。本文通过调研通安村乡村振兴情况,分析总结出了通安村采取的主要方法与模式,即思想扶贫是主导、干部队伍是关键、“农村—电商—城镇”模式助力乡村振兴、集体经济持续发展、党建作依托和保障的五种模式,希望通安村的案例对有类似情况的农村发展能提供借鉴和参考,使其更好地推进乡村振兴战略的实施。

(指导教师:西南大学马克思主义学院　王永友)

重庆市××区失地农民生活现状与权益保障调查报告

包晓霞　石晶[①]

摘要 20世纪80年代以来，我国城市化进入了加速发展的新阶段，一批新的城市在诞生，原有的城市在扩容，近郊农用土地不断转变为城市用地。城市建设步伐的加快和城区的日益扩展正在冲击着人们传统的思想观念和生活方式，在此过程中，无法回避的是失地农民的生存问题也随着城市化的推进而日趋严重。本文通过问卷调查法、访谈法等方法，总结了重庆市××区失地农民的生活现状和权益保护情况，同时也指出了在征地过程中出现的一些问题，比如补偿标准滞后、不够明确，失地农民对于赔偿款的使用不合理，失地农民就业难、收入不稳定以及精神匮乏等，这些问题容易引起群体性的思想波动和行为冲动，给社会安定带来不稳定因素。为保障失地农民生活质量和提升权益保障水平，本文以重庆市××区失地农民为调查对象，探析失地农民在市民化过程中存在的一些问题，并提出解决方案，以期为政府的决策提供更多切实数据，提高其决策效率。

关键词 失地农民；生活现状；权益保障

① 包晓霞、石晶为西南大学国家治理学院2020级硕士研究生。

伴随着城市化和城镇化进程的不断加快，城市建设对土地的需求日益旺盛。这一过程导致农民失去赖以生存的土地，伴随而来的是他们的生存、就业和发展等各种民生问题。虽然就征地本身而言，并非绝对的坏事，因失去土地而进入城市的农民，本该有更好的生存环境和发展机会。但是，土地对于农民来说是保障、是依靠、是生存之本，如果农民失去了土地，也就失去了生计之源、生存之基，甚至会徘徊在城市的边缘，成为新的“三无农民”——种田无地、就业无岗、低保无份。在城市化的进程中，土地是关键要素之一，与此同时，农民与土地之间的关系也处于转变之中。当前，城市化、城镇化进程加快，失地农民的数量增多，失去土地的部分农民游走于城市的边缘。我们应该关注这些失地农民，小而言之，关注失地农民的生存问题就是关注亿万农民兄弟的生存和发展；大而言之，是为巩固和维系国家的长治久安，维护社会稳定和谐考虑。

本次调查主要围绕重庆市××区失地农民的生活现状和权益保障情况，包括失地农民的就业情况、经济收入、日常生活、养老和就医保障等方面。本研究通过问卷调查和访谈法收集资料，调查时间为2020年，从××社区（该社区主要用于安置该区失地农民）中分别抽取一批样本进行调查，调查共发放调查问卷154份，收回有效问卷128份。从年龄来看，被访人员年龄最小为14岁，最大为74岁，但主要集中于适龄劳动人员，“4050”人员（45~60岁男，40~55岁女）共52人，占样本总数的40.6%；除“4050”人员外的适龄劳动人员共71人，占样本总数的55.5%；非适龄劳动人员5人，占样本总数的3.9%。从学历来看，文化程度主要以初、高中为主，其数量为91人，占总样本人数的71.1%；最低学历为小学，共5人，占总样本人数的3.9%；大专及以上文化程度的共32人，占总样本人数的25%。

本研究采用问卷调查法和半结构式访谈法，将问卷调查所得数据录入Stata，剔除无效问卷后，对生成的调查结果进行下一步分析，半结构式访谈得到的信息用以辅助分析。

一、重庆市××区失地农民生活现状和权益保障基本状况分析

重庆市××区的征地与赔偿情况与失地农民的生活状况息息相关,但是其征地补偿的标准是否明确和统一?失地农民是如何处置这一笔赔偿款的?失地农民对政府的征地补偿情况是否满意?征地之后,失地农民的生活又有什么变化?我们针对这些问题展开了相关调研。

(一)征地情况与补偿

1.补偿标准

政府在2018年对征地补偿标准进行了一次调整(具体见表1与表2)。但是,目前实际执行的征地补偿标准仍有一部分是按照调整前的标准,即《重庆市人民政府关于调整征地补偿安置政策有关事项的通知》(渝府发〔2008〕45号)。现在实际执行的计算标准为:征地补偿费=土地补偿费+安置补偿费+农村房屋、青苗和地上附着物补偿+住房安置费;土地补偿费一类地区每亩16000元,二类地区每亩15000元;安置补偿费每个农转非人口38000元;养老保险的费用出自安置补偿费,80%交社保,国家补一些,女性40岁以上、男性45岁以上可以扣齐15年,剩下的20%平分,16岁以上根据不同的年龄买社保,最低要买15年,女性买到55岁,男性买到60岁;住房安置标准是人均30平方米,如果不要住房的话就按3500元/m²进行折算。

表1 调整前补偿标准

序号	补偿项目	补偿标准
1	土地补偿费	一类地区16000元/亩、二类地区15000元/亩
2	安置补偿费	28000元/人
3	房屋、青苗	200元/m² 1760元/亩
4	住房安置费	8.8万元/人或30 m²/人(房或者钱选其中一个)
5	生活附属设施费	2000元/户
6	集体所属附着物补偿	2200元/亩
7	村集体附着物补偿	330元/亩
8	个人附着物补偿	19800元/人;人均土地2.5亩以上,0.5亩500元
9	听话奖(按时拆迁)	2500元/人
	听话奖(按时搬家)	800元/户 600元/人
	听话奖(按时办理手续)	2500元/人

表2　调整后补偿标准

序号	补偿项目	补偿标准
1	土地补偿费	一类26000元/亩、二类25000元/亩
2	安置补偿费	38000元/人
3	房屋、青苗	200元/m^2 1760元/亩
4	住房安置费	11.5万元/人或30 m^2/人(房或者钱选其中一个)独生子女有半份,成功受孕有人头
5	生活附属设施费	2000元/户
6	集体所属附着物补偿	2200元/亩
7	村集体附着物补偿	330元/亩
8	个人附着物补偿	19800元/人;人均土地2.5亩以上,0.5亩500元
9	听话奖(按时拆迁)	2500元/人
	听话奖(按时搬家)	800元/户 600元/人搬家费
	听话奖(按时办理手续)	2500元/人

2.征地补偿款用途多元

对被访人员的问卷调查结果显示,征地补偿款主要被用于储蓄、养老、投资、做生意、教育、装修、日常开支和娱乐等(见图1)。从数据显著性来看,16~40岁的人群更愿意将补偿款花在教育、装修、日常开支和娱乐活动中,教育主要是除义务教育之外的幼儿园阶段,40~65岁的人群更愿意将补偿款花在投资和储蓄上,65岁以上的人群主要将补偿款用于储蓄和养老等,并且与将补偿款用于娱乐呈负相关。女性比男性更有可能将补偿款花在日常开支等方面,并且与将补偿款花在娱乐方面呈负相关。

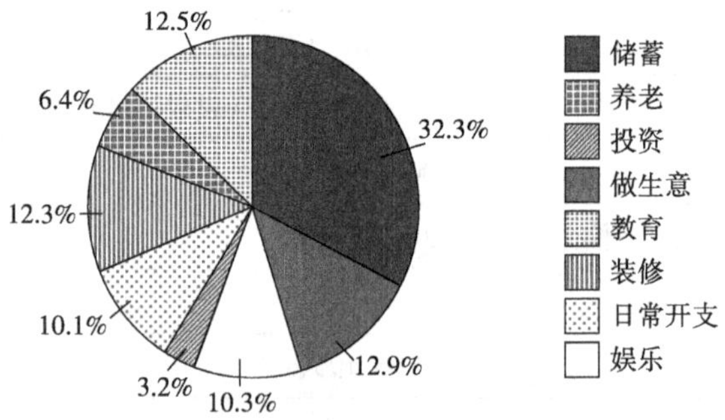

图1　征地补偿款用途

3.失地农民对征地的态度

我们对同意征地意愿、是否了解补偿标准和土地补偿满意度进行了调查，从调查数据来看农民同意征地的意愿较强（见图2），因为在大家心目中征地拆迁是一件有非常积极意义的事，关键是能一次性获得一大笔钱。而对于少数不愿意征地拆迁的人，我们也进行了访谈，原因大多是一些老人不愿意离开已经生活了多年的村庄。从对补偿标准的了解程度来看，47.7%的受访者表示不了解或非常不了解征地补偿标准（见图3）。同时，60.2%的受访者对征地补偿情况不满意或非常不满意（见图4）。我们分析了对征地补偿不满意的原因，主要是因为补偿的标准没有根据物价上涨而调整，政府在执行补偿相关事宜时不够透明等。

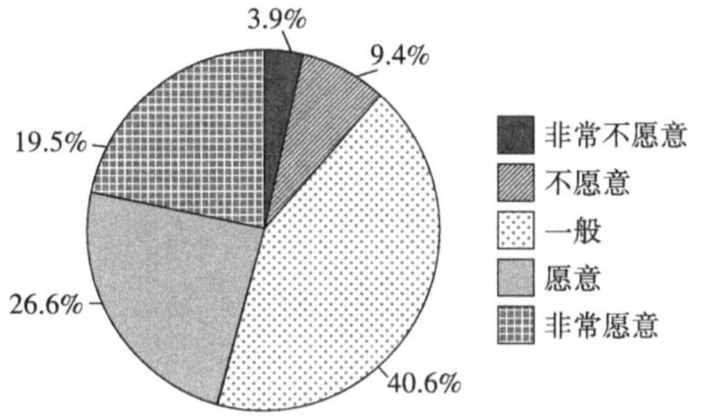

图2　征地意愿调查

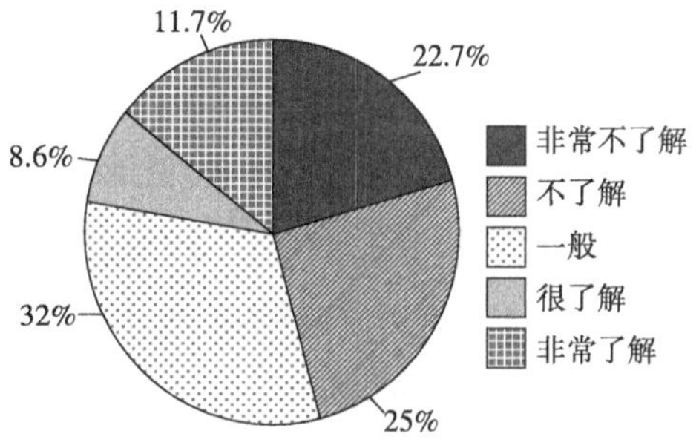

图3　对征地补偿标准的了解情况

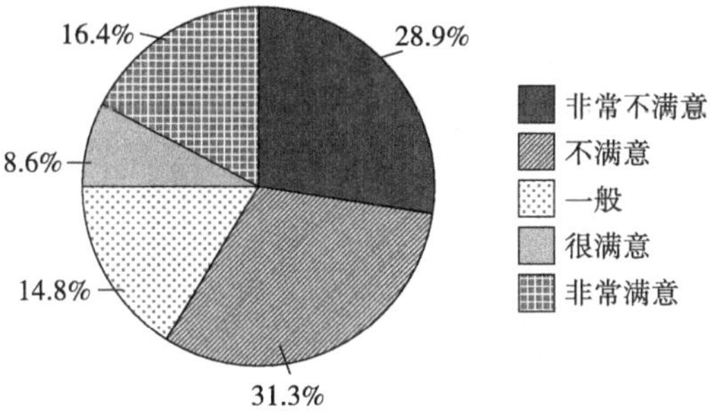

图4　对征地补偿的满意度

（二）开发区失地农民生活现状

××社区位于重庆××区××镇，计划修建安置用房142万平方米，用于安置该区的部分失地农民，共分为四期，一期安置5429户，约1.4万人，已于2012年7月入住；二期安置3906户，9000人，已于2013年7月入住；三期安置1.2万人，已于2014年7月入住；四期安置1.1万人，已于2016年7月入住，小区业主全都是农转非人员。

1.物质生活状况

(1)就业状况

在开发征地前,劳动就业状况主要以务农为主,受访人员中务农人员所占比例为32.8%,非农行业分布广泛,主要涉及服务行业、企业、自由职业、事业单位等(见图5)。

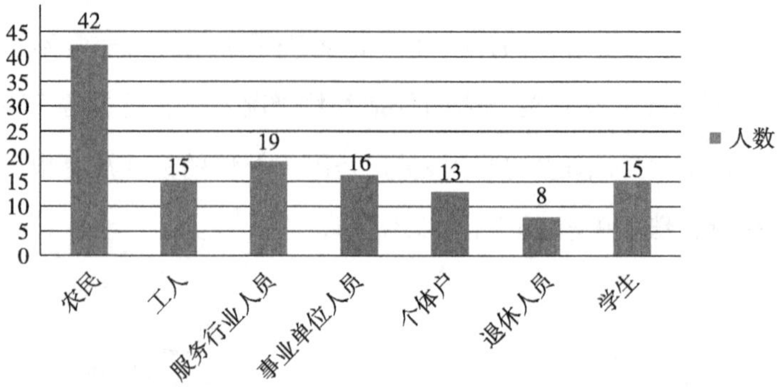

图5 征地前受访者职业(身份)分布图

在开发征地后,劳动就业状况主要以零散打工为主,受访人员中工人所占比例为16.4%,从事服务行业的和做点儿小生意的45人,所占比例为35.2%,但是很多务农群体在征地后没有工作,有23人处于无业状态(见图6)。

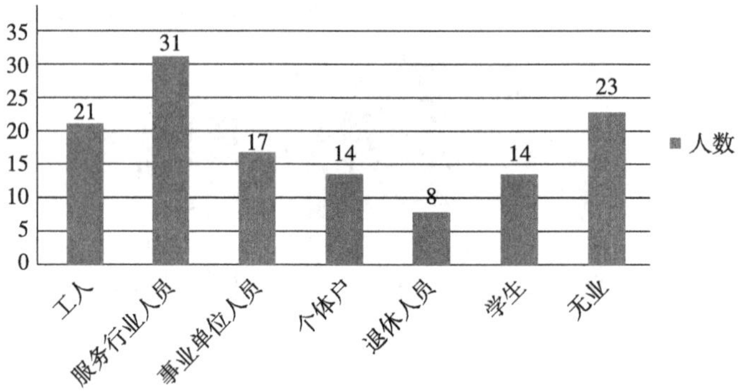

图6 征地后受访者职业(身份)分布图

从年龄来看,年龄集中于16~40岁的人选择去工厂当工人或者自主创业的可能性比较大,40~65岁选择服务行业或者失业的可能性比较大。从性别来看,女性更倾向于选择服务行业,并且失业的风险要高于男性。从受教育程度来看,高中/中专/职高人群选择自主就业的可能性较大,学历较高的大学生和研究生群体选择事业单位的可能性较大。从就业的途径来看,主要是企业招工、亲戚朋友介绍和自谋职业等。

失地农民市民化后与其他市民相比文化水平较低、专业技术能力缺乏，所以，失地农民的就业状况不容乐观。我们的访谈结果显示，一些失地农民在市民化后“等靠要”思想较为严重，希望政府能为他们的就业能够提供较大帮助，对他们进行就业安置，这一部分人文化水平主要是小学和初中，还有部分失地农民希望政府能提供更多的就业信息，或者通过就业培训，提高自己的专业技能。

(2)收入结构

征地前受访者收入的主要来源是经营性收入，如种植粮食和经济作物、饲养家禽、做一点儿小生意等，占比为42.95%；打零工、企业上班、事业单位上班等工资性收入占比为39.06%；出租农田和房屋用于农业生产等财产性收入，占比为12.5%；还有部分低保、退休等转移性收入占比为23.39%(见图7)。

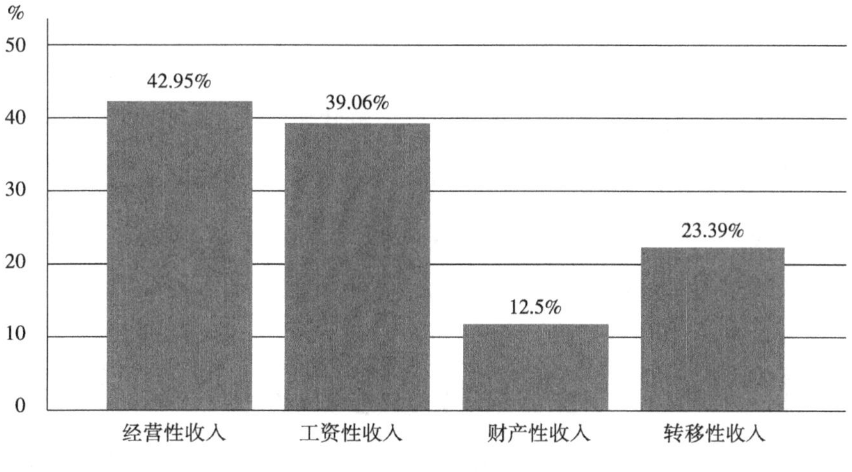

图7　征地前受访者收入来源图

征地后受访者的收入来源发生了很大的变化，经营性收入急剧下降，从42.95%降到了10.93%，重要的原因是农民全都失去了可经营的土地，但是，财产性收入却增多了，从12.50%上升到了56.25%，主要是因为很多农民在失去了土地后得到了安置房，每户基本上都能够得到两套甚至两套以上的房子，因此，通过出租房屋得到财产性收入的人数明显增多了。工资性收入也有了明显的增多，从39.06%上升到了53.90%，主要原因是龙兴工业园区的建设需要大量工人，所以很多农民在征地后进入了建筑工地或工厂工作(见图8)。

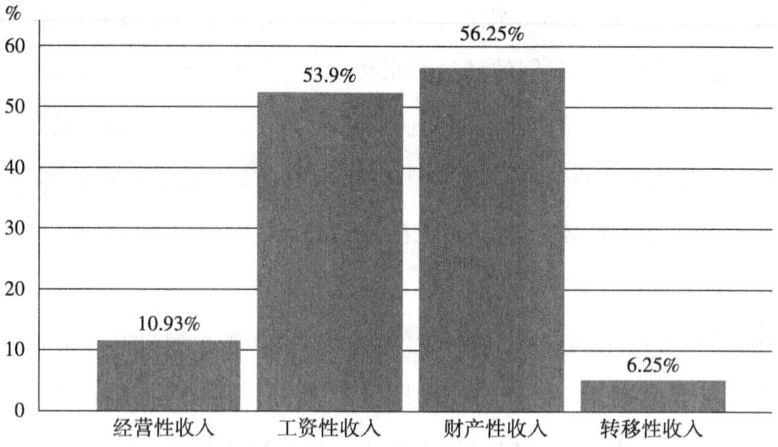

图8 征地后受访者收入来源图

从失地农民的具体收入来看，虽然受访者的收入来源变化了，但是平均收入明显是增加了，以前收入的平均数较低是因为农民收入差距太大了，比如经营性收入，很多农民每年的经营性收入只有3000元左右，拉低了总体水平。另外，征地后还有很多未就业人员没有纳入计算，因此，从平均数其实并不能看出较为准确的变化。从具体的收入金额的变动来看，工资性收入和财产性收入都有很大的提升，工资性收入呈现整体上升但是来源减少的情况，而且有36.71%的失地农民收入降低（见表3、表4）。除此之外，政府会给每一个还没有分到安置房的人发放350元/人/月的租房补贴和生活费。

表3 征地前受访者收入表

收入类型	收入金额（元/年）	频数	平均收入（元/年）
经营性收入	≤4000	24	7636.25
	4000~8000	17	
	≥8000	14	
工资性收入	≤20000	39	25685.12
	20000~50000	8	
	≥50000	3	
财产性收入	≤4000	9	4752.25
	4000~6000	4	
	≥6000	3	

续表

收入类型	收入金额(元/年)	频数	平均收入(元/年)
转移性收入	≤5000	11	4921.39
	5000~10000	12	
	≥10000	7	

表4 征地后受访者收入表

收入类型	收入金额(元/年)	频数	平均收入(元/年)
经营性收入	≤20000	2	35357.21
	20000~40000	5	
	≥40000	7	
工资性收入	≤20000	18	34347.36
	20000~50000	31	
	≥50000	20	
财产性收入	≤6000	18	11500.23
	6000~15000	39	
	≥15000	14	
转移性收入	5000~10000	1	11250.00
	≥10000	7	

(3)消费结构

我们从数据可以发现,失地农民生活中各个方面的支出都有很大程度的上升(见图9)。从饮食方面来看,以前农民有自己的自留地,所以可以在大米、蔬菜、水果、家禽、鸡蛋等方面节约很大一笔钱,只需要隔两天去赶集的时候买一些鱼类和肉食类就可以了,但是,征地之后所有的饮食开支都必须支出,因此饮食方面的消费增加较多。从服饰方面来看,因为开发区的街道、夜市等都热闹,失地农民都有饭后出去走走的习惯,因此,购买服饰的概率也会大大增加。从租房方面来看,以前农民都有自己的住房,不需要在租房上花费费用,只有少数在城市中务工的农民工需要租房,而且农民工找的大多数工作都会提供住宿,不提供住宿的零工一般离家很近,但是,在征地之后,很多用于安置分配的房屋还没有建好,所以失地农民在没有分到房子之前需要增加用于租房的费用。出行娱乐方面的增加主要是因为搬家之后交通更加便捷,出行更加方便,同时,开片区周围发展乡村旅游,修建了影视城、古镇和温泉等旅游景点，吸引大家前去游玩。征地之前，农民的投资主要是购买用于农作物生产的化肥、农药，以及饲养家禽的饲料等，征地后，农民手中有了一大笔闲钱，投资的渠道更多，如买股票、合伙做生意，等等。

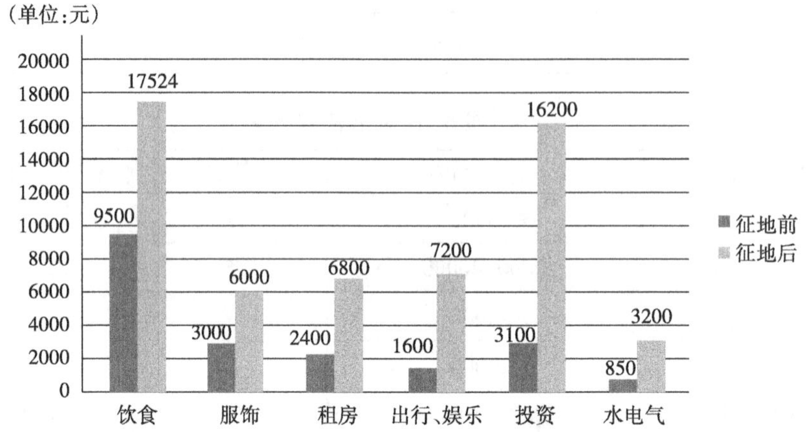

图9 失地农民消费结构对比图

在调查失地农民在闲暇时间的娱乐活动时发现，42.97%的失地农民会在闲暇时打牌，33.58%的人选择在闲暇时间出行、逛街、跳舞和运动，剩下的人选择聊天和看电视等。

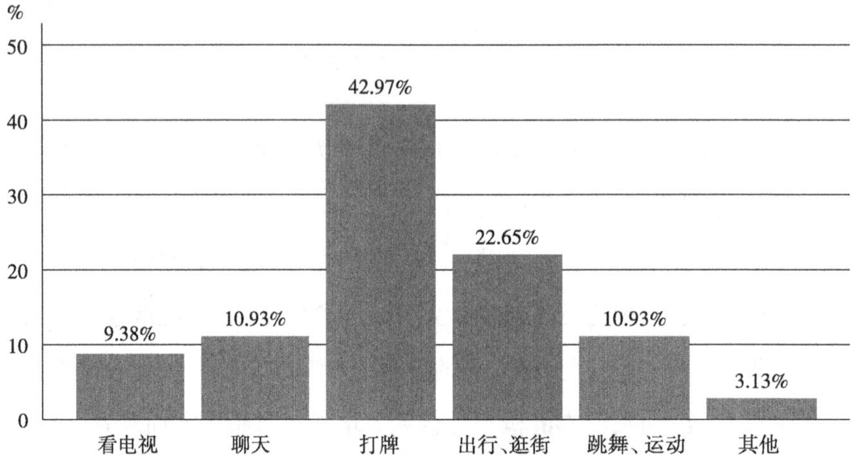

图10 失地农民空闲时间娱乐项目

2.精神满足状况

(1)社会支持情况

由于二元社会结构的种种制度阻隔，绝大多数失地农民在土地被征收后，已经不再是农民，但是又没能很好地融入城镇的生活。失地农民“城非城、农非农”的尴尬和无奈，其背后深层次的原因就是二元社会结构造成的社会排斥。失地农民在社会中遭受政治、经济和文化等多维度的排斥，缺乏一个有力的社会支持网络。“边缘人”的处境使得失地农民的生存更加困难，不少人逐渐成为“务农无地、务工无岗、低保无份”的新三无社会闲杂人员。因此，我们针对失地农民的社会支持情况进行了调研，失地农民的社会支持情况主要由婚姻状况、家庭关系、邻里关系等构成(见图11)。

从婚姻状况来看，排除掉征地前后都没有结婚的16人，基于剩余的112人来计算离婚率。征地后两年内离婚的有25人，离婚率高达22.3%。针对如此高的离婚率，我们也对当事人进行了访谈，一方面是因为征地开发前为了能够分到一套房子而快速地选择开发区的配偶结婚，没有前期的了解和相处，由于这个原因离婚的高达32%；另一方面是因为征地开发后夫妻两人都没有工作，整天待在家中难免时常拌嘴等，或者因为一方沉迷于赌博、酗酒等不良嗜好从而离婚。

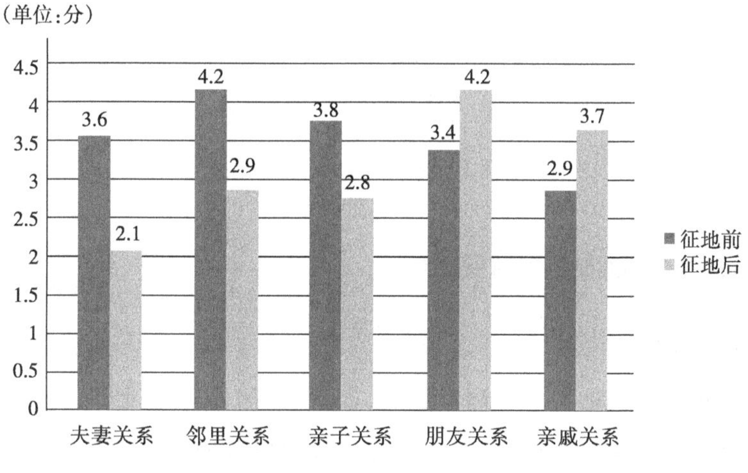

图11　失地农民社会支持感知

除了婚姻状况以外，我们还可以从其他方面，比如夫妻关系、邻里关系、亲子关系、朋友关系和亲戚关系等去评价失地农民的社会支持网络力度。从图11中可以发现，失地农民在征地后的夫妻关系、邻里关系、亲子关系都有所减弱，只有朋友关系、亲戚关系有所增强。一方面是因为农民在征地之前生活在鸡犬相闻的农村，乡村共同体的意识非常强，但是征地之后邻里之间关上门谁都不认识谁，这样的差异给人带来一种落差感。朋友、亲戚之间的关系有所增强是因为征地之前平日很难相聚，但是征地后聚集到一起，见面非常方便，平日的来往增多了。总体来看，失地农民的社会支持度感知是下降了。

(2)个人认知情况

费孝通先生在《乡土中国》中提到，中国的乡土社会是一个熟人社会，村民之间彼此熟识，大家都是在这样一个熟人社会中长大。但是，征地破坏了这一格局，村民分散到不同的新型社区中，传统的熟人社会瓦解，见到的陌生人增多了，居民之间的联系减少，感情逐渐淡漠。在新型社区中，失地农民的生活现状总体评价正证明了这一观点(见图12)。

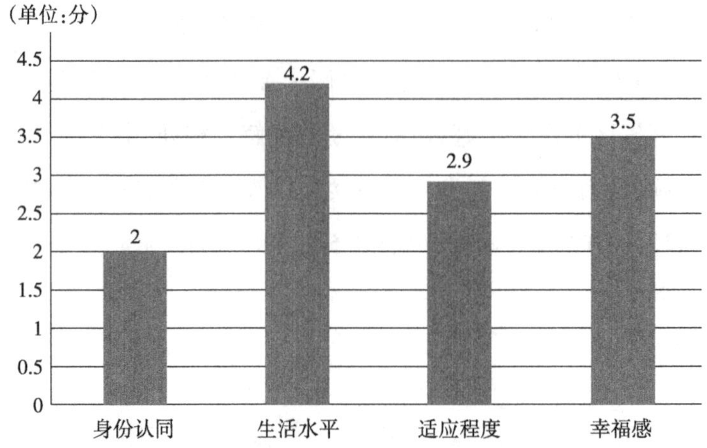

图12 失地农民生活现状总体评价

(三)开发区失地农民权益保障情况

1.养老保险情况

目前××社区居民的养老保障有三种，即：城乡居民养老保险、职工养老保险和“4050”社保补贴。“4050”社保补贴是重庆市政府促进困难群体就业的一项重要措施，其目的是为特殊历史时期形成的女性40岁以上、男性50岁以上的就业困难群体量身定制就业岗位，以市场化、社会化的运作机制，促进其就业。在这里指截至2020年12月31日前，达到“4050”标准但没有单位给他们交社会保险的灵活就业者。

从访谈的结果来看，在征地开发前，已有31人参保，占总调查人数的24.21%，其中26人是职工养老保险，另外5人是城乡居民养老保险，其余人都未参保。征地开发后，除去5个未满16周岁的青少年儿童，其余人员都参加养老保险，26人是职工养老保险，剩余97人都参加了城乡居民养老保险，其中还有35人参加了“4050”社保补贴，养老保障实现了全覆盖。关于养老保险的购买，国家会从个人的安置补偿费中拿出一部分来购买养老保险，根据年龄来看能否买满15年，再根据相应的年限进行相应的扣费，由国家扣除款项比由个人购买养老保险会便宜更多。

2. 就业保障情况

由于缺乏可持续的生计安排，农民失地后生活水平普遍下降，一些地方的失地农民面临种田无地、上班无岗、创业无钱的困境。这也是导致城乡差距进一步拉大，部分人群收入差距加大的一个重要原因。这种状况导致失地农民心理失衡，对城市化的抵触情绪加剧，由此引发的群体性事件日渐增多，影响社会的稳定与和谐，制约着中国城市化的进程，因此，解决就业是目前应对失地农民出现问题的有效手段。调查数据显示，征地后有23人处于未就业状态，我们对这23人进行访谈，询问其未就业的原因（见图13）。

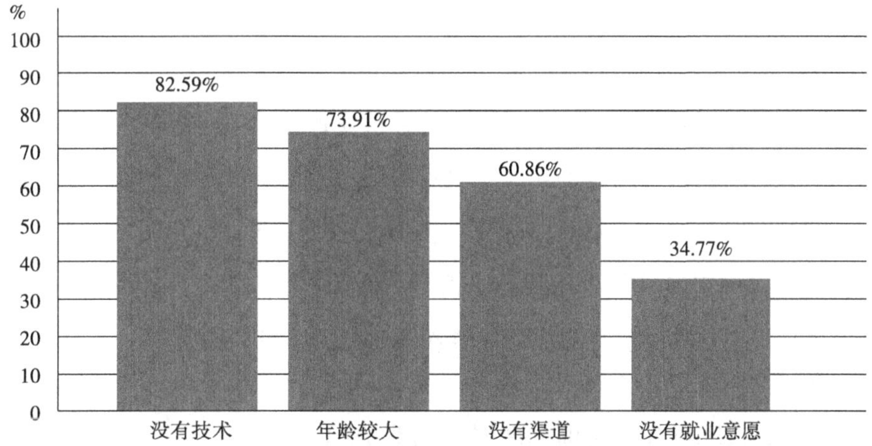

图13　失地农民难就业原因

通过调查数据可知，想要就业的失地农民还是占大多数，只是因为一些客观因素没有就业，例如文化水平太低，或者年龄太大，或者因为信息闭塞无法获取就业信息。那么，政府在就业保障方面有什么样的作为呢？通过问卷调查和访谈发现，大部分失地农民反映政府并没有为他们提供就业信息和工作岗位，同时，政府也没有进行任何形式的就业培训和指导，以及宣讲为失地农民购买失业保险的相关政策。

3. 医疗保障情况

目前，该片区的医疗保险分为以下几类：城镇居民基本医疗保险、新型农村合作医疗和职工医保。据调查，征地前有18人参加职工医保，其余人参加新型农村合作医疗保险。征地后，因为之前已经购买新型农村合作医疗保险，所以虽然转成了城市户口，也还是继续购买新型农村合作医疗保险。因此,在医疗保障方面已经做到全覆盖。

4.最低生活保障情况

在征地之前,有22人享受农村低保,但是,在征地之后,这22人已经不能享受农村低保,并且因为征地开发补偿的原因,他们也不能申请城市低保,所以,××社区并没有享受城市低保的人员。同时,在访谈中发现政府也没有出台任何临时贫困补助政策。

二、征地过程中失地农民群体出现的问题

(一)失地农民群体对征地赔偿标准不满

在调研中,失地农民一致反映征地补偿标准滞后于现实的经济发展水平。失地农民反映最多的是补偿标准偏低,搬迁后基本的生活难以保障。同时,因各个地方实际情况和经济发展水平不同,出现了征地补偿安置标准不同的现象。在我们的实地调查和访谈中得知,开发区的居民对政府的征地补偿条目不够了解。多数居民在被问及相关问题时,都表示对具体的数目和内容比较模糊。他们只知道政府发放的征地补偿款总额,对其具体的明细并不清楚。实际上,因为缺乏有效的沟通交流渠道,开发区居民对自身所获得的征地补偿款仍存在疑惑和不满。

(二)失地农民具有不合理的理财观和消费观

失地农民普遍缺乏投资理财观念,不少家庭选择将其全部存入银行,而没有选择其他更有利的投资。同时,实地调查发现,不少失地农户面对补偿得来的资金,在各项开支上显得尤为大方,特别是在住房、吃穿、红白事、礼尚往来等各方面。失地农民对征地赔偿款的使用缺乏规划,有一些将其用在黄、赌、毒等不良嗜好上,也让他们在精神上变得萎靡不振,不愿意再积极工作,因为赌博、吸毒等引发的家庭矛盾、道德败坏等现象时有发生。

(三)失地农民就业困难

失地农民找到的工作大多是工作时间长且工资低的工作,绝大多数劳动力都流向低端廉价行业,如日结的临时工,他们流动性大,生活不够稳定。此外,许多失地

农民在城市寻找工作时，信息来源较少，就业的渠道也比较窄。同时，部分失地农民就业的积极性也较低。

（四）失地农民收入不稳定，社会保障水平低

政府征地后，失地农民的收入水平有所下降。据调查，失地农民失去土地后，家庭收入结构发生了很大变化。工资性收入被更多地用来维持家庭支出，但通过对比失地前后，失地农民的生活水平没有得到明显改善，与他们原来的期望有很大差距。并且，失地农民的社会保障水平较低，他们在养老、医疗和子女教育等问题上保障措施不够完善。

（五）失地农民精神生活匮乏，原有人际关系瓦解

失地农民的精神文化生活主要停留在休闲娱乐方面，内容相对单调，没有更高层次的精神文化生活。特别是社区内棋牌室扎堆，娱乐内容单一。

从非制度性支持来看，原有的社会支持降低，主要表现为失地农民的“乡土”支持降低、“亲缘”关系淡化。

三、问题成因分析

（一）政府未明确和公开征地补偿标准

首先，重庆市××区三个片区实际执行的征地补偿标准多是2008年制定的，已多年未更新，不符合当下状况。其次，补偿标准偏低，补偿的多是看得见的直接损失，但农民失去的并非仅仅是土地，而意味着永久失去了土地给大家带来的稳定的供给，其生存保障功能是其他代替不了的。最后，不同地区的赔偿标准没有统一，导致地区之间存在差异。

（二）社区文化氛围建设缺位

失地农民自身的文化素质和教育水平都较低，很难顺利适应生活的巨大转变，在聚集到城市社区之后，社区又没有能够及时地引导居民树立正确的世界观、人生观和价值观，合理使用征地赔偿款，也没有加强文化建设，营造积极、和谐的社区文

化氛围。随着生活空间的改变,许多失地农民把他们原有的生活习惯带到了城市,还没有形成合理利用公共文化设施的习惯。同时,随着城市化的快速发展,失地农民的生活空间进一步压缩,生活节奏加快,不利于精神文化生活的丰富和创造。

(三)失地农民自身素质不高

首先,由于缺乏足够的信息来源以及自身文化素质和技能上的不足,许多失地农民在城市再就业时,主要渠道就是亲朋好友的介绍,就业渠道比较狭窄。部分失地农民由于思想没有转变,在寻找工作上将希望全部寄托在政府身上,希望政府包办一切,“等靠要”思想比较突出。其次,政府也没有为失地农民提供相关的职业培训服务,对劳动力市场的监管不够,不时出现虚假招聘、欺骗财物的现象。最后,政府组织的招聘会屈指可数,存在明显的就业信息不对称的问题。

(四)失地农民保障措施流于表面

目前的土地征收及居住安置方式较多地关注对土地经济功能的补偿,忽视了失地农民的社会保障和就业问题。失地农民在养老、医疗、子女教育等问题上都缺乏保障措施,满意度低。而且,政府也忽视了失地农民应该像其他市民一样享受正常、无歧视、平等的社会保障权利。

四、措施及建议

(一)加大政策宣传力度,增强失地农民的权利意识

地方政府应当做好开发区和征地补偿政策的相关宣传,使失地农民明白政策、减少猜疑,以便政策的更好实施。因此,地方政府部门应该在政府内部采取以会代训的方式宣传相关政策,促进基层相关部门更好地执行政策。

同时,地方政府可以利用报纸、电视台等新闻媒体,或者印发相关宣传资料,使群众了解有关政策,增强失地农民对政策的认同感,打牢群众基础和社会基础。

(二)培养失地农民合理的理财观

首先,应该加强宣传教育,使失地农民树立正确的理财意识,充分利用广播、手

机短信、讲座等方式大力培养他们的现代经济意识、正确的理财观念,促进经济发展和社会进步。其次,失地农民不同于城镇居民,他们关于理财的信息来源少,缺乏理财方面的知识。所以,政府在制定失地农民补偿政策的时候应当考虑制定相关支持政策,建立失地农民的理财基金和帮助失地农民理财的专家咨询库,定期开展失地农民理财知识讲座,同时开展法治教育、公民素质教育等。

(三)对失地农民开展就业培训服务

首先,政府要重视思想引导的作用。失地农民面临着生产方式和生活方式的重新建构,在思想上也面临着城市文明和农村生活的冲突和碰撞,因此政府应加强与失地农民的互动,重视与失地农民的沟通和交流,深入了解他们对于就业的想法,从而引导失地农民转变就业观念,及时解决失地农民思想上的困惑和实际生活中的难题,促进失地农民由消极待业、被动就业向积极创业、主动就业转变。

其次,根据失地农民中不同群体的特征开展相应的就业培训服务。根据失地农民的年龄、就业意愿提供有针对性的服务,如针对社区内的妇女,开展手工艺培训,建设“手工艺坊”,实现社区内妇女就地就业,增加她们的收入,同时扩展她们的社会支持网络。

(四)加强市场监管,保障失地农民的劳动权益

一方面,建立和完善失地农民与劳动力市场之间的信息沟通机制。加强其与劳动力市场之间的双向沟通,帮助失地农民尽快找到合适的工作。

另一方面,应该加强政府部门和第三方组织对劳动力市场的监管。对各类中介机构进行实时监管,对向失地农民提供虚假信息的非法中介机构予以严厉处罚并列入黑名单。

(五)建设社区文化,营造和谐氛围

加强社区宣传教育可以提高失地农民的文明素质。社区应该对失地农民开展阶段性的思想和行为支持活动,使失地农民对自己的市民角色有更清晰、更准确的认识,减少因角色不明确而造成的身份危机。在社区直接张贴更显眼的墙体标语,如不随地吐痰、不乱丢垃圾等,帮助失地农民养成文明的生活方式。同时,可以通过

开展各种文化娱乐活动，加强社区人文关怀并增强社区凝聚力，促进社区成员间友好关系的建立，增强失地农民的身份认同。

（六）建立社区社会工作站，发挥社工专业优势

社会工作在社区发展中起着积极作用。社区社会工作能够有效调动社区资源，满足社区需要，还可以提高社区居民的参与度，增强合作意识。因而，有必要在社区中建立社会工作站，以政府购买服务的方式，让社会工作进驻社区。社区社会工作者可以通过开展个案工作、小组工作及社区各类活动帮助社区居民改变现状，促进居民参与，提升居民自主发展能力，打造和谐社区。

（指导教师：西南大学马克思主义学院　刘心一）

重庆市××区城市公共文化服务体系满意度调查报告

汪红梅　贾存莲　李柄燕　蒋堰兵　谢侨[①]

摘要 建立健全公共文化服务体系是建设文化强国的重要一环。本文运用问卷调查法和结构访谈法，针对重庆市××区城市公共文化服务体系建设现状进行了走访调查，梳理了该区城市公共文化服务体系建设的现实成效，从公共文化场所及设施、公共文化活动和公共文化服务人员的服务质量三个维度进行了满意度调查。调查结果显示，当前该区的城市公共文化服务还存在基础设施分布不均，精准服务有所欠缺；服务手段陈旧单一，产品供给效率不高；服务主体专业化不足，服务质量有待提升；政策引导稍显乏力，发展方向有待明确；规范程度相对不足，制度环境需要优化等问题，而这些问题是由资金投入与标准化建设不足、服务供给主体较为单一、人才队伍缺少专业化培养、政策引导缺乏科学性、责任归属不明确等原因造成的。因此，从回应需求出发，报告提出了提高重庆市××区城市公共文化服务体系满意度的具体建议，包括：加强城市社区公共文化服务基础设施建设，提高设施利用效率；引导城市社区多元主体参与，构建并完善社会参与网络；提升服务主体专业素养，提高城市社区公共文化服务质量；优化城市社区公共文化服务政策体系，科学发挥引导作用；完善城市社区公共文化服务制度建设，增强制度体系的规范性。

关键词 重庆市××区；城市公共文化服务体系；满意度

① 汪红梅、贾存莲、李柄燕、蒋堰兵、谢侨为西南大学国家治理学院2020级硕士研究生。

公共文化服务体系，是指主要由政府主导，社会力量参与，运用一定的公共权力和公共资源向公众提供的公共文化产品、公共文化设施和公共文化活动等，以满足公民社会文化需求的组织与制度体系。党的十九届五中全会审议通过的《中共中央关于制定国民经济和社会发展第十四个五年规划和二〇三五年远景目标的建议》，将"公共文化服务体系更加健全"作为"十四五"时期文化建设方面的主要目标，明确提出到2035年将我国建设成文化强国，从国家层面强调了健全公共文化服务体系对发展我国文化事业的重要性。重庆市××区拥有深厚的历史文化底蕴和丰富的文化资源，在组织领导、财政支持、人才保障和民间参与等合力建设下，已经形成了覆盖城乡的公共文化服务圈，并成为第二批国家公共文化服务体系示范区。该区未来的公共文化服务如何更好地发展是该区人民政府需要重点关注的问题，而政府提供公共文化服务的初衷是满足公众的文化需求，这就需要了解公众对于目前的公共文化服务是否满意，认为还存在着哪些不足，是否出现了新需求，并以此为据动态调整公共文化服务体系。

本次调查主要围绕居民对××区城市公共文化体系的满意度开展，其主要内容包含公共文化场所及设施、公共文化活动和公共文化服务人员的服务质量三个维度。本次调研以××区城市居民为调查对象，向他们随机发放纸质问卷，共回收问卷219份。从性别特征来看，男性占比47.6%，女性占比52.4%；从职业（身份）分布来看，公务员、事业单位人员、企业人员、个体户、离退休人员、学生等都有，其中学生占比最高，达42.2%；在受教育程度方面，高中或中专学历及以上的占样本总数的73.3%。

本次调查采用定量和定性相结合的研究方法，定量研究采用了问卷调查法，在实地操作中，调查人员将纸质问卷发放给××区的城市居民，由被调查者自己阅读和填答，再由调查人员将问卷收回统计。定性研究则采用了结构访谈法，调查人员依据事先设计好的访谈提纲，通过实地走访、口头询问和交谈的方式对××区城市居民进行访谈和调查。在定量分析研究中，剔除了含有缺失答案的问卷以及全部答案相同的无效问卷共13份，共获得有效问卷206份，通过使用Excel、SPSS等软件来整理数据，进行信度和效度分析，证明数据是有效和可靠的，可将结果用作后续的分析。

一、重庆市××区城市公共文化服务体系满意度基本状况分析

本次调研主要针对的是××区城市公共文化服务体系的公众满意度，主要包括公共文化场所及设施满意度、公共文化活动满意度和公共文化服务人员的服务质量满意度三个维度。通过对这三个维度的分析来了解该区城市公共文化服务体系的满意度现状。通过这次调查，可以看到不同维度下的每个指标都存在一定的不满意情况，说明该区城市公共文化服务体系的整体质量还有提升的空间。

（一）对公共文化场所及设施的满意度

对“对于重庆市××区公共文化场所及设施的满意度”（见图1）这组数据的分析表明，居民对于××区公共文化场所及设施还不是很满意，满意度在62%~72%之间。在硬件条件方面，表示“满意”和“很满意”的人数有149人，约占总数的72.3%；在使用便利程度方面，表示“满意”和“很满意”的人数有141人，约占总数的68.4%；在数量和覆盖率方面，表示“满意”和“很满意”的人数有135人，约占总数的65.5%；在种类丰富程度方面，表示“满意”和“很满意”的人数有129人，约占总数的62.6%。

（单位：人）

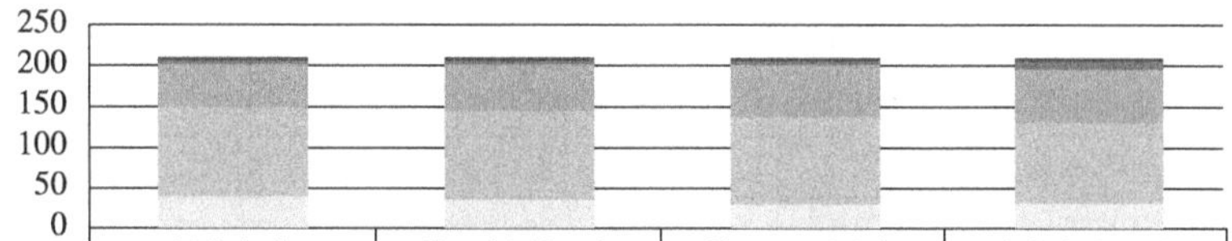

	硬件条件	使用便利程度	数量和覆盖率	种类丰富程度
很不满意	3	1	1	2
不满意	2	4	4	8
一般	52	60	66	67
满意	112	107	107	100
很满意	37	34	28	29

图1　对公共文化场所及设施的满意度

总体来说，重庆市××区居民对于公共文化场所及设施的硬件条件、使用便利程

度、数量和覆盖率、种类丰富程度的满意度与整体评价趋同，其中对种类丰富程度、数量和覆盖率的满意度相对来说要低一点儿。公共文化场所是保证公共文化服务活动开展的硬件条件，也是公众参与的基础。××区人民政府高度重视公共文化服务场所及设施的建设，不断地增加投入，但居民对于公共文化场所及设施的满意程度还不够高。对于其原因，我们可以从供给与需求相匹配的维度进行思考，除了不同群体居民的需求持续增加以外，已建成的公共文化场所及设施能否得到充分利用是提升满意度的关键，所建非所需以及使用不方便都可能成为不满意的源泉。

（二）对公共文化活动的满意度

对“对重庆市××区公共文化活动的满意度”（见图2）这组数据的分析表明，居民对××区公共文化活动的满意度不高，满意度在57%~61%之间。在丰富程度方面，表示“满意”和“很满意”的人数有119人，约占总数的57.8%；在参与容易度方面，表示“满意”和“很满意”的人数有123人，约占总数的59.7%；在内容设计方面，表示“满意”和“很满意”的人数有118人，约占总数的57.3%；在活动效果方面，表示“满意”和“很满意”的人数有125人，约占总数的60.7%。

（单位：人）

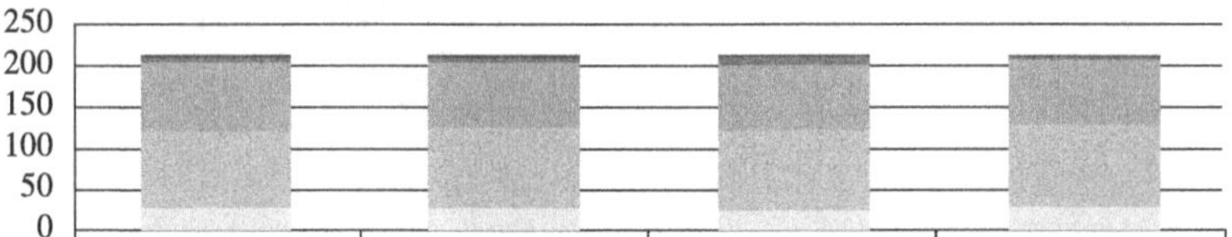

	丰富程度	参与容易度	内容设计	活动效果
很不满意	2	1	2	2
不满意	5	5	9	3
一般	80	77	77	76
满意	92	98	94	98
很满意	27	25	24	27

图2　对公共文化活动的满意度

总体来说，××区居民对该区公共文化活动的丰富程度、参与容易度、内容设计和活动效果的满意度与整体评价趋同，其中对内容设计和丰富程度的满意度相对较低。在访谈中，部分居民表示××区的公共文化活动比较单一，在活动内容设计上更应该注重创新性。

（三）对公共文化服务人员的服务质量的满意度

对“对于重庆市××区公共文化服务人员的服务质量的满意度”（见图3）这组数据的分析表明，居民对于××区公共文化服务人员的服务质量的满意度不高，满意度在17%~69%之间。在服务态度方面，表示“满意”和“很满意”的人数只有35人，约占总数的17.0%；在专业素养方面，表示“满意”和“很满意”的人数有135人，约占总数的65.5%；在职责履行方面，表示“满意”和“很满意”的人数有141人，约占总数的68.4%。

（单位：人）

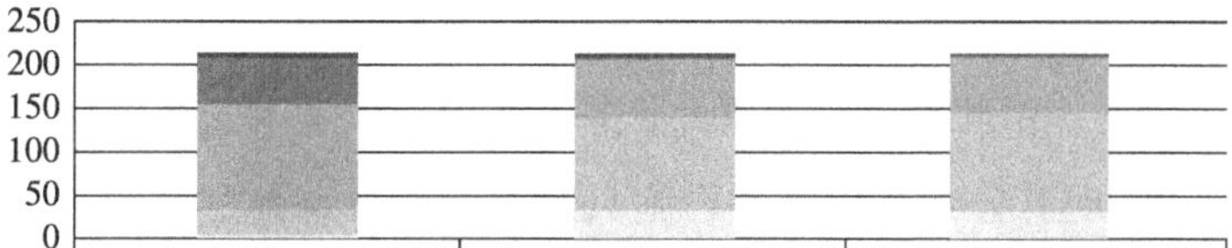

	服务态度	专业素养	职责履行
很不满意	5	1	1
不满意	53	4	3
一般	113	66	60
满意	30	105	111
很满意	5	30	30

图3　对公共文化服务人员的服务质量的满意度

总体来说，重庆市××区居民对于公共文化服务人员的专业素养、职责履行的满意度与整体评价趋同，其中对服务态度的满意度最低，且满意度（17.0%）远低于不满意度（28.2%）。在访谈中，部分居民于公共文化服务人员的服务态度表示很不满意，这表明××区公共文化服务人员的服务态度亟待改善。

二、重庆市××区城市公共文化服务体系存在的问题

××区的城市公共文化服务体系建设虽然已经取得了一些成绩，但居民对于城市公共文化服务体系的满意度离理想的状态还存在一定的距离。目前，××区的城市公共文化服务体系在基础设施、服务内容、服务人员等方面都还存在问题，各方面都还需要更加优化。

（一）公共文化服务设施分布不均，精准服务有所欠缺

首先，地方财政在公共文化服务相关领域内的资金投入总量不足，从而导致了各区县在公共文化服务设施建设方面资金的不足。2019年，重庆市××区人民政府为购买公共文化服务投入资金82.80万元，其中：演出服务72.8万元（主要包括戏曲进校园、川剧演出等文化服务），办展经费10万元。

其次，公共文化服务设施位置分布不均衡。例如，区体育馆、区文化馆、区图书馆对于临近码头的两个社区的居民来说较为方便，而这些文化设施距离城北社区就相对较远，难以高效满足这些社区居民的需求；区美术馆、艺术馆、民间工艺美术社均分布在城南，而城北仅有人文美术馆；仅有的24小时图书馆则位于××社区，距离其他社区较远。由此可以看出以上公共文化服务设施的分布呈现出不均衡状况。

再次，现有公共文化服务设施只能满足部分群体的需求，针对不同文化消费群体缺少精准服务。

最后，公共文化服务设施存在闲置和浪费的现象。比如，××区的各个城市社区均配备有文化活动室，但各个社区的条件参差不齐，有的社区的硬件和软件设施配备相对不足，30%的社区居民都选择距离更远但服务质量更高的文化活动中心。这就导致了部分社区文化活动室闲置，而部分文化活动室又无力满足来自其他社区居民的服务需求。

（二）服务手段陈旧单一，产品供给不足

公共文化服务体系的建设，本该由政府、企业、非政府社会组织和居民共同参与（见图4），由政府向企业和非政府社会组织购买文化服务来满足居民的需求，再根据居民的反馈改进服务。

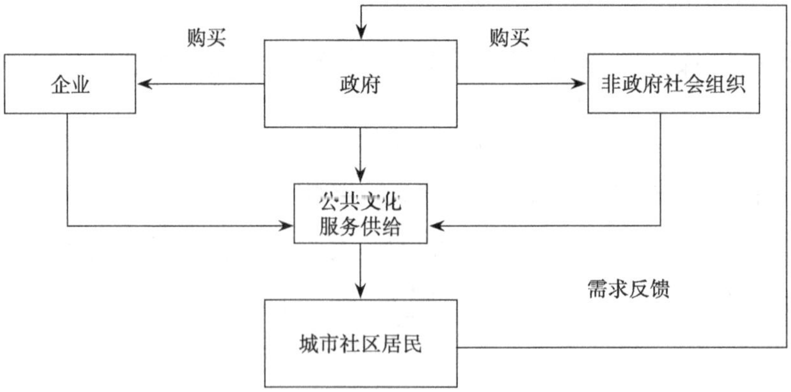

图4　公共文化服务供给模型

通过访谈调查发现，××区居民更加倾向于参与像广场舞这类集体性的文化活动，而非传统的读书、看报等以个人为活动主体的文化活动；另外，各具特色的文化艺术作品展览、合唱歌咏活动也日益成为社区居民喜爱的文化活动。但是，这一现实需求并未得到有效满足，社区居民对已经开展的大型文化活动满意度并不高，很多文化活动缺少居民的积极响应。

一般来说，区一级的行政主管部门在活动创办过程中占据主导地位，而街道办和社区居委会只是负责活动项目的推行。××区的文化类企业和非政府社会组织不仅在数量上远远不够，且在公共文化服务产品的生产供给方面能力也十分有限，××区可承办文化艺术活动的企业只有十几家，存在企业数量及市场竞争力不足的问题。社区居民也没有充分参与到城市公共文化服务体系的建设中来。在社区公共文化活动具体举办的过程中，由于各个社区的居民对于文化服务的需求没有得到充分体现，所以出现了活动形式单一、活动举办了又无人问津的局面。

（三）服务主体专业化不足，服务效率有待提升

××区公共文化服务人才队伍在质量、数量和能力等方面都还不能适应现阶段居民的需求，存在一些问题和不足。主要表现在以下三个方面。一是社区文化站（中心）人才紧缺，如表1所示，相比教育、卫生等事业单位，与文化相关的非私营单位从业人员存在明显短缺现象，而××区专门从事文化工作的人员更是存在总量不足的情况，已严重滞后于经济、社会的发展水平。二是人才队伍素质参差不齐。社区公共文化服务的工作人员大多都是兼职，有的甚至身兼数职，根本无暇从事文化服务工作。而且，文化服务人员缺文化的现象较为突出，存在着学历偏低、年龄偏大、缺乏特长等情况。三是人才队伍在结构上不均衡，即专职人员与志愿者队伍所占比例不协调，尤其是志愿者队伍在数量和服务能力方面都存在严重不足。

表1　城镇非私营单位就业人员情况统计表（2018年）

单位类别	单位（个）	单位就业人数（人）	女性（人）	在岗职工（人）	单位就业人员年均数（人）
文化、体育和娱乐业	16	597	283	516	598
卫生和社会工作	39	4780	3218	4592	4801

续表

单位类别	单位(个)	单位就业人数(人)	女性(人)	在岗职工(人)	单位就业人员年均数(人)
公共管理和社会组织	258	8433	3006	8063	8423
教育	97	15677	8390	13916	15551

(四)政策引导稍显乏力,发展方向有待明确

这一点最为明显的体现是在政策体系的完善以及宣传、实施环节。在政策体系的完善上,如表2所示,一方面,2015年以来相关政策体系的构建主要是从市、区层面上进行的,而针对社区层面的政策设计几乎没有;另一方面,政策文本主要集中在宏观政策指导上,而在具体实施的工作机制方面有所欠缺。在政策宣传、实施上,主要存在两个方面的问题。一方面是政策宣传不力。虽然政策宣传已深入各级政府部门,但是针对社区居民、非政府社会组织和企业等主体的宣传工作不到位,这部分主体缺少有效的了解渠道。另一方面是政策落实不到位、选择性执行等,这些政策无效现象最终导致公共文化服务质量不高。由于政策不完善且缺少针对性,且在引导上乏力,在政府供给难以满足居民公共文化服务需求时,通过购买或自发开展的各种文艺演出等文化产品在大众化与高雅化之间难以找到平衡点。

表2　2015年以来重庆市××区所出台或依据的公共文化服务相关政策文件(部分)

序号	政策名称	出台单位	出台时间(年)
1	《××区社会力量参与公共文化服务体系的意见》	××区人民政府	2015
2	《××区人民政府购买服务暂行办法》	××区人民政府	2015
3	《××区建立公共文化服务体系协调机制工作方案》	××区人民政府	2015
4	《××区关于加强历史文化保护传承规划和实施工作的意见》	××区人民政府	2020
5	《重庆市国民经济和社会发展第十三个五年规划纲要》	重庆市发展和改革委员会	2016
6	《重庆市人民政府办公厅关于推动文化文物单位文化创意产品开发的实施意见》(已废止)	重庆市人民政府办公厅	2016
7	《重庆市文化馆服务规范(修订版)》	重庆市文化和旅游发展委员会	2019

续表

序号	政策名称	出台单位	出台时间(年)
8	《重庆市公共文化服务领域政务公开标准指引》	重庆市文化和旅游发展委员会	2020

(五)规范程度相对不足,制度环境需要优化

在制度的制定环节上,由××区文化和旅游发展委员会(以下简称“区文旅委”)牵头制定的规范性制度还未形成体系,制度的出台往往是在问题出现之后才进行,制度缺乏前瞻性和有效性;同时,××区的文化馆、图书馆、博物馆和美术馆等单位以及广大群众艺术团体在制度制定上缺乏畅通的建言渠道,从事城市公共文化服务研究的专家学者的参与也不足。

在制度本身的内容上,虽然建立了部分制度,但是,关于主管部门各自的职能与责任、各参与主体的角色定位缺少明确界定,这最终导致了各主体之间职能交叉、责任界限模糊、参与主体地位不明确等问题,缺乏完善的制度体系和良好的制度环境,无法规范各主体的行为活动和有效保障政策的顺利实施。

三、重庆市××区城市公共文化服务体系存在问题的原因

通过研究深层次剖析××区城市公共文化服务体系存在问题背后的原因尤为重要,只有通过对背后原因的探究,找到问题的根源,才能提出有针对性的建议。

(一)资金投入和标准化建设不足

基础设施是城市社区公共文化服务活动开展的现实载体,既提供服务又充当活动场所。当前,××区城市公共文化服务体系建设存在基础设施分布不均、精准服务有所欠缺的问题,究其原因:一方面是资金投入不足,这里的资金投入不足主要体现在总量和人均占有量两方面;另一方面则是存在已经配套的公共文化基础设施利用率不足,甚至无人问津的现象。结果就是投入的资金、人力和物力没有形成有效产出,公共文化资源遭到浪费,总结起来就是,基础设施建设与需求没有精准对接,且标准化建设不足。

（二）服务供给缺少多元化社会参与

当前，在××区城市公共文化服务体系建设中，政府一如既往地充当着绝对主角，在服务的供给、基础设施建设等具体活动中仍然占据主导地位。城市公共文化服务领域，本应该由政府、非政府社会组织、企业和社区居民共同参与，各主体之间协同共建。但是，由于参与机制、合作平台等的缺失，城市社区公共文化服务体系建设始终难以走上正轨。××区的城市公共文化服务体系建设在很大程度上也存在这一问题，究其原因，在于多元参与行为的缺失和社会力量还未发展壮大。综合来看，××区城市公共文化服务的多元供给主体尚处于雏形，未能发挥有效作用；政府在物质激励与精神激励方面缺乏有效手段，其他主体参与城市公共文化服务体系建设的消极态度未得到根本改善。

（三）服务人才队伍缺少专业化培养

首先，××区城市社区公共文化服务的专职人才严重短缺，且人才专业化培训的意识不强，政府的财政资金配套不足；其次，城市社区公共文化服务志愿者队伍建设滞后，且志愿者的服务意识与服务能力较低；最后，在人才队伍构成方面，专职人员与志愿者的比例不均衡，且二者的协调沟通机制欠缺。经访谈调研发现，社区经济文化发展情况、居民职业收入、居民职业发展机会以及个人社会归属感是影响公共文化服务人才是否选择致力于城市社区公共文化服务事业的主要原因，这些因素不仅影响到即将从事城市社区公共文化服务事业的群体，同时也与现有专业人才的离职率紧密相关。

（四）政策引导体系的设计缺乏科学性、规范性

××区城市公共文化服务体系在国家政策指导、地区政策引导和基层社区政策细化的各个层面都稍显乏力，发展方向有待明确，根源应该归结为政策设计缺乏科学性和规范性。首先，在政策设计中居民参与不足，政策设计与实际需求没有精准对接；其次，政策设计流程上缺少实证检验，政策设计缺少数据支撑；最后，政策目标设定上存在阶段性与长期性的不平衡问题。总结起来，政策设计缺乏科学性、规范性，主要体现在政策设计的手段、程序以及专业技术团队力量等多方面的不足。

(五)制度保障体系责任归属不明确

公共文化服务的政府主管部门和非政府社会组织应遵循的基本原则是社会效益的实现,而非市场经济活动主体的逐利性。政府和非政府社会组织应该承担起无偿为城市社区居民提供公共文化服务的义务,对政府无法保证服务质量的业务应该让非政府社会组织和企业凭借它们的资源优势竞争,并设置良好的竞争机制保障城市社区居民多样化和层次各异的文化需求,同时政府应该针对市场中的不正当竞争进行监管。当前××区在城市公共文化服务体系建设中还存在制度体系对各主体限定不明确,责任归属缺少规范性规定等问题。比如:社区层面的公共文化服务涉及多个部门管理,但是具体应该由哪一层级和哪一部门牵头监管却尚未明确;参与公共文化服务的非政府社会组织应该具有哪些自我管理的权利,应该担负哪些责任的相关规定,在制度保障体系中仍然缺失。

四、提高重庆市××区城市公共文化服务体系满意度的建议

针对目前××区城市公共文化服务体系的问题,我们从资金投入、多元主体参与、专业服务队伍培养、政策体系和制度规范建设等角度提出了有针对性的建议,旨在完善××区城市公共文化服务体系,提升社会大众对于××区城市社区公共文化服务的满意度。

(一)加强城市社区公共文化服务基础设施建设,提高设施利用效率

1. 多渠道筹集建设资金,扩大公共文化服务基础设施覆盖面

针对前文提到的地方财政资金投入不足的问题,××区人民政府应该采取三方面的举措:首先,将国家层面和地方层面公共财政支出中的文化事业支出增量尽可能投入到城市社区中,特别偏重基础设施较为落后的街道,逐步缩小基础设施相对薄弱的街道与基础设施相对完备的街道之间的差距;其次,完善政策和制度以及法律方面的保障,激发企业和个人对城市社区公共文化服务基础设施的投资热情,保障这部分投资主体的合法收益;最后,政府可以采取税收优惠的方式予以鼓励,逐步开放企业、个人、非政府社会组织资金赞助等渠道,同时做好对企业和非政府社会组织赞助资金使用的监督,提升资金的使用效率。

2. 实现基础设施标准化，推进基础设施全民共享

首先，整合老城区老旧社区的露天广场和庭院等场地资源，推动辖区内机关和企事业单位设施资源的共享，与辖区内高校沟通协商，逐步向社会开放高校设施资源；其次，在区位选择以及规模设计上，应偏重基础设施相对薄弱的社区，例如：××街道所辖社区应注重公共文化服务设施的多样化建设，而其他几个街道所辖社区应该以扩大设施覆盖范围为重点；最后，针对不同消费层次的社区居民群体提供舞台艺术、科普知识等不同类型的文化产品和服务，同时利用互联网技术实现公共文化服务"在场、在线、在手"，凸显其互动性、共享性。

（二）引导城市社区多元主体参与，构建并完善社会参与网络

1. 明确参与主体的角色定位，开辟和畅通参与渠道

一是明确各个主体在政策制定、执行、监督、反馈等各个环节的角色和作用，即区人民政府主导，文旅委和民政局牵头，社区居民反馈意见并实施监督，企业和非政府社会组织充分参与；二是政府担负激发多元主体有效参与和创建多样化参与形式的责任，即非政府社会组织、企业、社区居民可以通过听证会、意见箱、网络会议直播等形式参与到公共文化服务体系建设过程中来；三是构建参与保障机制，即通过政策、法规等形式将参与主体的合法地位确定下来，保障参与主体的合法权益。

2. 拓展参与主体的活动范围，加快参与主体网络建设

一是引导社会主体合法有序地参与资金投入环节，即充分利用企业和民间资金的优势弥补政府财政的不足，鼓励企业和个人对公共文化服务体系建设进行投资；二是事业单位、企业和文化名人参与人才供给，即允许××区辖区内的高校、具有合法资质的文化企业、文化名人利用自身的社会资源以提供专业培训、专业人才培养和人才引荐的形式参与公共文化服务活动；三是政府与企业和非政府社会组织签订业务承包与基础设施建设方面的协议，将具体产品和服务的生产与供给从政府参与内容中剥离，而集中精力做好市场秩序的监管、产品和服务的验收等工作。

（三）提升服务主体的专业素养，提高城市社区公共文化服务质量

1. 加强人才专业化建设，打造专职骨干队伍

第一，针对××区各街道办和社区居委会等各层级现阶段有限的公共文化服务人

员提供专门的培训;第二,在加强人才培训的同时注重人才梯队的建设,加强社区内部公共文化服务人力资源的挖掘;第三,通过依靠区级人才骨干带动街道人才骨干,街道人才骨干指导社区人才骨干的方式,建成层层相连的人才骨干队伍体系;第四,建立科学、民主的人员绩效考核激励机制,聘用上可以采用公开招聘、择优录取和竞争上岗等方式。

2.提供志愿者技能培训,发挥志愿服务作用

第一,尽力提升志愿者队伍的社会认可度,通过宣传和表彰来激励更多社区居民加入公共文化服务志愿者队伍,采取专职与兼职相结合的方式充分发挥他们在公共文化服务中的积极性和创造性;第二,针对已经进入志愿者队伍的公共文化服务人员应进行专门培训,采用多种方式提供培训,并加强与区内高校之间的合作;第三,加强对志愿者相关政策、资金方面的支持,稳定志愿者队伍,发挥文化名人对公共文化活动的带动、提供艺术指导与人才培训的作用。

(四)优化城市社区公共文化服务政策体系,发挥科学引导作用

1.增强政策设计与制定的科学性、针对性

首先,加强政策制定环节程序上的科学化与民主化。即:在政策制定过程中,应以对社区的实际调研为支撑,做到有的放矢;应在决策程序上遵循民主原则,提高社区居民代表、企业代表和非政府社会组织代表的决策参与度;应广泛吸收区文化界知名人士以及高校相关专业专家参与政策设计,提供专业化的政策制定咨询服务。

其次,在科学与民主原则的指导下,针对××区城市公共文化服务体系建设的薄弱环节制定专门政策。××区人民政府可以学习、借鉴其他城市的成功经验,再结合自身特色,以区内部分城市社区为试点单位,制定相关政策。例如,在各方面资源配套相对完善的社区进行试点,最终带动其他社区借鉴与参考。

2.创新政策执行方式,保障政策执行效果

随着经济、社会以及现代网络通信技术的快速发展,“互联网+”的理念日益深入人心。××区人民政府可以依靠互联网技术和数字公共文化服务平台,在内部搭建起信息共享系统,在外部建立起囊括各个社会主体的公共文化服务信息互联互通平台,进一步将征求民意、政策设计、政策执行、政策监管和反馈评估集成到这一平台上来。同时,在执行政策的过程中,强化政策执行监督,加强监督主体能力和监督机制建设,把监督结果作为政策评估的重要参考。

（五）完善城市社区公共文化服务制度体系，增强制度体系的规范性

1.建立“权责清单”制度，明确权责归属

××区人民政府在总结经验教训的基础上，应转变政府一家独大的公共文化服务供给模式。首先，逐步实现服务供给的市场化和社会化，完善外包和合同管理制度；其次，在权力下放、业务剥离的过程中加强财权的配套，并明确划分责任，强化政府部门指导、监督职责；最后，在引入市场机制和社会力量的同时，公共文化服务主管部门应该建立起严格的“权力清单”和“责任清单”制度，明确区文旅委、民政部门、文广新局以及街道办、社区居委会的文化服务相关权责归属，形成区文旅委指导和民政部门协同、街道办和社区居委会具体实施的行动机制。

2.实施严格的问责机制，落实责任追究

基于维护居民文化权利，提升公共文化服务质量的出发点，各个主管、职能部门权力行使的边界、财政资金的划拨和使用、人才队伍建设与人才晋升、基础设施的建设标准及区位选定等环节都应统一纳入问责范围，杜绝权力滥用、资金浪费和任人唯亲等现象的发生。针对××区城市公共文化服务供给的各主体、各环节、各项目实施有力监管和问责，统筹发挥内部监督和外部监督的作用。

伴随我国新型城镇化建设的加速发展，居民对于公共文化服务的需求进一步扩大，公共文化服务体系建设面临着严峻的考验。本文以重庆市××区城市社区公共文化服务为研究对象，采取问卷调查法以及访谈法进行资料和数据的收集，经过后期整理分析，找到××区城市公共文化服务体系建设中存在的现实问题及根本原因。在文中提出要加强公共文化服务基础设施建设，提高设施利用效率；引导多元主体参与，构建并完善社会参与网络；提升服务主体专业素养，提高公共文化服务质量；优化公共文化服务政策体系，发挥科学引导作用；完善公共文化服务制度体系，增强制度体系的规范性等五个方面的建议，以期为××区城市公共文化服务体系建设提供理论和实践层面上的参考和借鉴。希望通过此次研究能够引起高校思想政治教育工作者甚至是社会各界学者对公共文化建设的思考与关注，与时俱进地探索出更多更有针对性的对策与建议，促进公共文化事业的进一步发展。

（指导教师：西南大学马克思主义学院　刘心一）

重庆市高校学生网络行为调查报告

——以西南大学食品科学学院2020级研究生为例

丁德胜　黎轩铭　赵思博　袁富欢　邢根安[①]

摘要 随着全球化和科技发展，网络已经渗透到了当代高校学生学习和生活的各个方面，改变着他们的学习和思维方式。高校学生作为网络用户的重要群体，其世界观、人生观、价值观以及行为模式都深受网络影响。对于正处在人生重要阶段的高校学生而言，合理使用网络有利于促进他们学有所成和身心健康发展。本文综合运用问卷调查和文献分析等方法对西南大学食品科学学院部分研究生的网络行为进行分析探讨后，归纳出当代高校学生网络行为的七个特点，即手机是主要上网设备、接触网络时间早、睡前上网占比大、使用网络原因多样、网络对学习利大于弊、对网络信息的判断能力较强以及认为网络治理重要。整体来看，网络对当代高校学生的积极作用比较明显，是学习和生活中的重要工具。但不容忽视的是也存在一些问题，比如网络依赖明显、通过网络解决问题导致自主思考能力降低较普遍、沉迷于网络的高校学生依然较多以及网络不良行为频发等，这些情况都不利于高校学生个体的身心健康和个人未来发展。同时，本调查也提出当代高校学生网络行为存在问题的三个原因，即网络使用无计划、软件使用多样化、对法律法规不了解。网络是一把双刃剑，如何合理、正确使用网络，是高校学生、高校和相关部门应认真思考的问题。鉴于此，本研究提出高校学生应养成科学合理的网络行为习惯，高校要加强对学生网络行为的引导，网络监管部门要充分发挥在网络治理中的重要作用，建立健全网络法律法规体系，促进高校学生的健康成长和社会的和谐稳定。

关键词 高校学生；网络行为；应对措施

① 丁德胜、黎轩铭、赵思博、袁富欢、邢根安为西南大学食品科学学院2020级硕士研究生。

网络行为,即主动或被动采用终端设备通过互联网连接其他终端设备获得信息、数据的行为。教育部、国家互联网信息办公室发布的《关于进一步加强高等学校网络建设和管理工作的意见》(教思政〔2013〕3号)就提出,各教育相关部门、高校要高度重视网络建设和管理工作,推进高校网络文化健康有序发展。习近平总书记在2016年4月举行的网络安全和信息化工作座谈会上也强调,推动我国网信事业发展,让互联网更好造福人民;聚天下英才而用之,为网信事业发展提供有力人才支撑;推进网络强国建设。这充分体现了网络对于国家发展的重要性,体现了党和国家对网信事业的重视。目前,中国的网络建设正处于高速发展阶段,网民数量逐年上升。2021年,中国互联网信息中心发布的第47次《中国互联网络发展状况统计报告》显示,我国网民规模接近10亿,其中学生网民最多,占比为21.0%。当前,网络已成为高校学生了解资讯、获取信息、表达诉求的重要平台,对高校学生的思想意识和价值观念的形成产生了巨大影响。同时,高校学生作为网民中的重要活跃群体,在一定程度上对网络的安全建设、舆论和价值导向发挥着重要作用。但是,随着网络的发展,各种信息趋于多元化,网络治理的难度增大,各种内容鱼龙混杂,容易对高校学生的学业和身心健康产生不良影响,尤其是境外势力利用各种网络平台影响学生的理想信念和价值取向等,进而威胁我国的社会安全和稳定。因此,对高校学生的网络行为进行深入调查研究,在客观数据基础上分析网络对高校学生的影响,进而为高校引导学生科学上网和完善网络管理提供参考非常必要。

本次调查围绕高校学生的网络行为现状进行,主要包括上网的目的、对网络的依赖程度、网络行为对成绩的影响、对网络信息的判断等多个方面。本研究采用问卷调查法,主要以西南大学食品科学学院2020级研究生为调查对象,涵盖了本年级71%的学生,共回收有效问卷82份。

本次调查采用定量与定性相结合的研究方法,其中,文献分析法作为定性研究方法,是通过对已有文献进行研读,参考这些文献中相关问卷题目的设置和分析结论的撰写，从而发现新的研究结果。问卷调查作为定量研究手段，先是获取一手资料，接着在得到真实客观的数据后进行统计分析，从而得到相应的研究结果。本次研究利用问卷星这一调查软件，通过在线设置题目后用微信群和QQ群发，被调查者手机在线填写的方式，对重庆市高校学生的网络行为现状进行调查。通过问卷星剔除无效问卷后，将有效问卷利用问卷星及Office等软件生成调查结果用于后续分析。

一、重庆市高校学生网络行为的基本情况分析

随着科技的进步，互联网的发展给人类生活带来了重大影响，现代网络技术的飞速发展与传播形式的自由开放，使得互联网介入人类生活的方方面面。高校学生是我国规模很大的网民群体，网络不仅是他们获取知识和信息的重要渠道，而且影响着他们的世界观、人生观和价值观。为了了解高校学生利用网络的现状，我们对重庆市高校学生网络行为的基本情况进行调研。具体调查结果如下。

（一）手机是主要上网设备

如图1所示，通过手机上网的高校学生有98.78%，使用电脑上网的占58.54%，用平板上网的有12.2%，其他占1.22%。（该题目为多选题）

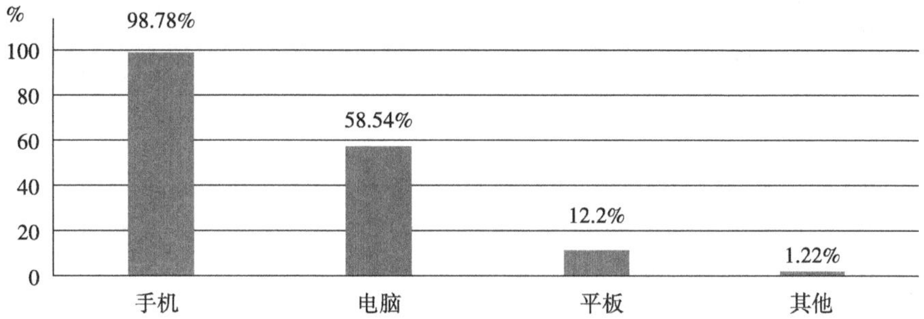

图1　高校学生上网所用的设备

上网设备的多元化使上网变得更加便捷。调查显示，高校学生上网的主要设备是手机，而电脑、平板相对较少。由此可见，高校学生上网时对手机的依赖较大，这也是很多当代高校学生成为“低头族”的主要原因。

(二)接触网络时间早

如表1所示,从高校学生开始接触网络的时间这方面看,在小学及以前接触网络的高校学生有36.59%,在初中接触网络的占39.02%,在高中接触网络的占13.41%,大学及以后接触网络的占10.98%。

表1　高校学生接触网络的时间点

接触网络的时间点	占比/%
小学及以前	36.59%
初中	39.02%
高中	13.41%
大学及以后	10.98%

随着社会的发展,网络越来越普及,当下高校学生接触网络时间普遍较早,因此,家庭和学校应在孩子年纪较小时就对他们进行积极的网络教育和引导。《中华人民共和国未成年人保护法》明确规定了国家、社会、学校和家庭应当加强未成年人网络素养宣传教育,保障未成年人在网络空间的合法权益。在未成年人使用网络方面,学校、家庭应适当监管,国家也应加强对网络安全的管理,防范未成年学生沉迷其中。

(三)睡前上网占比大

随着网络的普及,现在人们随时随地可以上网。通过调查得知,高校学生上网时间段主要情况是(见图2):早餐时间上网的占6.1%,午休时间上网的占42.68%,晚饭时间上网的占19.51%,晚上睡觉前上网的占86.59%,其他时间上网的占13.41%。(该题目为多选题)

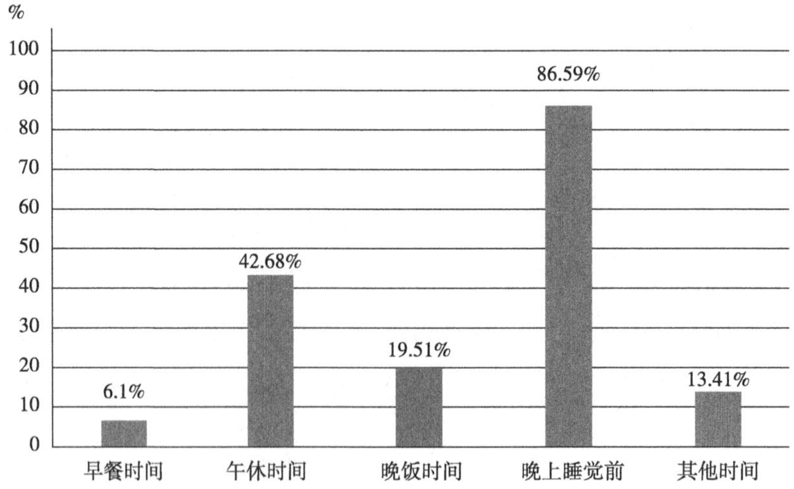

图2　高校学生上网时间段

调查结果显示，晚上睡觉前为高校学生上网的主要时间，而早餐时间上网较少，原因是高校学生早上的时间比较宝贵，有课程任务的安排，而晚上睡觉前正是一天任务完成之际，也是高校学生们简单娱乐放松的时候，故晚上成了他们集中上网的时间，这也是当前不少高校学生养成熬夜这个不良习惯的因素之一。

（四）使用网络社交的原因多样

网络社交是网络使用的一个重要组成部分，我们调查了高校学生选择使用网络进行社交的主要原因（见图3），调查发现，82.93%的高校学生选择使用网络进行社交的主要原因是网络方便快捷，47.56%的高校学生选择使用网络进行社交的主要原因是聊天形式丰富多样，19.51%的高校学生选择使用网络进行社交的主要原因是便于情感沟通，17.07%的高校学生选择使用网络进行社交的主要原因是避免面谈尴尬。（该题目为多选题）

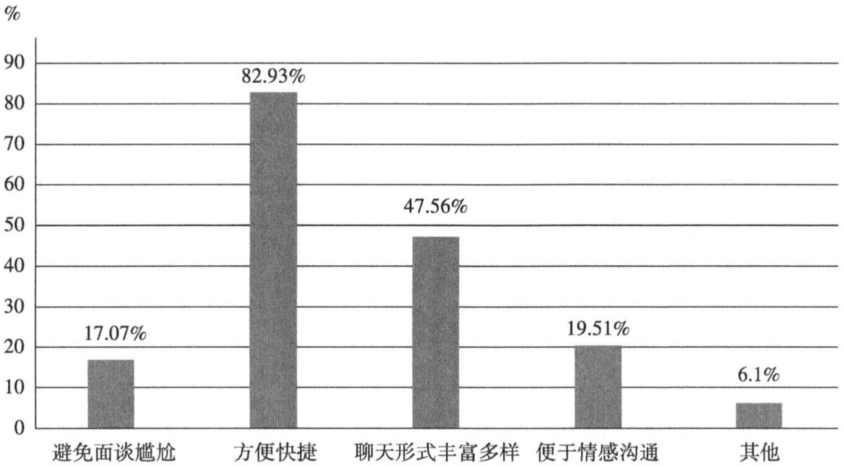

图3　高校学生选择用网络进行社交的主要原因

如今，网络的盛行让高校学生的人际交往方式变得丰富多样，网络聊天方便快捷的特点备受高校学生青睐，不仅提高了沟通的效率，更增进了彼此的情感。一部分高校学生认为网络聊天可以避免面谈的尴尬，对于在现实生活中不太喜欢或不太善于面对面交流的高校学生而言，网络社交无疑给他们提供了新的沟通方式。

(五)认为上网对学习是利大于弊

高校学生上网的时间越来越长,但是学生还是应该以学习为重,那么,当代高校学生认为上网对学习的影响是积极的还是消极的呢？通过问卷调查,结果如下(见图4):

认为上网对学习成绩无影响的高校学生占45.12%,认为上网可以明显提高学习成绩的高校学生占9.76%,认为上网可以稍微提高学习成绩的高校学生占30.49%,认为上网使学习成绩稍微下降的高校学生占7.32%,认为上网使学习成绩明显下降的高校学生占7.32%。

有较多高校学生(约40.25%)表示上网可提升学习成绩,这表明网络在高校学生的学习中发挥较大作用,这是一个良好现象。但同时也应注意到,有14.64%的高校学生表示上网对他们的学习产生了消极影响,这个比例并不低。学校和家庭应引导高校学生合理利用网络查阅学习资料,找到自己需要的资源,有效利用。

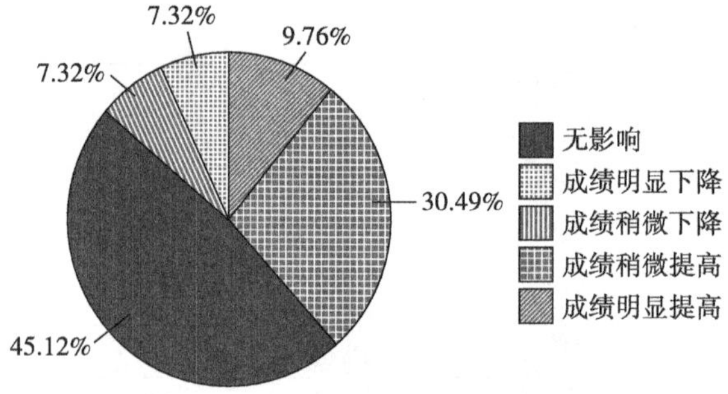

图4　上网对学习成绩的影响

关于上网对高校学生的积极影响的问卷调查结果如表2所示:有67.07%的高校学生认为上网可以放松身心和开阔视野,有58.54%的高校学生认为上网可以满足交流需要,只有42.68%的高校学生认为上网可以丰富学习生活,只有2.44%的高校学生选择了无积极影响。(该题目为多选题)

网络的便捷性和丰富的内容给高校学生提供了一个良好的学习渠道,大多数高校学生把网络当作聊天沟通、丰富学习生活、放松身心和开阔视野的工具,这对学业繁重的高校学生而言具有非常积极的意义。

表2　上网的积极影响

选项	频次	占比/%
满足交流需要	48	58.54
丰富学习生活	35	42.68
放松身心和开阔视野	55	67.07
无积极影响	2	2.44

关于上网对高校学生的消极影响的问卷调查结果如图5所示：有67.07%的高校学生认为上网会影响学习和工作效率，有62.2%的高校学生认为上网会浪费时间，有34.15%的高校学生认为上网会影响精神状态，有9.76%的高校学生认为上网的消极影响较少，有3.66%的高校学生认为无消极影响。（该题目为多选题）

所以，大部分高校学生认为上网会浪费时间、影响学习和工作效率，甚至会影响精神状态，仅仅有一小部分高校学生会觉得上网的消极影响较少和无消极影响。由前面的调查结果可知，网络对高校学生的积极影响明显，但是如果网络使用不当，对网络的作用认知不够清晰，仅仅把网络当作娱乐沟通的工具，将会影响学习和生活。所以，我们对于网络的消极影响不可忽视，当代高校学生应培养和提升自己的网络素养，合理地使用网络，让网络成为一种更科学、更有益的工具，帮助他们的成长。

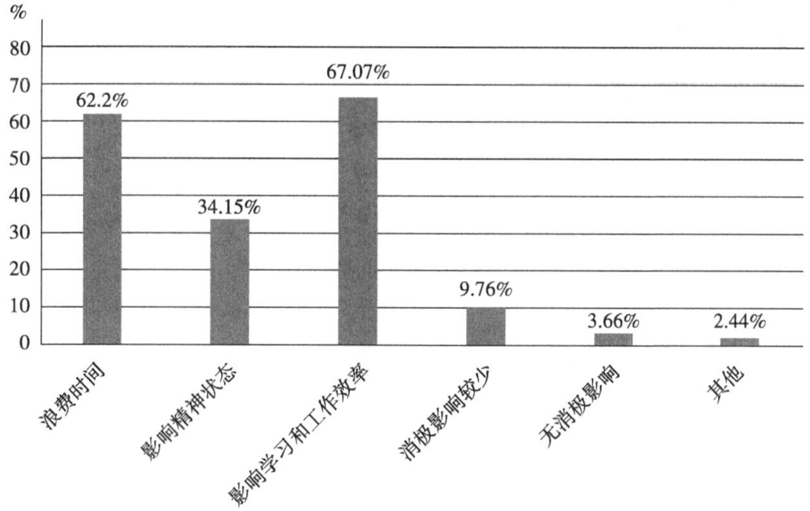

图5　上网的消极影响

（六）对网络信息的判断能力较强

根据统计结果（见图6），47.56%的高校学生能明确地判断网络信息的真假，46.34%的高校学生需要看情况而定，无法判断的高校学生只占6.1%。

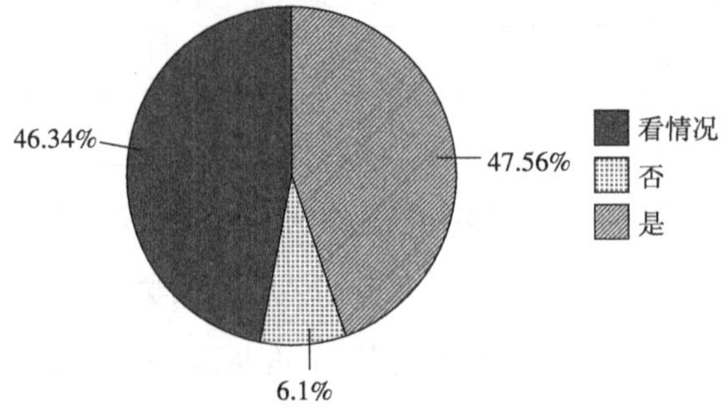

图6　是否会判断网络信息的真假

许多网络信息经过多次传播，或者发布人有意或无意的包装，变得与最初来源的信息不一致。同时，网络信息传播的便捷性也导致信息传播的门槛降低，相应地，信息编造的门槛也降低，这就容易出现散播谣言的情况。调查显示当代高校学生对虚假信息的判断能力较强，这可能归因于良好的高等教育和辩证思维的建立。同时，有接近一半的高校学生回答结果是“看情况”，推测这部分高校学生大多能做出正确判断。就6.1%的学生表示无法判断信息真假的情况来看，学校应进行恰当引导，让其具有更准确的信息判断能力。

（七）网络治理受到重视

通过对“对网络治理重要程度的看法”（见图7）调查得到的数据分析发现，75.61%的高校学生认为网络治理重要，18.29%的高校学生认为网络治理比较重要，只有少数高校学生认为网络治理一般重要或不太重要。

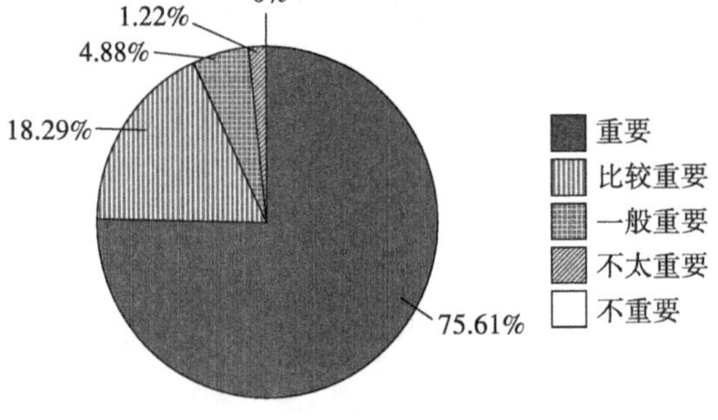

图7　对网络治理重要程度的看法

对以上统计数据分析发现，超过90%的高校学生对网络治理抱有积极的态度，可能的原因有以下两点：第一，高校学生的综合素质普遍较高，基本能对网络上的内容辨别是非，能够做到不信谣不传谣，对于消极的内容也能及时举报。第二，高校学生对网络的依赖程度很高，希望国家采取一定的措施净化网络环境，营造良好的网络氛围。

通过对“引导和规范网络行为的相关措施”（见图8）调查得到的数据分析发现，69.51%的高校学生希望完善法律法规，68.92%的高校学生希望加强网络道德和网络文明建设，51.22%的高校学生希望网民能够自律，48.78%的高校学生希望网络监管部门发挥作用，37.8%的高校学生希望营造良好的网络舆论氛围。（该题目为多选题）

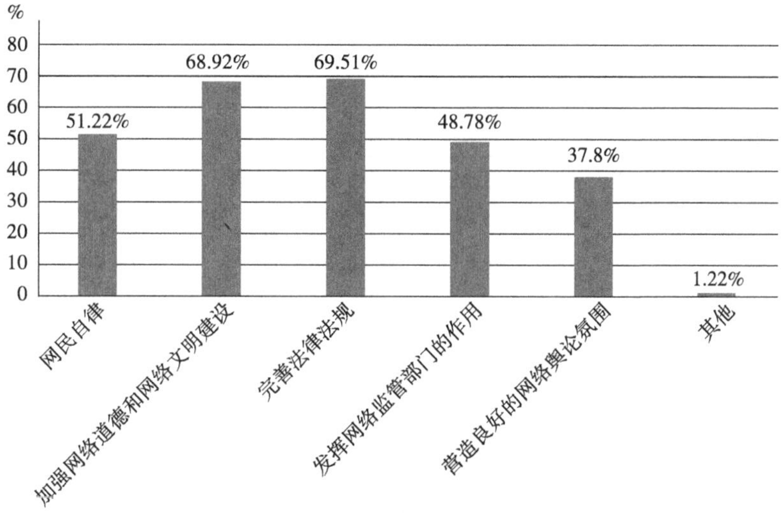

图8　引导和规范网络行为的相关措施

让网民形成正确的网络行为需要内外结合。国家要完善法律法规，社会要加强网络道德和网络文明建设，相关部门要发挥监管作用，网民也要做到自律。网络是一把双刃剑，利用得好让人受益匪浅，一味沉迷其中必将自食其果。在学习和生活中，高校学生需要做到劳逸结合，既要利用网络开阔学习视野，也可以利用网络进行适当的娱乐，唯有合理使用才能充分发挥网络的价值。

二、新时代高校学生网络行为存在的问题

网络带来的便捷使部分高校学生的网络行为出现一些问题，影响了他们的学习和发展。

（一）对网络的依赖较明显

对“高校学生上网时长”（见表3）的调查结果显示：一天上网2小时以内（不含2小时）的占4.88%，一天上网2~5小时的占40.24%，一天上网5小时以上（不含5小时）的占54.88%。随着网络应用的增加，网络已经逐步融入人们的生活中，为了搞清楚高校学生对网络的依赖程度，在该调查中还设计了“高校学生对网络的依赖程度”这一问题，结果表明（见表3）：对网络依赖很强的高校学生占29.27%，对网络依赖较强的占42.68%，对网络依赖程度一般的占23.17%，对网络依赖较弱的占3.66%，对网络无依赖的占1.22%。

表3　高校学生上网时长及对网络的依赖程度

调查问题	选项	频次	占比/%
上网时长	2小时以内（不含2小时）	4	4.88
	2小时~5小时	33	40.24
	5小时以上（不含5小时）	45	54.88
对网络的依赖程度	很强	24	29.27
	较强	35	42.68
	一般	19	23.17
	较弱	3	3.66
	无依赖	1	1.22

由此可见，当代高校学生与网络之间的联系很密切，对网络依赖很明显。对此，学校应进行一些宣传教育，多开展有意义的活动及课程，使学生减少对网络的过度依赖。

（二）通过网络解决问题成首选

高校学生在学习过程中都会遇到一些困难，在一般情况下，他们会向外界寻求解决方法，在网络时代，借助网络解决问题已成为不可忽视的重要方式。我们设计了“高校学生在学习遇到困难时的解决方式”这个问题，调查发现，73.17%的高校学生在学习遇到困难时求助于网络，13.41%的高校学生在学习遇到困难时向老师和同学求助，只有9.76%的高校学生是自己钻研（见图9）。

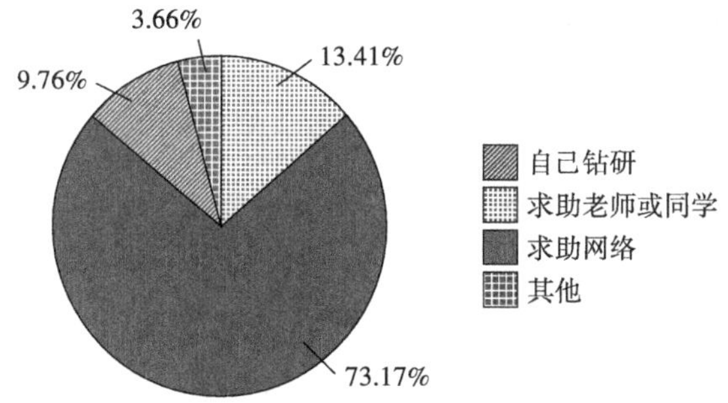

图9　学习遇到困难时的解决方式

网络上有着丰富的资源，高校学生在学习中遇到困难时最多的是求助于网络寻求解决办法，这虽然极大地提高了学习的效率，但从另一个角度来说，过度使用网络可能会限制学生的开拓性和创新性，容易导致学生自主思考能力的降低。此外，有较少的高校学生在学习遇到困难时会求助老师和同学，表明这部分高校学生喜欢与人交流；有少部分则是自己钻研，表明这部分高校学生独立思考的意识较强。总之，高校学生既要学会正确利用网络来解决学习上的问题，也要加强与老师和同学的沟通，同时不能忽略独立思考习惯的培养。

（三）沉迷网络的学生依然较多

本调查为研究当代高校学生是否有沉迷网络的情况，设计了“身边是否有沉迷网络无法自拔的同学”这一问题，结果显示：19.51%的高校学生反映身边存在较多这类同学，71.95%的高校学生反映身边存在较少或极个别沉迷网络无法自拔的同学，而在调查样本中回答“没有”的高校学生仅占8.54%（见图10）。这个结果说明，大部分高校学生身边都或多或少有沉迷网络无法自拔的同学，所以，学校和家庭需要加强对高校学生网络行为的引导，让高校学生能正确地使用网络，尽量避免网络的不良影响。

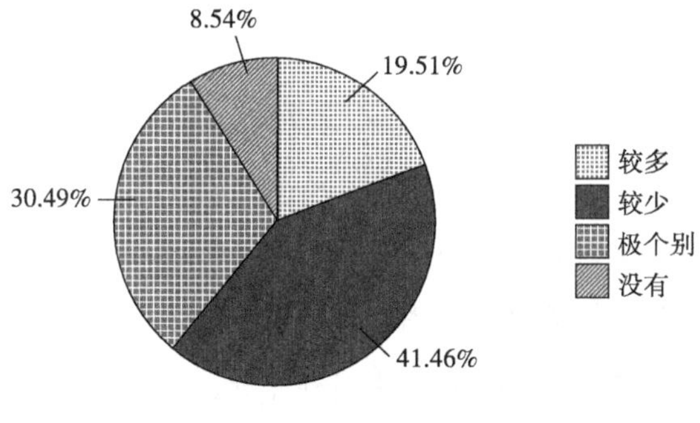

图10　身边是否有沉迷网络无法自拔的同学

(四)网络不良事件频发

不良网站是各种有问题网站、不符合法律法规的网站的统称,其范围较广,包括各种色情网站、暴力网站、赌博网站以及钓鱼网站等。本次调查设计了“上网过程中是否弹出过不良网站”这一问题,结果显示:90.24%的人在上网过程中遇到过这种现象,只有不到10%的人回答结果是“否”或“不确定”(见表4)。同时,本次调查也研究了高校学生群体中是否有经历过网络诈骗或其他违法事件的学生,根据表4的结果,其中有一半的学生经历过类似事件。

表4　与网络有关的不良情况调查

调查问题	选项	频次	占比/%
上网过程中是否弹出过不良网站	是	74	90.24
	否	5	6.1
	不确定	3	3.66
在网络上是否经历过诈骗或其他违法事件	是	41	50
	否	41	50

抵制不良网站和预防网络诈骗长期以来都是高校进行网络教育的重点话题。不良网站常以诱惑性内容吸引上网者的目光,网络诈骗则难以分辨,这对于一部分高校学生而言容易产生消极影响。2021年5月,公安部刑侦局发布《防范电信网络诈骗宣传手册》,向广大人民群众介绍常见的诈骗类型、揭露诈骗手法、解析典型诈骗案例等进行防骗宣传,足见党和国家对网络诈骗治理的重视。本调查显示,高校学生中反映自己在上网时不良网站弹出率高以及经历过网络诈骗的人数多,这提醒高校需要运用更有效的方式加强网络监管,政府网络监管部门也需要加强网络治理,整治网络中的不良内容,让网络走向规范化的道路。

三、新时代高校学生网络行为存在问题的原因

(一)对网络使用无计划

我们就高校学生“上网是否有计划”进行了调查(见表5),62.20%的高校学生对网络的使用没有计划,但能够合理使用;21.95%的高校学生对网络的使用没有计划,且无节制;9.76%的高校学生对网络的使用有计划,但没有坚持按照计划上网;仅有6.1%的高校学生对网络的使用有计划且能按计划上网。

表5　上网是否有计划

选项	频次	占比/%
有计划,而且按计划上网	5	6.1
有计划,但没有坚持按照计划上网	8	9.76
没有计划,但能够合理使用	51	62.2
没有计划,且无节制	18	21.95

由此可见,多数高校学生上网是缺乏计划的。“凡事预则立,不预则废”,漫无目的地上网不仅会浪费大量时间,还会因无所事事、虚度光阴而产生负面情绪,这个情况应该引起家庭、学校和社会的关注,需要采取适当措施培养学生的自我规划和自我管理意识。

(二)软件使用娱乐化

高校学生上网主要是对各种各样的软件的使用。我们就高校学生“花费时间较多的软件”进行了调查,结果显示(见图11),70.73%的高校学生在社交软件上花费时间较多,62.2%的高校学生在视频影音上花费时间较多,20.73%的高校学生在网络游戏上花费较多的时间,18.29%的高校学生在使用浏览器上网上花费较多的时间。(该题目为多选题)

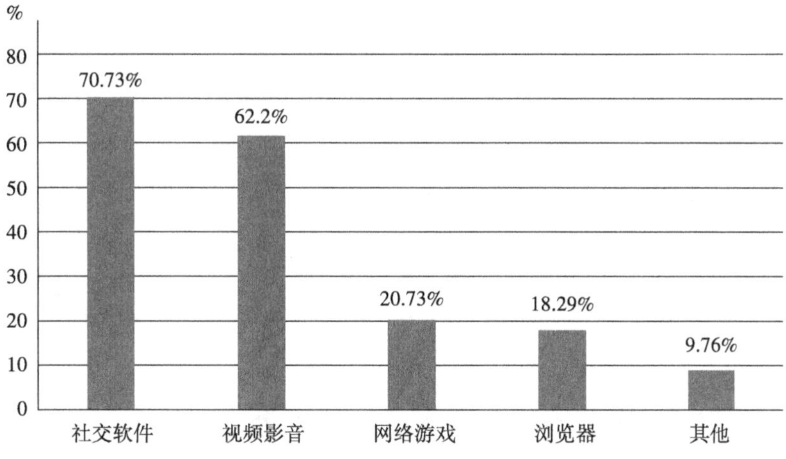

图11　花费时间较多的软件

从中不难看出高校学生对网络软件的使用呈现娱乐化的特点。目前,高校学生对网络的使用大都局限在娱乐交友方面,社交软件和视频影音成为深受高校学生青睐的软件，可以用交友、畅聊和观剧来缓解生活中的负面情绪；还有少部分高校学生热衷于网络游戏。网络软件的使用丰富了高校学生的课余生活，可以帮助他们缓解学习和生活中的压力。同时，由于很多软件的娱乐性，一部分高校学生容易沉迷其中，产生依赖。如何平衡好学习与网络娱乐的关系是一个值得思考的问题。

（三）对法律法规不了解

目前，虽然网络在日常生活和学习中无处不在，但高校学生对网络方面的法律法规了解程度依然不足。调查发现（见图12），只有6.1%的高校学生对网络方面的法律法规非常了解，41.46%的高校学生对网络方面的法律法规了解一部分，46.34%的高校学生对网络方面的法律法规少量了解，还有6.1%的高校学生对网络方面的法律法规一点儿也不了解。

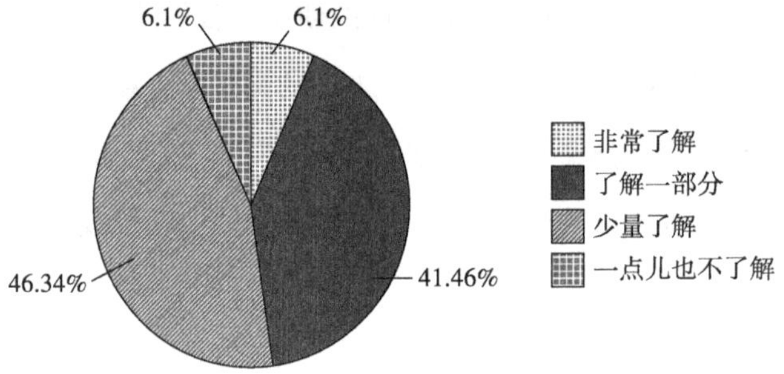

图12　对网络方面的法律法规的了解程度

当代高校学生作为未来社会主义事业的建设者和接班人，作为21世纪中国参与国际竞争的高素质人才，如果没有基本的法律知识，没有较强的法治观念和较高的法律素养，就不能适应社会发展的需要。目前，国家已经正式颁布了《中华人民共和国网络安全法》（自2017年6月1日起施行），学校应该开设与之相关的课程，让高校学生有意识地去了解网络方面的法律法规，学会用法律法规来约束自己的网络行为。

四、规范新时代高校学生网络行为的举措

（一）建立健全网络法律法规体系，强化网络空间治理

互联网是一个虚拟的社会，它具备相应的社会特征。但是，因为网络的虚拟性

和复杂性，网络色情、网络诈骗和网络谣言等事件时有发生，网络上还有一些法律空白地带等待填补，建立健全网络法律法规十分紧迫。全国应加快建立网络综合治理体系，依法治网，净化网络空间。

（二）不断完善网络监管，正确引导舆论方向

2016年，习近平总书记在网络安全和信息化工作座谈会上指出，“我们要本着对社会负责、对人民负责的态度，依法加强网络空间治理，加强网络内容建设，做强网上正面宣传，培育积极健康、向上向善的网络文化，用社会主义核心价值观和人类优秀文明成果滋养人心、滋养社会，做到正能量充沛、主旋律高昂，为广大网民特别是青少年营造一个风清气正的网络空间”①。所以，国家应不断研发和创新网络平台的监管和安全风险防范技术，提高网络平台对网络有害信息、虚假信息的监控、筛选和过滤的能力，做好把关，引导高校学生正确上网。同时，也要积极主动利用一些有影响力的团体和机构、知识分子和社会各界优秀人物的引导力，在网络空间传播优秀道德品质，引导高校学生树立正确的网络道德观念。充分利用网络媒体，树立网络道德模范，正确引导舆论导向。

（三）引导高校学生有目的、有节制地上网

网络生活到底应该占据现实生活的多大份额才算合理？不同群体的回答应该是不一样的。对于高校学生来说，由于大量的学习任务、密集的课程安排，平均每大可支配的业余时间通常不超过8小时，面对无穷的网络资源如何合理地安排有限的时间？网络虽然是现代人生活中重要的工具，但是容易被人们忽略的是，网络是人们到达智慧彼岸的一艘船，它并不能代表智慧本身。因此，无论是网络娱乐还是网络学习，有目的、有计划、有节制地利用网络才能有效地避免网络带来的负面影响。也就是说，学校要采取有效的措施，正确引导学生，将有节制、有目的地上网作为高校学生网络素养教育的重要课题。

（四）改善上网的硬件环境，营造良好的校园氛围

高校学生的成长与成才与学校息息相关，作为教育主体的大学应当趋利避害、

① 习近平.在网络安全和信息化工作座谈会上的讲话[M].北京：人民出版社，2016：9.

因势利导，正确引导高校学生遵循教育规律，结合课堂教学为学生推荐优质网络学习资源，让网络成为学生的有益补充。基于此，学校应加强校园网络的软件与硬件建设，既要改善高校学生上网的硬件环境，又要丰富、拓展校园网络中的各类资源，将高校学生的眼球吸引到正面、积极的教育阵地中来。除此之外，学校也应加强校园文化建设，组织高校学生参加各类有益于身心健康的社会实践和志愿者活动，营造积极向上的校园生活氛围，培养高校学生广泛的兴趣爱好。相关职能部门应多开展线下学生活动，让高校学生多多走出寝室，这样更有益于高校学生的身心健康。高校学生自身也应该严格要求自己，把更多的时间投入到学习及提升自己上，减少对网络的依赖，多做有意义的事情。

我们通过本次调查发现，网络已深入重庆市高校学生的日常生活当中，成为他们学习与生活必不可少的一部分。虽然一部分学生具有不沉迷网络、可辨别不良信息、有效地利用网络为自己的学习和生活提供便利等良好的网络使用习惯，但是也有一部分学生存在上网时间过长、上网影响学习、网络依赖明显和网络沉迷严重等问题。为了杜绝这些不良现象，本研究还提出了完善网络立法、强化网络治理、完善网络监督、引导学生正确使用网络和营造良好的校园生活氛围等多种对策与建议，以期为发挥网络的积极作用，防止和规避网络的负面作用和风险，因势利导地利用好网络这个大平台，为高校学生形成正确的网络使用观念等提供参考。

当然，本研究也存在不足，比如样本数量较少、问题不够全面等。在今后的调查研究中应尽量避免此类情况的发生，并围绕网络对高校学生的心理影响、网络对高校学生道德素质和法律观念的影响等诸多问题进行更多的系统研究，以期全面分析网络对高校学生学习和生活的重大影响，为网络的健康发展和高校学生的健康成长提供更有价值的参考。

（指导教师：西南大学马克思主义学院　宋明）

重庆市网民短视频软件使用情况调查报告

梁秋菊　吴婷　刘明纯　何海艳　宋成珠　蒋亭亭　蒲潇　赵海燕[①]

摘要 随着移动互联网的普及，人们使用网络的方式打破了时间和空间的限制，短视频成为移动互联网时代最为便捷的内容形式之一，但其内容五花八门，质量参差不齐，网民对短视频的态度各不相同。本文采用问卷调查法，针对重庆市网民对于短视频软件的使用情况进行分析，总结网民对短视频软件的使用特点和态度，并对调查结果所反映出的社会问题提出有针对性的建议。本次调查发现绝大部分网民使用过短视频软件，使用时间因人而异，但基本每天在两小时以内，网民使用短视频软件最主要的目的是打发时间，其次是用于获取信息以及记录生活等。本次调查也反映出短视频内容有掺杂不良或错误信息的问题，且短视频对居民的生活既有正面影响也有负面影响。正面影响包括愉悦身心，缓解生活压力，也有部分网民认为短视频的内容丰富，能够增长知识，学习技能。负面影响包括网民容易被错误信息误导，容易上瘾而影响学习和工作，并且其本身含有不少低俗内容，会侵蚀主流价值观，此外，盲目跟风模仿短视频中的内容还会影响现实生活。因此，在短视频这种快餐文化飞速发展的今天，我们应该合理地认识和使用短视频，理性客观地看待快餐文化，在享受短视频带来的便捷和欢乐的同时，也应防范其带来的负面影响。

关键词 重庆市网民；短视频软件；使用情况

① 梁秋菊、吴婷、刘明纯、何海艳、宋成珠、蒋亭亭、蒲潇、赵海燕为西南大学药学院2020级硕士研究生。

移动互联网时代已经来临，根据中国互联网络信息中心2021年2月发布的《第47次中国互联网络发展状况统计报告》，截至2020年12月，我国网民规模达9.89亿，较2020年3月增长8540万；互联网普及率达70.4%，较2020年3月提升5.9个百分点。我国手机网民规模达9.86亿，较2020年3月增长8885万；网民使用手机上网的比例达99.7%，较2020年3月提升0.4个百分点。由此可见，大部分网民已经养成了使用手机等移动设备上网的习惯。随着互联网的普及和发展，人们对于网络社交的需求以及信息获取的需求不断增大，短视频成为用户最喜欢的内容形式之一。短视频主要具有如下的特点和优势：内容丰富，短视频可以承载比单纯的图片和文字更多的信息量；具有一定的创造性，能够在更大程度上满足人们的表达需求；具有互动性，更能满足网民的网络社交和网络消费需求。短视频可以丰富我们的生活，但也存在部分负面影响。短视频内容丰富，却时常掺杂不良信息。网民对短视频的浏览具有个性化的特点，对短视频的看法和态度各不相同。据此，本调研主要针对重庆市网民对短视频的接触情况和软件使用习惯，以及对短视频的看法，试着从中发现重庆市网民使用短视频软件的规律，分析重庆市网民使用短视频软件的主要情况和影响因素等，了解重庆市网民对短视频的看法和态度，并根据调查结果提出有针对性的建议，从而为政府引导人们合理使用短视频，引导公众更加理性、客观地看待短视频提供参考。

本次调研围绕重庆市网民对于短视频软件的使用情况来开展调查，主要采用问卷调查法，设计线上调查问卷，内容包括个人基本信息、短视频软件的使用情况、行为特点以及对短视频的态度等方面。本次调研对象为重庆市网民，共有230人参与了问卷调查，最后获得有效问卷230份，其中男性76人，占比33.04%；女性154人，占比66.96%。参与本次问卷调查的重庆市网民主要年龄段为18~25周岁，共157人，占比68.26%。

本次调研主要采用问卷调查法与文献法，首先对重庆市网民使用短视频软件的相关情况进行调查并获取数据，然后通过文献调研了解短视频相关研究的背景和现状，通过查阅相关图书、期刊以及网络资料等，了解当代网络文化特点以及短视频的现状和发展等。调查采用线上问卷调查法进行，通过问卷星设计调查问卷，包含24个项目，然后通过各网络平台发布问卷，获得有效问卷230份。最后，使用Excel软件对获得的数据资料进行定量分析并制作图表，通过统计分析方法对资料进行简化和描述，从而找到重庆市网民使用短视频软件的规律和特点。

一、重庆市网民使用短视频软件的基本情况分析

本次调研表明，随着科学技术的进步及文化传播媒介的多元化发展，短视频作为一种短、平、快的文化传播方式受到越来越多网民的关注和青睐。因此，短视频平台和内容的多元化、大量的时间花费、短视频所带来的影响以及短视频与传统传播方式的碰撞都是值得关注的问题。

（一）短视频平台和内容多元化

从对“是否使用过短视频软件”的数据分析（见图1）中，我们不难发现，在被调查的重庆市网民中，绝大部分人（93%）都正在使用或使用过短视频软件。在前期准备工作中，我们筛选了一些当下比较流行的短视频软件，包括抖音、快手、哔哩哔哩、微博、腾讯微视、微信视频号以及其他。

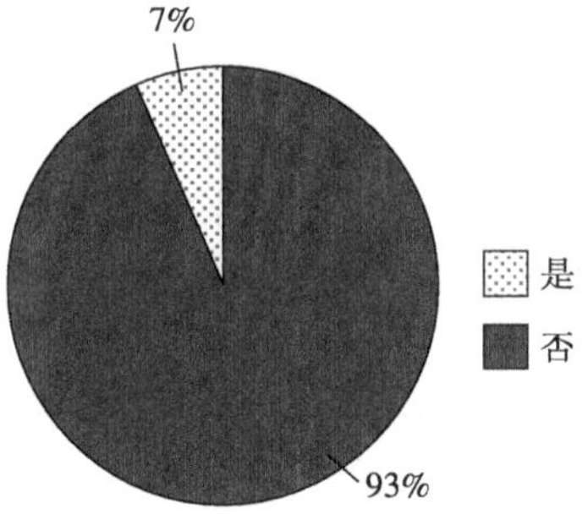

图1　重庆市网民是否使用过短视频软件

接着，我们从对重庆市网民使用短视频软件的情况的调查分析（见图2）中发现，抖音、哔哩哔哩以及微博的使用率最高，在230份调查样本中分别有148位、127位以及107位网民使用。

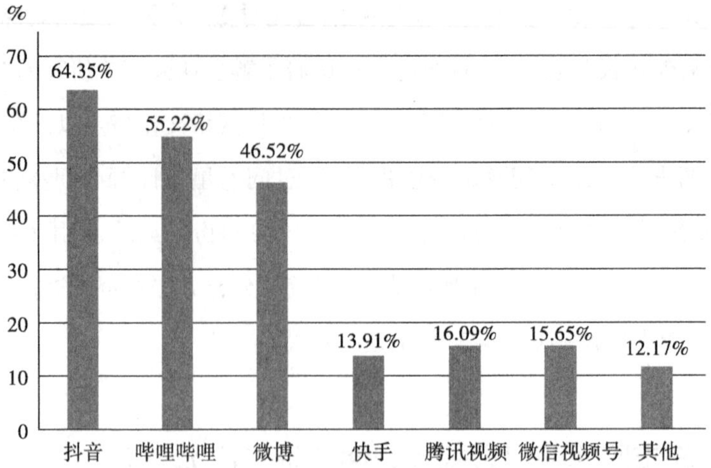

图2　重庆市网民常使用的短视频软件

而各大短视频软件都有着大致相同的内容模块，主要包括美食、萌宠、搞笑、明星、美妆、购物、游戏以及学习。在本次的调查结果（见图3）中可以看到，大部分人倾向于搞笑类和美食类等轻松治愈型内容，其他包括萌宠、明星、美妆、购物、游戏和学习在内的视频内容受欢迎的程度差不多。分析得出，大部分使用短视频软件的人希望通过观看短视频放松减压、丰富生活。

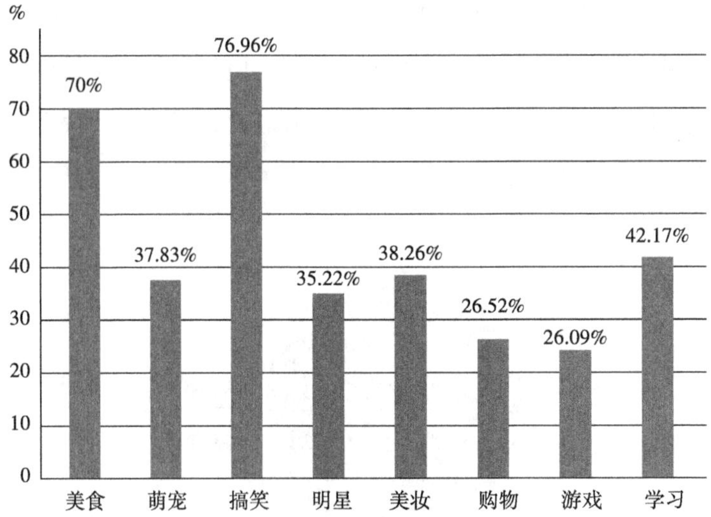

图3　重庆市网民使用短视频时主要关注的内容

（二）时间花费

对“重庆市网民每天观看短视频的时间及合理情况”的数据分析发现（见图4），有39%的重庆市网民每天观看短视频的时长在1小时及以内，有37%的重庆市网民每天观看短视频的时长在1~2小时（含2小时），有13%的重庆市网民每天观看短视频的时长在2~3小时（含3小时），有10%的重庆市网民每天观看短视频的时长在3小时以上。其中38%的重庆市网民认为自己观看短视频所花费的时长合理，38%的重庆市网民认为自己观看短视频所花费的时长较合理，24%的重庆市网民认为自己观看短视频所花费的时长不合理。短视频作为我们闲暇时间的消遣，已经成为我们生活中不可或缺的内容，但是，我们需要合理安排时间，在享受生活的同时努力工作、不断奋斗、创造人生价值。

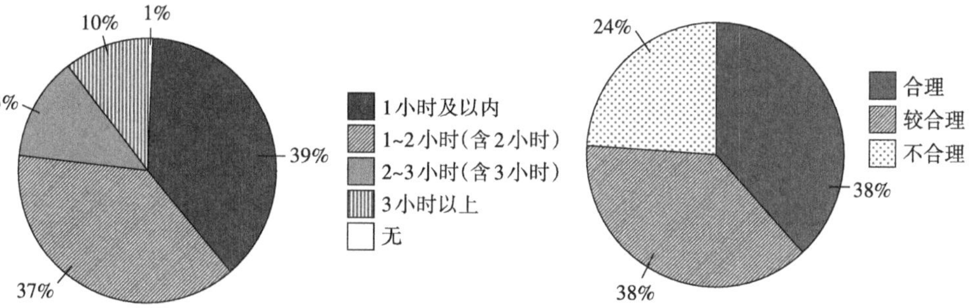

图4　重庆市网民每天观看短视频的时间及合理情况

随后，对重庆市网民使用短视频软件的时间点也做了调查分析（见图5），有近75%的重庆市网民会在睡觉前使用短视频软件，有近50%的重庆市网民会在排队等候、乘坐交通工具或者工作间隙等时间使用短视频软件，甚至还有5%左右的重庆市网民会在上课时间使用短视频软件。我们认为，应该提醒这部分人自觉避免此类行为的发生，珍惜上课时光，努力学习知识。

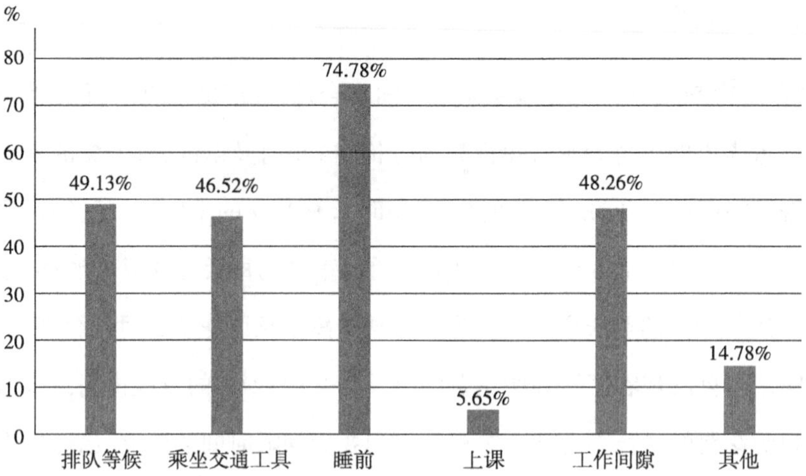

图5　重庆市网民使用短视频软件的时间点

(三)短视频软件所带来的影响

关于“重庆市网民对短视频软件利弊的看法”的调查发现(见图6),有25%的重庆市网民认为短视频软件利大于弊,16%的重庆市网民认为弊大于利,剩余59%的重庆市网民认为其利弊相当。

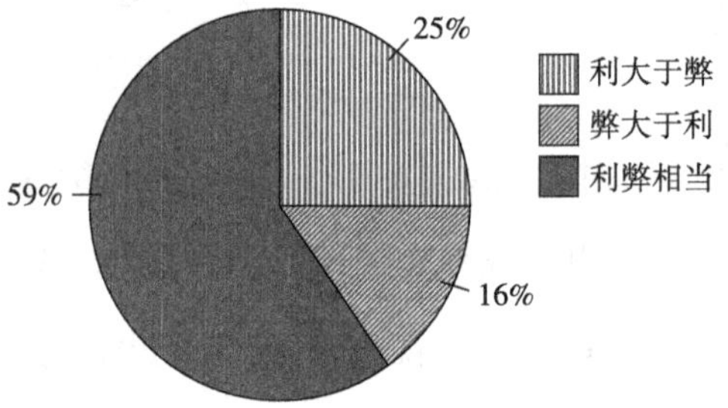

图6　重庆市网民对短视频软件利弊的看法

在“使用短视频软件对重庆市网民的正面影响”这项调查中发现(见图7),有近90%的重庆市网民认为短视频可以愉悦身心、缓解压力;大约41.3%的重庆市网民认为短视频有助于提高学习技能、增长见识。而在“短视频对重庆市网民的负面影响”的调查中发现(见图8),有约一半的人认为在使用短视频软件的过程中会被错误信息误导,低俗的泛娱乐化内容容易上瘾继而影响学业或工作,会侵蚀主流价值观。

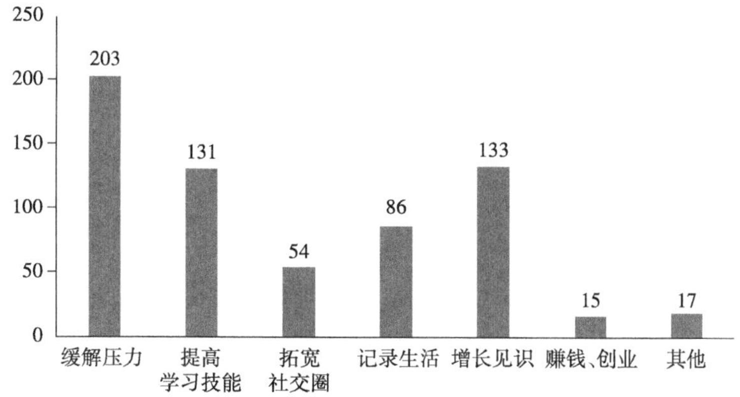

图7　使用短视频软件对重庆市网民的正面影响

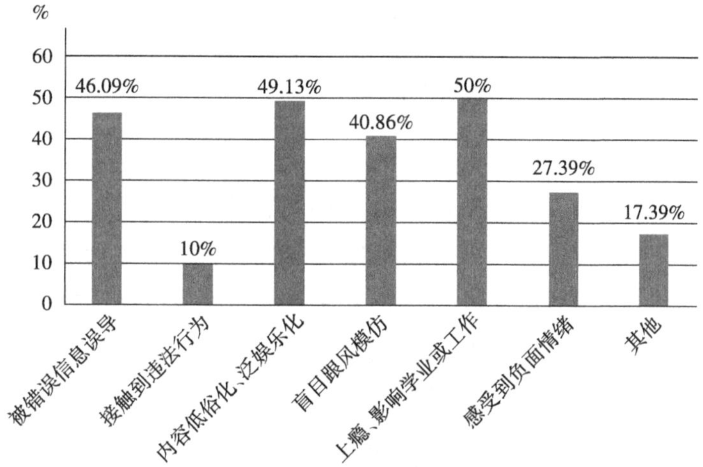

图8　使用短视频软件对重庆市网民的负面影响

由于短视频软件带来各种各样的影响，因此，重庆市网民在使用短视频软件的过程中，有70%的人表示自己曾卸载过短视频软件（见图9）。而他们卸载短视频软件的首要原因是认为其浪费时间，其次的原因是感觉视频内容质量欠佳，以及监管不严导致平台氛围差等（见图10）。

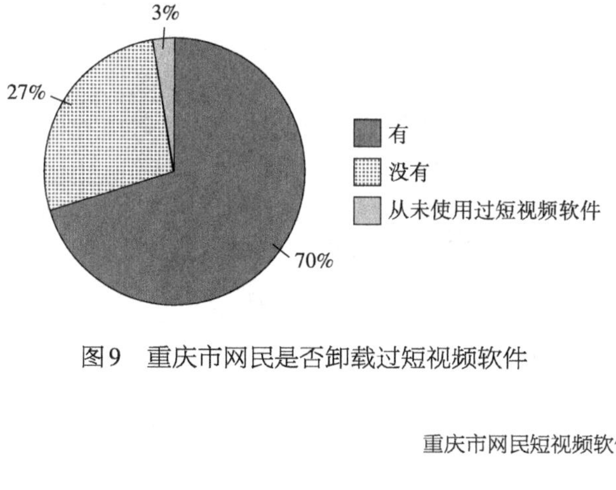

图9　重庆市网民是否卸载过短视频软件

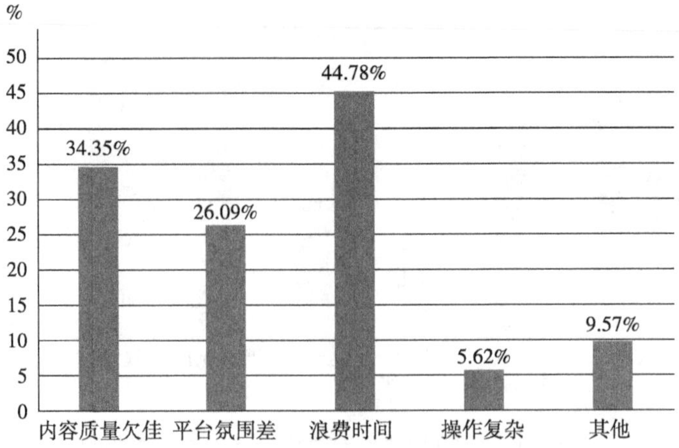

图10　重庆市网民卸载短视频软件的原因

(四)短视频与传统文化传播方式的碰撞

在本次调查中,分别有约34%和31%的重庆市网民表示,自己一个星期或一个月没有好好地看一本书或一部电影了,27%的重庆市网民表示半年以上(含半年)都没有认真看一本书或一部电影(见图11)。而导致较长时间没有观影或阅读的原因是,19.57%的人认为自己静不下来,约13%的人是没有时间或者不知道读(看)什么(见图12)。

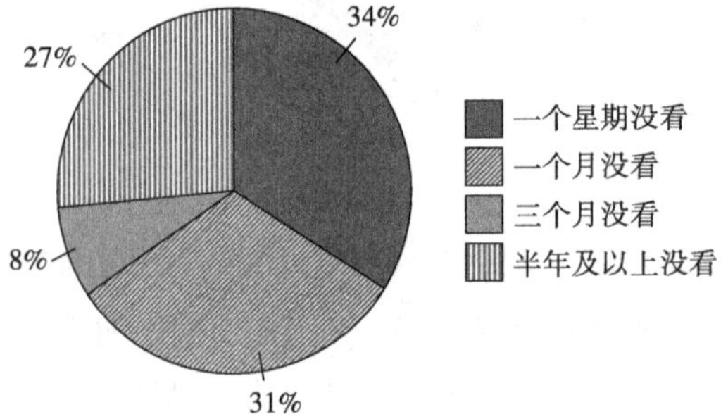

图11　重庆市网民的观影或阅读情况

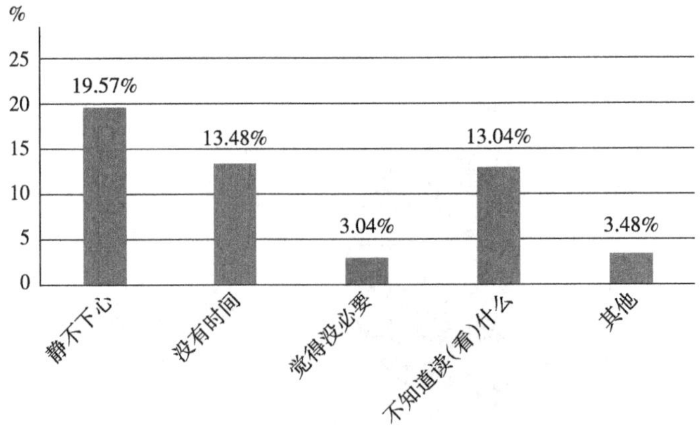

图12　重庆市网民观影或阅读情况频率低的原因

而当被问及“在短视频等快餐文化盛行下，你是否愿意静下心来阅读?”时，分别有37%和54%的重庆市网民表示自己非常愿意和愿意静下来阅读（见图13）。看来，尽管在网络快餐文化高度发达的今天，传统文化媒介不断受到新兴文化媒体的冲击，人们还是愿意慢下来读本书。

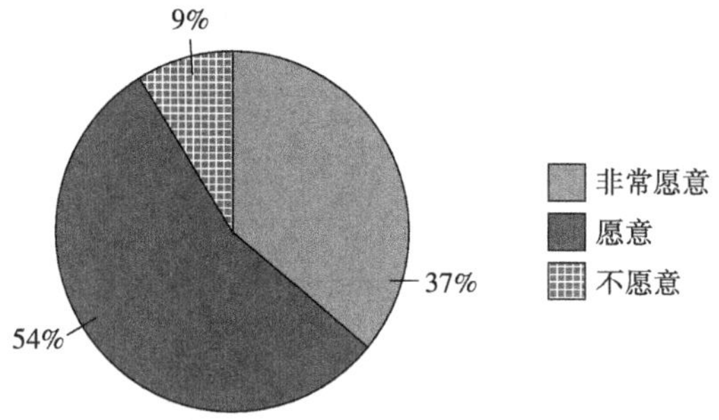

图13　重庆市网民是否愿意静下来阅读的调查情况

每个人每天都拥有24小时，那么，除去必需的上学、上班时间，剩余时间到底应该做什么？是刷短视频还是观看一部优秀的电影，或是阅读一本早就想看的书，看似截然不同的生活方式其实也可以兼容。本次调查发现，绝大部分人都有读书的意愿，其实，短视频也有很多推荐好书、好电影的内容，并且可以短时间让我们对一本书、一部电影的内容有个整体的把握，可以让我们对自己是否想要看这部电影或者读这本书做出快速的判断。我们不应该只是沉溺于其中的“爆炸式”信息，往往细节最深入人心，好的东西值得慢慢回味，而不是片刻的记忆之后很快地遗忘。

二、通过调查分析发现存在的问题

基于上述数据分析，我们总结出网络短视频存在以下问题：内容质量参差不齐、影响生活质量、容易造成信息泄露以及导致浮躁的社会风气。

（一）短视频种类繁多，内容质量参差不齐

在被调查的重庆市网民当中，绝大部分网民都接触过短视频，且接触短视频的种类较多，这些种类繁多的短视频存在着质量参差不齐的问题。不少网民都表示刷到过“黄色、暴力”的内容（见图14）。这对网民，特别是青少年网民的心理健康会产

生不良的影响，会助长社会不良风气的形成。另外，短视频作为一种商业形式，充斥着大量的消费信息，弥漫着物质至上的氛围，会引导用户形成不良的消费价值观。

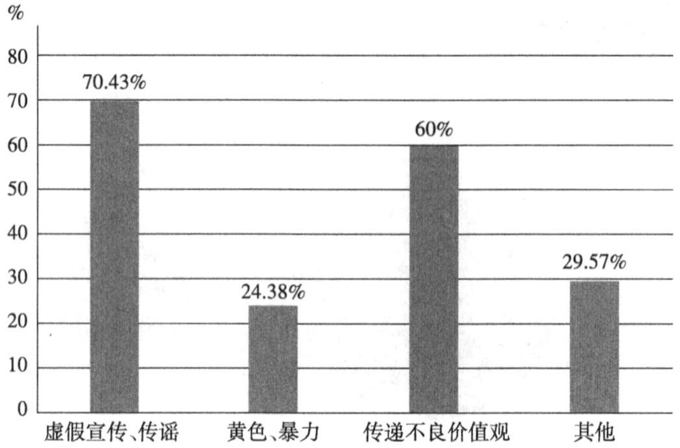

图14　短视频存在的不良内容

（二）短视频会影响学习、工作和生活质量

本次调查发现绝大多数网民都喜欢在睡前浏览短视频，这会提高熬夜的概率，对于自制力较差的人群来说更是如此，浏览短视频会延长熬夜的时间，影响睡眠质量，影响身体健康，大大降低学习、工作和生活质量。

（三）短视频软件会造成身份信息的泄露

本次调查发现（见图15），有5%的重庆市网民没有保护个人信息的意识，在使用短视频过程中毫无戒备地泄露自己的个人信息；有接近一半的重庆市网民虽然表示在制作或上传短视频时不会泄露自己的信息，但其实他们在使用短视频软件的过程中就已经无形地泄露了自己的信息。比如：用户在注册软件账号时往往需要手机号、微信号、QQ号等，甚至有一些还涉及身份证号和银行卡号，这些信息的泄露使大家更容易成为不法分子下手的目标。

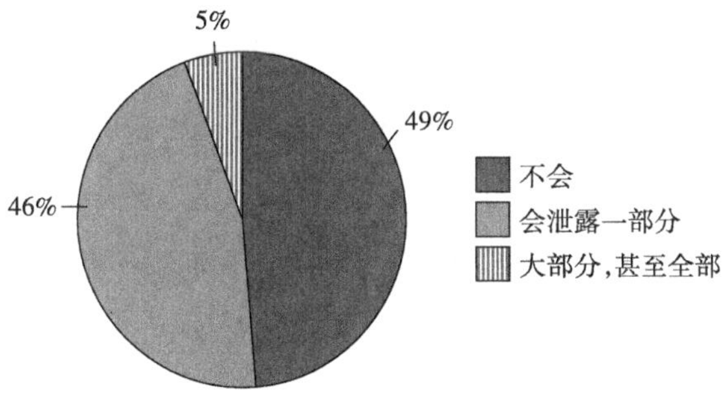

图15　重庆市网民制作或上传短视频时是否泄露自己的信息

除此之外，短视频录制时也容易造成信息泄露。有一部分网民在使用短视频软件的时候也会进行创作（见图16），但录制的时候有不少人对自己的信息缺乏保护意识，在发布之前也没有对短视频进行检查以防重要信息泄露。

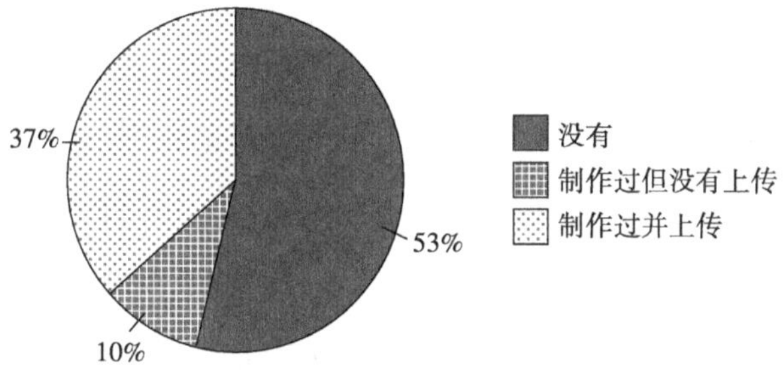

图16　重庆市网民制作或上传短视频的情况

（四）快餐文化的盛行导致浮躁的社会风气

短视频具有海量性和多媒体性的特点，而音视频的表现形式具有很强的感染力和强烈的视觉刺激。一些自制力较差的网民抵制诱惑的能力有限，不能进行有效的自制而容易沉迷于碎片化的娱乐之中。同时，长期处于这种环境之中，社会风气也会变得越来越浮躁，越来越多的人静不下心来看一些有内涵的书刊，滋养自己的内心，提高自己的修养。

三、重庆市网民观看的短视频存在问题的原因

短视频带来负面影响的原因有很多，包括基于大数据的个性化推荐造成信息茧房，相关法律法规及监督举报机制不健全，以及用户素质良莠不齐等。

（一）基于大数据的个性化推荐造成信息茧房

美国学者桑斯坦在《信息乌托邦》中指出，受众只注意自己选择的东西和使自己愉悦的领域，久而久之会将自身桎梏于像蚕茧一般的“茧房”中。[①]信息茧房不仅会使用户知识的广度和视野缩小，还会导致消息闭塞，沉溺于某一方面的信息，进而形成错误的价值导向。目前，短视频平台大多是顺应用户个性化的需求，基于用户的特征和兴趣，考察用户资料与推荐项目的匹配程度，通过推荐算法来推送信息。这就使得短视频内容具有一定的片面性，使用户很难得到更多有效信息，在一定程度上加剧了信息茧房的形成。

（二）相关法律法规及监督举报机制不健全

目前，针对短视频的管理，主要有2019年12月15日公布、2020年3月1日起施行的《网络信息内容生态治理规定》，2021年4月16日发布、2021年5月25日起施行的《网络直播营销管理办法（试行）》等法规，以及中国网络视听节目服务协会于2019年1月发布的《网络短视频平台管理规范》和《网络短视频内容审核标准细则》两部行业规范，相关法律法规还比较匮乏，也不够全面。通过调查发现（见图17），55%的重庆市网民对短视频中的不良内容采取置之不理的态度，由此从一个侧面反映了监督举报意识不够健全。

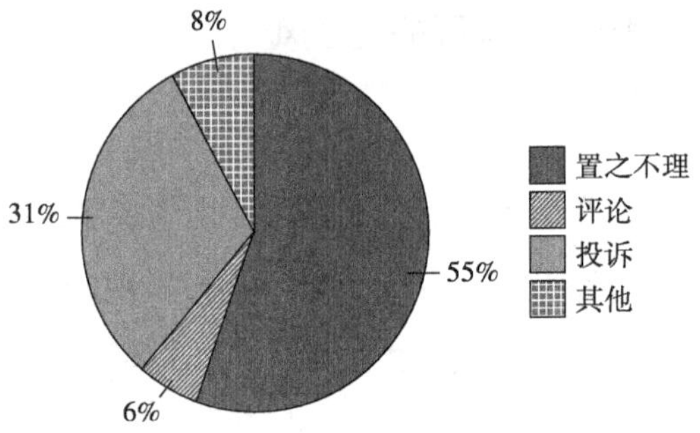

图17　重庆市网民对短视频不良内容的态度

（三）用户发布的内容良莠不齐

在短视频平台上发布内容的门槛低，互联网的草根化与无界性在短视频平台上

① 王志昭．短视频对青少年的利弊影响及治理［J］．新闻爱好者，2019(11)：60-62.

得到了充分的体现,很多短视频平台以用户生成内容(User Generated Content, UGC)为主要内容供应手段,这就使得越来越多的“草根”也成为短视频的生产者,继而造成某些低俗短视频内容的泛滥。某些短视频用户自控能力较差,不能明辨是非,盲目跟风,造成短视频中的不良风气迅速传播扩散。而且,大部分用户对短视频中出现的不良内容采取听之任之的态度,进一步加剧了不良风气的盛行。

四、短视频使用行为引导及策略

短视频作为一种广覆盖面、强影响力的新媒介形态,在发展中不应仅仅局限于短视频平台自身的运营,还应承担其大众媒介的职责,实现对社会及公众的正面影响。公众在享受短视频带来的方便快捷和娱乐消遣的同时,也应防范其带来的负面影响。应围绕健康、可持续和良性的发展理念,从把握内容根基、创造关系价值和构建空间秩序三个层次,营造一个良好的短视频社交环境。

(一)主流媒体树立正确的价值导向

目前,观看短视频已成为公众生活中的主要娱乐方式及获取新闻的主要渠道之一,主流媒体可通过入驻短视频平台、开通官方账号等方式,将短视频作为传播主流价值观的新阵地、新载体,充分借助短视频的影响力来开展工作。各个主流媒体应积极主动地融入新媒体,以其内容质量的深度和广度的优势,吸引大众注意力。主流媒体想要在短视频新闻传播领域立足,必须积极探索把握新媒介的传播特征与用户特性,并在传播语态上做出顺应时代的变革,借助国民流量将优质内容广泛传播,改善短视频的“泛娱乐化”趋势,引导正确的价值观念。

(二)提升传播内容的质量

在短视频平台的发展过程中,内容质量仍是其发展的根基,平台应强调对短视频内容的审美情趣提升,做好市场导向、价值导向和审美导向三者间的平衡。在内容生产中,不能仅仅停留于对受众需求的低层次满足,更重要的是打造优质内容,注重价值引导与提升大众的审美情趣。以专业主义带动短视频内容生产,以唯实主义把握短视频内容质量,以人文主义提升短视频内容的审美价值。平台应自觉规范视频内容,严格把关,不断提高短视频质量。也有官方媒体开通了抖音账号,通过讲述真实案例传递正确的价值取向。大众对不管是简单的生活片段，还是制作专业、精良的行业动态等各种短视频内容的精美性、趣味性和专业性等要求都在不断提高。

（三）提高公众的媒介素养

所谓媒介素养，就是公众利用媒介资源的动机，使用媒介资源的方式、方法与态度，利用媒介资源的有效程度以及对媒介资源的批判能力等。个体应多观看并转发、评论正面信息，自觉规避负面信息，提高辨别能力，提升审美能力，不盲目跟风，不信谣、不传谣，提升信息辨识能力；提高自我约束力，避免过度依赖短视频；加强明辨是非的能力，能够正确评价短视频呈现的信息；重视自身作为短视频内容的接收者和生产者的双重身份，提高自我控制能力，自觉抵制内容低俗的不良信息，学会理性发声。可利用课堂资源或采用在社区开展讲座等方式，结合现实，利用反面案例警醒大家不盲目跟风，不信谣、不传谣，提升大家的信息辨识能力。

（四）健全监督举报机制

网民不仅是短视频内容的接收者，也是短视频内容的监督者。一方面，网民自身要加强媒介素养，拒绝盲目跟风、转发，避免助长短视频行业的不良风气；另一方面，在治理中须根据政府出台的规定，对当前短视频传播中存在的问题及时进行规范，保证短视频平台传播健康向上的内容。在网络监管不能全方位覆盖的情况下，可发动短视频的终端用户协助监管，对不法、违规内容进行举报。政府所设立的投诉受理部门，应及时受理与处理网民发现的问题，让网民参与到内容监管中，从而构建起平台、受众和政府三方共同参与的长效管理机制，共同打造积极健康、和谐向上的网络生态环境。

当今在移动互联网普及的时代，短视频成为人们随时获取信息的便捷形式，这种短、平、快的文化传播方式，因其内容丰富且具有一定的创造性与互动性，丰富着我们的生活，但是，如果我们不能正确对待和利用这种文化传播形式，就会对我们的学习、工作和生活带来负面影响。因此，这次对重庆市网民关于短视频使用相关情况进行调研具有现实意义。在本次调查中，我们发现短视频平台和内容趋于多元化，大部分网民通过观看短视频不但能缓解压力，愉悦身心，丰富自己的生活，树立积极乐观的生活态度，还能够增长知识，学习技能等。同时，调查发现网民花费在观看短视频上的时间较多，并且在使用短视频软件的过程中容易被错误信息误导，被低俗的、泛娱乐化内容侵蚀，容易上瘾继而影响学习和工作，不能有效地自我控制。沉迷于碎片化的娱乐之中是主要原因，所以，还需从提高平台传播内容的质量、加强主流媒体的价值引导、提升公众的媒介素养、健全监督举报机制等方面提出有针对性的指导策略。

本文在一定程度上丰富了网民对短视频软件使用情况的研究，能够为当代短视频行业发展提供一些参考，为促进新兴文化传播方式的健康发展提供一些帮助。我们希望通过此研究能够引起短视频平台等文化传播平台及其使用者对短视频带来的正面和负面影响的思考与关注，与时俱进地探索出更多有针对性的策略，促进短视频行业健康发展及短视频内容的健康、良性传播和利用。

（指导教师：西南大学马克思主义学院　雷鉴）

重庆市高校学生婚恋观调查报告

——以西南大学学生为例

龙艳　贾姝婷　余虹玉　牟媛媛　陈柏琪[①]

摘要 恋爱与婚姻是人生大事，对于正处于成长阶段的高校学生来说，拥有正确的婚恋观是心理健康和身体健康的一个重要方面，因此，关于恋爱与婚姻的教育也是高校思想政治教育的重要内容。本文综合运用问卷调查和文献分析等方法，揭示新时代高校学生的婚恋观现状。在充分利用以往相关研究成果和实证调查资料的基础上，归纳出了目前我国高校学生婚恋观四个方面的特点，即恋爱动机多样化、择偶标准多元化、家庭影响显著化，以及性观念趋向开放。同时，虽然绝大部分当代高校学生面对恋爱、婚姻的态度是积极向上且符合马克思主义婚恋观的，但仍然有部分高校学生的婚恋观存在问题，并且严重偏离社会主流价值取向，不利于个体的身心健康和个人未来发展。这些问题主要表现为恋爱动机盲目化、婚恋观念功利化、不婚晚婚风气见长，而这些问题明显是因为家庭教育严重缺位、学校教育缺失、社会负面影响加大造成的。鉴于高校学生婚恋观的形成是由多重因素共同作用的结果，引导、帮助高校学生树立正确的婚恋观需要社会、学校、家庭通力合作，同时高校学生自身也需发挥其作为社会主体的能动性。因此，高校学生应自觉树立正确的婚恋观，父母要重视对子女婚恋观的正确引导，高校要充分发挥在婚恋观教育中的重要作用，社会要倡导健康向上的婚恋观。

关键词 高校学生；新时代；婚恋观

① 龙艳、贾姝婷、余虹玉、牟媛媛、陈柏琪为西南大学教师教育学院2020级硕士研究生。

婚恋观，即人们对恋爱和婚姻的价值取向和基本观念。在中共中央、国务院发布的《中长期青年发展规划（2016—2025年）》①中，将"青年婚恋"列为青年十大发展领域之一，并指出，要使"青年婚恋观念更加文明、健康、理性"，体现了党和国家对于青年婚恋观的关注。高校学生作为当代青年的重要组成部分，其婚恋观念不仅对个体婚恋行为选择及个人生活产生影响，也是衡量一个家庭系统乃至整个社会和谐稳定的重要尺度。当前，中国正处于转型时期，我国传统婚恋观念在自觉或不自觉中受到西方价值观念、相亲节目或网站、媒体频繁关于"闪婚闪离"的报道以及社交网络上流行的"非××不娶/不嫁""关键看颜值"等言论的影响和冲击，愈发表现为各种价值取向的冲突与整合。因此，需要对新时代高校学生的婚恋观进行深入的调查研究，并在此基础上分析影响其认知观念形成的主要因素，进而为更好地开展有针对性的工作和服务建言献策。高校学生的婚恋观教育是思想教育中不可缺少的一部分，正确的婚恋观对于处在发展中的高校学生来说是非常重要的，因为这有助于他们的心理健康发展并在一定程度上促进学业的进步。本研究主要探究新时代背景下高校学生的婚恋观现状、特点、问题和如何帮助他们树立正确的婚恋观，以及如何促进新时代高校学生个人的健康成长与社会的和谐稳定。

本次调查围绕新时代高校学生的婚恋观进行，主要包括高校学生的恋爱原因、择偶标准、对结婚生子的态度等。本研究采用了问卷调查法，以西南大学在校学生为调查对象，尽量涵盖不同年级、年龄、性别的学生，共收回有效问卷401份。在调查对象的性别比例上，女生占51.12%，男生占48.88%；在学历方面，本科生所占比例为54.61%，研究生（硕士、博士）所占比例为45.39%；在专业方面，文史类占比45.63%，理工类占比44.89%，艺术、体育和其他占比9.48%。

本研究采用了定量与定性相结合的研究方法。其中，文献法作为定性研究手段是通过对该课题已有的研究成果进行分析并加以创新，从而获得新的研究结果。问

① 中共中央国务院印发《中长期青年发展规划（2016—2025年）》[N]. 人民日报，2017-04-14(1).

卷调查作为定量研究手段是通过大量真实的数据和样本,进行具体的统计分析,从而得到准确的结果。本研究采用线上问卷调查法,首先,通过问卷星生成问卷;其次,通过微信、QQ等渠道发送给了400余名高校学生;最后,通过问卷星剔除无效问卷后,将剩余问卷利用Excel、SPSS等软件生成调查结果用于后续分析。

一、重庆市高校学生婚恋观基本状况分析

本次调查表明,随着时代的进步和社会的发展,高校学生婚恋观同以前相比有了较大变化,呈现出四个显著的特点,包括恋爱动机多样化、择偶标准多元化、家庭影响显著化和性观念趋向开放。

(一)恋爱动机多样化

对"高校学生谈恋爱最可能的原因"这组数据分析(见图1)发现,当代高校学生的恋爱动机呈现多样化的特点,主要包括"寻找真爱""排遣寂寞""获得生理满足""找个结婚对象,为组建家庭做打算""跟风其他恋爱的同学"等,这表明大家对于恋爱有不同的需求和动机。男女生在"寻找真爱"与"排遣寂寞"这两项的选择比例比较均衡,且"寻找真爱"占了最大的比例。其中,有73.98%的男生选择了"寻找真爱",68.88%选择了"排遣寂寞";女生中有72.68%选择了"寻找真爱",68.78%选择了"排遣寂寞"。除此之外,男女均在"找个结婚对象,为组建家庭做打算"占有较高且相似的比例,分别约占40%。在这些选项中,"跟风其他恋爱的同学"的女生占比高于男生,达到了37.07%;在"获得生理满足"这一项上,男生占比53.06%,远远高于女生的31.22%。

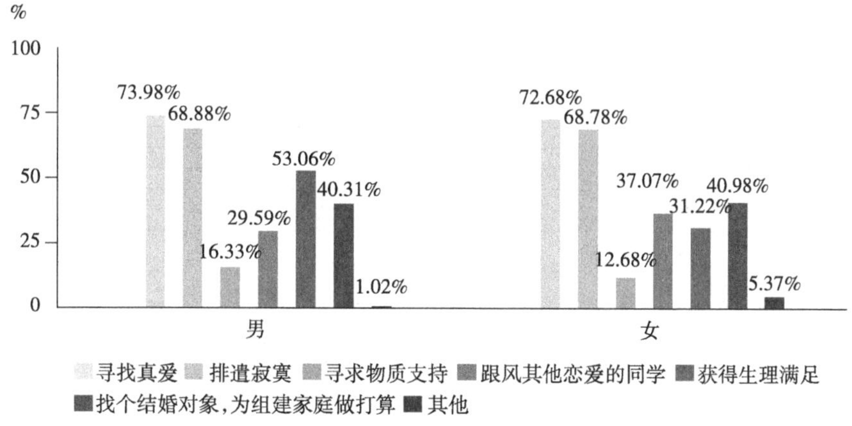

图1　高校学生恋爱的原因

从性别因素来看，男女生恋爱动机差异不大，对于高校学生来说最主要的恋爱动机仍然是“寻找真爱”，对爱情保持着美好真挚的渴望。另外，“排遣寂寞”这一动机在男女生中占比均非常高且均衡，几乎快达到了与“寻找真爱”相同的比例。这一特点表明大多数男女生内心空虚，感到寂寞。高校学生在选择恋爱时表现出为了避免寂寞而去恋爱的不纯动机，这很容易导致恋爱的失败。这项动机比例较高的原因可能是高校学生摆脱高中早恋禁令的束缚后，极度想要在大学这个恋爱自由的地方排遣寂寞的心态。除了在大部分恋爱动机上男女生表现出共同的特点外，在“获得生理满足”与“跟风其他谈恋爱的同学”这两项上男女却表现出了比较明显的差异。男生选择“获得生理满足”这一恋爱动机的比例明显高于女生，且居于男生恋爱动机第三名，这个特点表现出了男生在恋爱时更多考虑到性需求，大多带有冲动性而缺少责任感；而女生在“跟风其他谈恋爱的同学”的动机高于男生，同样表现出了该年龄阶段女生恋爱动机的不成熟，其原因可能为女生较感性，易受到外界环境与身边朋友的影响。总体来说，通过这些动机的共同特点与差异性可以得出高校学生在恋爱动机方面仍有着属于这个年龄的特征，即在期待真爱的同时又害怕寂寞，导致一些不恰当恋爱观的形成。

（二）择偶标准多元化

我们就“高校学生在选择恋爱对象时最看重的因素”进行了调查分析（见图2），排列前两位的分别是“志趣相投”和“品德素质”，分别占比86.53%和86.28%。而“家庭背景”和“毕业后会不会在一个地方”占比相对较小，分别为34.41%和33.42%。由此可见，大多数学生在谈恋爱时，考虑另一半的性格、品质因素较多，而现实因素较少。

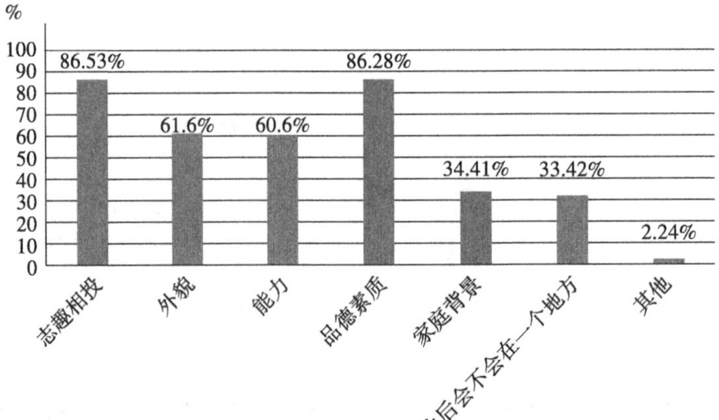

图2　高校学生在选择恋爱对象时最看重的因素

择偶标准的性别差异比较研究一直是择偶标准研究的一个重要方向。调查发现（见图3），“能力”和“家庭背景”是男女差异较大的两个因素，由此可见女生在选择伴侣时更具有现实性。而“外貌”是以上所有因素中唯一一项男生选择比例大于女生的，可见男生在选择伴侣时更注重外貌长相。

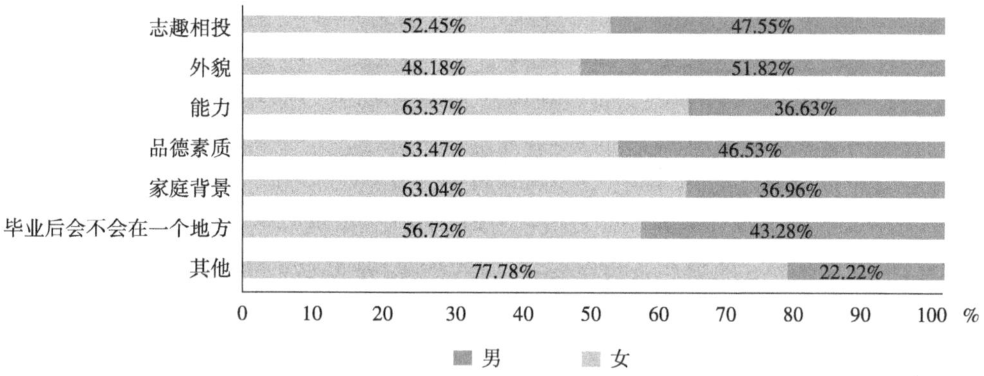

图3　高校男女生恋爱时最看重的方面

另外，在择偶标准中，“能力”和“家庭背景”是女生比男生更看重的因素，这可能是由目前的社会发展所导致。由于新时代是一个高效率的社会，社会现实的压力使人越来越看重回报和收益，于是对某些女生而言，她们希望找一个与自己的“能力”和“家庭背景”基本一致的对象。

在选择结婚对象时，高校学生的观点又有了较为明显的改变。当选择恋爱对象时，高校学生认为最重要的是志趣相投、品德素质、能力和外貌。而对“选择结婚对象时，最看重的是什么”的调查分析发现（见图4），“品德素质”是被选择最多的，占87.1%；紧接着是“志趣相投”，占85.75%；有73.66%的高校学生认为“能力”也非常重要；认为“外貌”和“家庭背景”也很重要的分别占54.03%和52.42%。

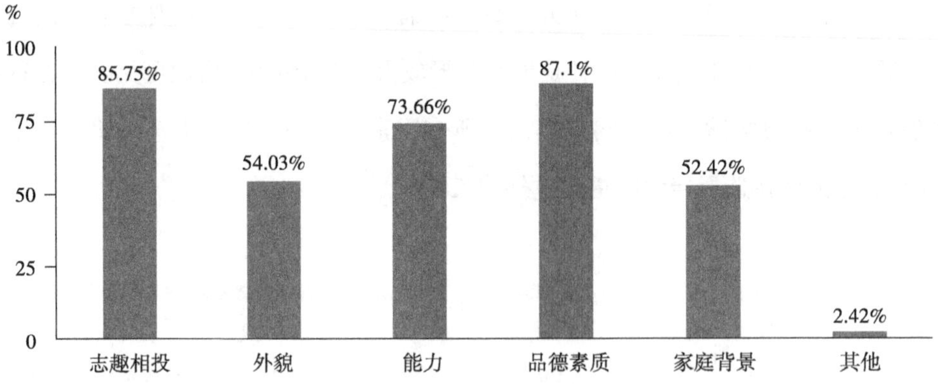

图4　高校学生选择结婚对象时最看重的方面

如果将性别作为自变量可以看出，不同性别对于结婚对象最看重的方面有所不同（见图5）。61.96%的男性认为在选择结婚对象时外貌非常重要，而仅46.28%的女性认为外貌非常重要。此外，59.24%的男性认为能力非常重要，但是认为能力非常重要的女性高达87.77%。就家庭背景而言，女性比男性更加看重家庭背景，女性和男性分别占比为67.02%和37.5%。

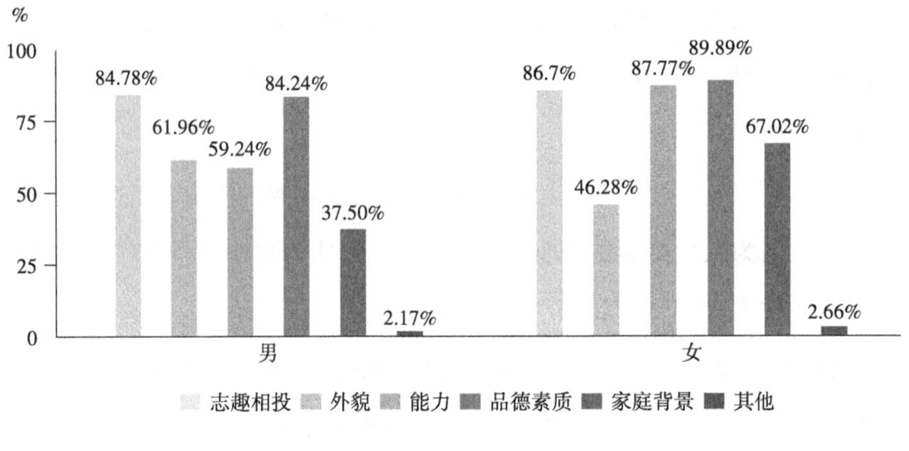

图5　不同性别高校学生在选择结婚对象时最看重的方面

如果以专业为自变量，不同专业的学生对结婚对象能力的要求也存在差异（见图6）。文史类和艺体类（其他类）专业学生更看重能力，分别占80.36%和77.14%，相对而言，理工类专业的学生不如文史类和艺体类专业学生看重结婚对象的能力，调查对象中仅66.27%的理工类学生认为能力很重要。

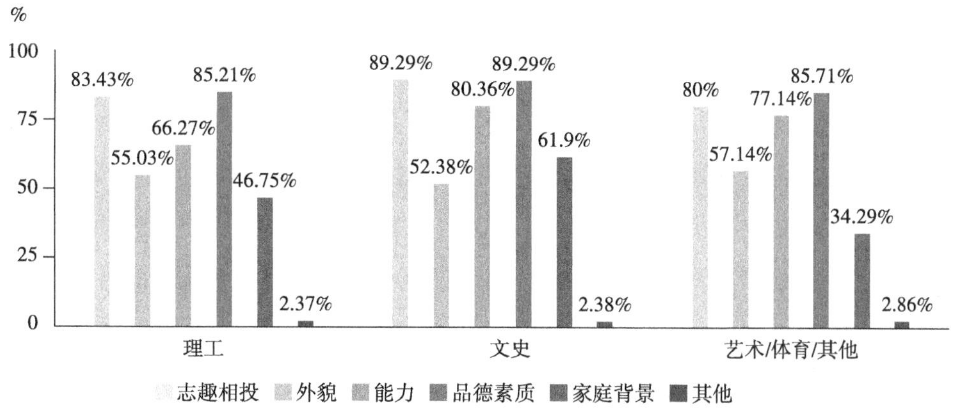

图6　不同专业高校学生对于结婚对象最看重的方面

如果将学历作为自变量，本科生与研究生对结婚对象的志趣与品德方面的要求几乎一致，要求都比较高。不同的是，与本科生相比，更多的研究生认为家庭背景是选择结婚对象的一个重要因素，占62.43%，而本科生仅占46.55%（见图7）。

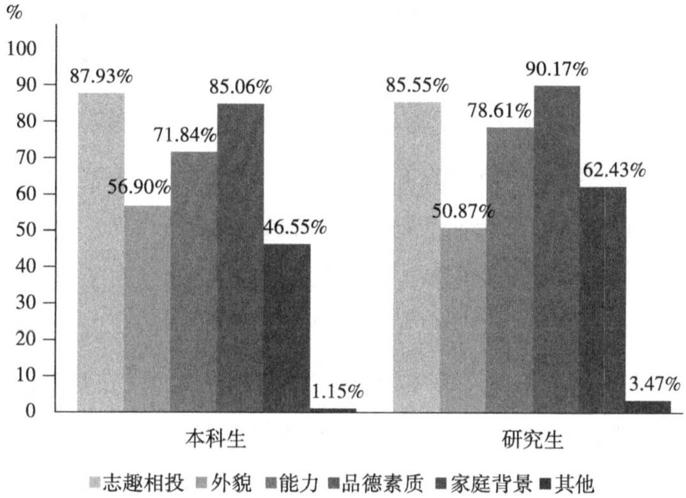

图7　不同学历高校学生对于结婚对象最看重的方面

这表明，高校学生在恋爱观与结婚观上存在差异，在选择结婚对象时高校学生更注重的是一些现实的因素，这一点很明显地反映在对“家庭背景”这一因素的看重程度上。与选择恋爱对象相比，在选择结婚对象时更多的高校学生认为“家庭背景”是一个重要的方面，从而去掉了一些理想化的需求，而转向更为现实的需求。此外，选择“能力”这一因素的人数差异也在某种程度上反映出学生选择结婚对象的现实考量，因为组建一个家庭的压力较大，“能力”更具有可持续发展性，能力强可以为家庭提供更多的经济来源。

就性别而言,高校男生与女生对于择偶对象外貌条件的重视程度也有较大的区别。男生更注重选择外貌条件好的女生,这是因为有的男生受传宗接代的传统观念影响,希望能够有更“优良”的基因传递下去。而女生更关注能力、家庭条件等更为现实的因素,这与女生因为生育等原因长期以来受到职场歧视、同工不同酬等问题的影响有关,也与中国传统观念中“男主外,女主内”的影响有关。与此同时,由于一些腐朽文化的影响,部分女生也会有不劳而获的想法,所以更希望选择家庭条件优越的男生。

(三)家庭影响显著化

从班杜拉的社会学习理论来看,儿童通过观察父母之间的行为模式来学习与人交往的技巧,也就是中国人所说的言传身教。这一点从调查结果中也有所反映,如“你不结婚的原因”这一调查题目,选择“原生家庭的原因”的人占31.03%,以及“你觉得下面哪一项可能对经营以后的婚姻生活最有帮助?”这一调查题目,排名第一的是“父母长辈的教导”,占比高达79.55%,可见,原生家庭对子女的婚恋观念影响之大。早期的家庭关系能预示人们的恋爱关系是否持久,从父母的婚恋价值观能够预测子女的婚恋价值观,其中父亲的作用尤为明显,因此父母为子女传递正确的婚恋观尤其重要。

这里以“你觉得下面哪一项可能对经营以后的婚姻生活最有帮助?”这一调查题目为例,解释家庭影响是如何显著化的。

对“你觉得下面哪一项可能对经营以后的婚姻生活最有帮助?”的调查分析发现(见表1),选择“父母长辈的教导”最多,占比高达79.55%,这反映了在原生家庭生活中的体验和熏陶会对一个人的未来婚姻生活产生极大的影响。其次是“同学、朋友间的讨论”“学校教育”“网络、电视等传播媒体中获得的知识”分别占64.34%、45.39%和45.64%。这说明,周围环境尤其是同学、朋友的意见也会影响高校学生在未来婚姻生活中的表现和抉择,正所谓“物以类聚,人以群分”。除此之外,也可以看出学校和社会两方面因素对于高校学生群体的婚恋观有积极的导向作用。

表1　对经营以后的婚姻生活最有帮助的影响因素

选项	小计(单位:人)	占比/%
父母长辈的教导	319	79.55%
同学、朋友间的讨论	258	64.34%
学校教育	182	45.39%
网络、电视等传播媒体中获得的知识	183	45.64%
其他	19	4.74%
本题有效填写人次	401	

如果将学历作为自变量，分别对比“本科生”和“研究生”就该问题的回答进行分析(见图8)，可以发现“父母等长辈的教导”一项，本科生和研究生的选择率分别为78.87%、80.77%，在某种程度上反映出学历越高，越看重家庭亲人在婚姻生活方面的意见。

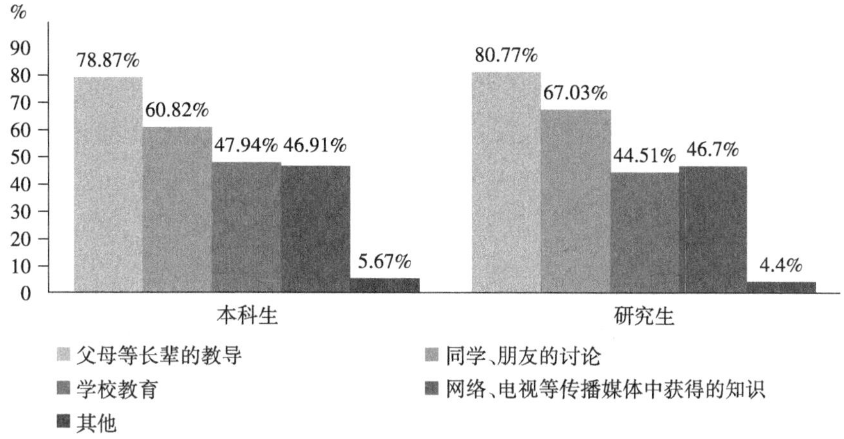

图8　不同学历高校学生对于经营婚姻生活最有帮助的影响因素的看法

(四)性观念趋向开放

对婚前性行为的态度一直以来是恋爱观中饱受争议的一个问题。随着社会的发展，人们的思想日趋开放，当代高校学生的婚恋观念逐渐转变。调查数据显示(见图9)，86.78%的高校学生认为其可以接受，可见绝大部分高校学生已经对这一问题逐渐趋向于认同，对待恋爱、对待性的态度越来越开放。在这一部分群体中，35.66%的高校学生认为婚前性行为很正常。仅9.23%的高校学生对婚前性行为持否定态度，3.99%的高校学生表示无所谓。

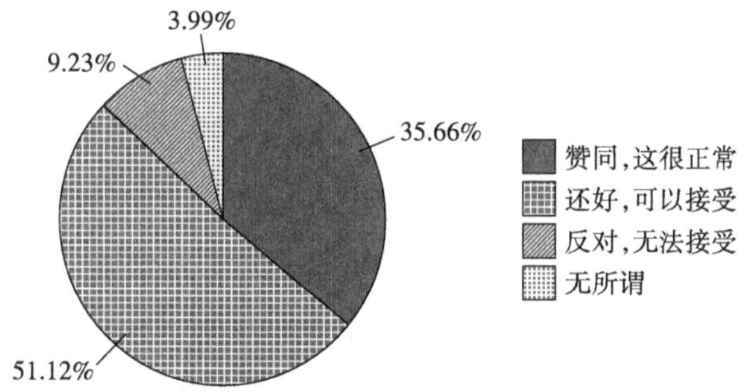

图9　高校学生对婚前性行为的认同度

若将是否有过恋爱经历作为自变量，分析高校学生对婚前性行为的态度（见图10），可以看出：有过恋爱经历的高校学生对婚前性行为的支持率为43.9%，有12.2%的高校学生对婚前性行为表示无法接受，仅2.44%的高校学生表示对此无所谓。而对于没有过恋爱经历的高校学生群体，令人惊讶的是没有一位被测者选择“赞同，这很正常”和“反对，无法接受”这两个态度鲜明的选项，而绝大多数认为“还好，可以接受”，占比为77.78%，22.22%的高校学生持无所谓的态度。由此可见，有过恋爱经历的高校学生对婚前性行为的态度更加明确，赞同率更高，性观念也更加开放。

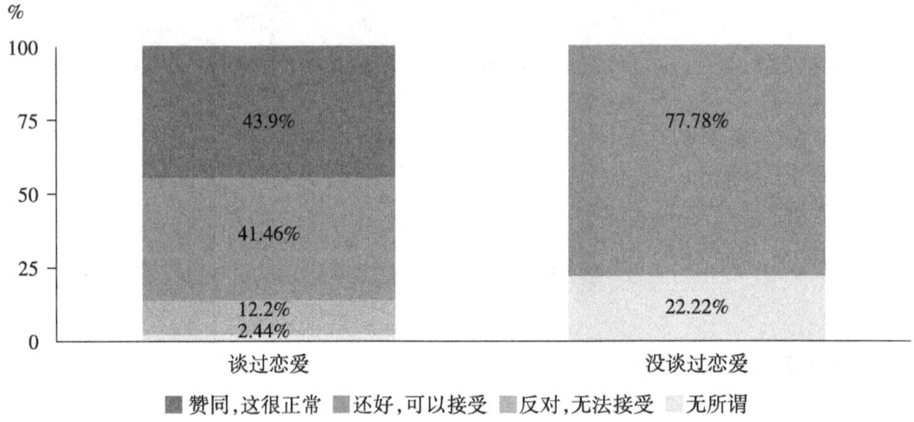

图10　是否有过恋爱经历与对待婚前性行为的赞同度

二、新时代高校学生婚恋观存在的问题

基于上述数据分析，可以总结出当代高校学生的婚恋观存在三方面的问题：恋爱动机盲目化、婚恋观念功利化以及责任意识淡薄化。

（一）恋爱动机盲目化

部分高校学生在恋爱时过于盲目，缺乏正确的恋爱动机。男生往往是想排遣寂寞与获得生理满足，而女生容易受外界影响跟风恋爱。在还没有正确的恋爱观的时候就盲目地选择开始一段恋情，是对自己也是对对方不负责任的表现。另外，数据显示，还有少部分的高校学生是为了寻求物质支持而恋爱，这种错误的恋爱观是受到当今社会上不良风气的影响，同时又助长了这一风气的滋生，容易导致恋爱的失败及整体社会道德的滑坡。

（二）婚恋观念功利化

随着经济的发展，物质生活逐渐丰富，部分高校学生开始追求高质量享受型的生活，以致高校学生的择偶标准更加注重经济收入和家庭背景，婚恋选择的天平容易从感情倾斜到物质。部分高校学生的婚恋观出现偏差，在恋爱与婚姻选择上过于功利，甚至把爱情与婚姻当作获取物质支持，或者改变人生境遇的跳板。通过前面的数据分析可以看出，大部分高校学生还是以品德素质、志趣相投等作为婚恋选择的首要条件，但也不乏一部分高校学生把经济基础作为必要条件，把婚恋当作获得更高物质享受的捷径。这种婚恋观导致大学校园出现了“学生盲目追求富二代”等不良现象。

（三）责任意识淡薄化

在“你认为结婚是否一定要生孩子”这一项调查中可以看出（见图11），当代高校学生普遍认为结婚与生孩子并不挂钩：29.43%的高校学生认为结婚则意味着生儿育女，63.59%的高校学生对该问题持否定态度，而剩下6.98%选择“其他”选项的高校学生的回答普遍为“不一定”“看情况”“双方共同决定”等。可见，当代高校学生在婚姻观方面更加追求自由、独立，而“婚礼者，将合两姓之好，上以事宗庙，而下以继后世也”的传统婚姻观已逐渐不被接受。由于计划生育政策，我国在经历了从高生育率到低生育率的转变之后，我国生育的主要矛盾已经不再是人口增长过快，而是人口红利逐渐消失、人口老龄化严重等问题，所以，有学者指出我国的人口政策亟待调整，尤其是生育政策。“二胎政策”放开以后，我国人口出生率仍呈现下滑趋势。调查结果显示当代高校学生确实存在结婚和生育意愿不强的倾向。

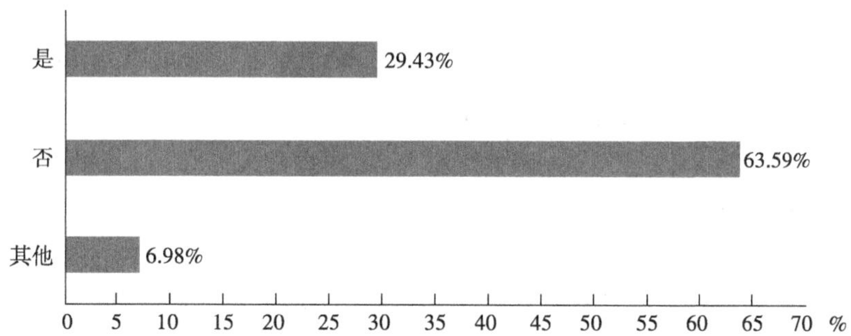

图11　对结婚是否一定要生孩子的赞成率

在“高校学生期望结婚的年龄”这一项调查中可以看出（见图12），有2.74%的高校学生期望自己能够在20~24岁结婚，75.06%的高校学生希望自己能够在25~29岁结婚，14.46%的高校学生期望自己在30~35岁结婚，期望结婚的年龄在35岁以上的有0.5%的高校学生，而不打算结婚的有7.23%的高校学生。从数据上可以看出有约90%的高校学生认为自己应该在24岁之后结婚，还可以看出期望结婚的年龄主要集中在25~29岁，这个年龄处于大学或者硕士研究生毕业后，工作已经比较稳定的时候。通常来说，男25岁、女23岁算作晚婚，所以绝大部分的高校学生都赞成晚婚。但是，还有7.23%的高校学生选择不婚，他们认为，与其忍受低质量的婚姻，不如享受高质量的单身，并且结婚意味着两个家庭的结合，还有诸多的麻烦，因此暂时没有走入婚姻的想法。当前，我国的“不婚族”群体正在扩大，他们或者是主动选择不婚，又或者是被动选择不婚，但他们的选择可能会对未来中国的家庭、社会产生一定的影响。

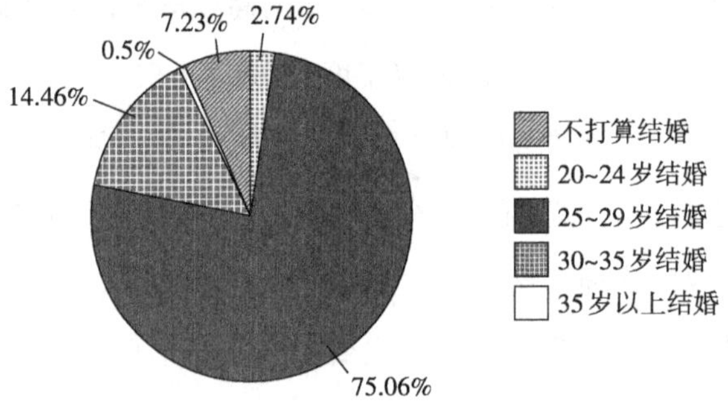

图12　高校学生期望的结婚年龄

三、新时代高校学生婚恋观存在问题的原因

新时代高校学生婚恋观存在问题的原因主要有以下三个方面：家庭教育严重缺位、学校教育十分缺失以及社会负面影响加大。

（一）家庭教育严重缺位

家庭影响对人的成长具有潜移默化、影响终身的特点。家庭因素对于婚恋观念和婚恋抉择的影响大致可以分为两个方面。一方面是父母婚姻状况不稳定导致家庭婚恋教育的缺失。一般来说，父母婚姻状况稳定的高校学生婚恋观趋向于传统，而父母婚姻破裂的高校学生则会出现两种极端：一种是不婚主义，父辈失败婚姻的影响在这部分学生心中造成了严重的阴影，这部分学生抗拒婚姻，持有强烈的反对态度；另一种是游戏人生，对恋爱、婚姻抱有儿戏的态度，漠视婚姻中的道德问题，只在乎一时享受，走一步看一步，没有对感情长久维系的概念。另一方面是中国父母回避对孩子的婚恋教育。受传统文化的影响，大多数父母避开对子女的性教育问题。大多数父母认为小学阶段性教育启蒙还过早，而初高中阶段又忙于学习，这就导致当孩子进入大学阶段时，又会因为缺乏相关的知识和经验，在面对爱情与婚姻时手足无措，甚至缺乏必要的性知识。

（二）学校教育十分缺失

通过调查发现（见表1），45.39%的高校学生认为学校教育对他们以后的婚姻生活最有帮助，因此，可以看出学校因素对高校学生婚恋观具有重要意义。在传统的学校教育中，对学生恋爱与婚姻方面的教育比较缺乏，尤其是在基础教育阶段，这也导致了学生的恋爱动机多样且存在不纯的情况。在大学以前对于恋爱的禁止导致了学生在进入大学后容易跟风谈恋爱或为了排遣寂寞而恋爱，甚至可能导致一些学生缺乏与异性交往的能力。大学时关于性教育与婚恋观的课程也会影响到高校学生的婚恋观，开放自由的校园氛围与良好的校园文化对于学生的婚恋观有着积极的影响。校园中的各项活动也能促进男女生展现各自的魅力，促进友谊与爱情的发展。

（三）社会负面影响加大

当今社会在高速发展，而社会的发展会影响婚恋观的形成，高校学生作为社会中的一个群体，必然也受到社会氛围的影响。高校学生群体面临一定的经济压力。一方面，他们刚进入大学校园，多数的高校学生靠家庭供养，没有自己独立生存的能力。另一方面，他们处于象牙塔中，对外面的社会并不太了解，网上传播的一些“富二代”“高消费行为”容易让他们产生焦虑和自卑心理。高校学生同时还遭遇生活压力和就业压力，再加之心理尚未完全成熟，个人的价值观容易发生偏差，极易产生不正确的婚恋观、择偶观，对爱情和婚姻没有足够的信心。因此，一些男生选择晚婚来暂时逃避婚姻的压力，而一些女生也会在择偶时更加注重另一半的“能力”和“家庭背景”，即期望找物质条件更好的另一半。各种压力与高校学生个人能力间的矛盾不断激化，使高校学生在现实婚姻的选择中显得缺乏自信，即使是面对自己喜欢的对象也显得犹豫不决，害怕自己承担不起未来的责任。

四、培养新时代高校学生正确婚恋观的举措

正确婚恋观的教育与形成是一项系统工程,既需要高校学生提高自身对正确婚恋观的重视程度,也需要社会、学校及家庭形成合力。

(一)加强自身素质提升,端正恋爱、婚姻的心态

首先,高校学生应自觉提高婚恋道德修养,增强婚恋责任意识。婚姻具有强烈的社会性,它虽是恋爱的延续,但更多地意味着承诺与责任。因此,对于学校提供的婚恋观教育,高校学生应高度重视,主动配合婚恋道德教育。其次,高校学生也要树立正确的世界观、人生观与价值观,端正自身的婚恋心态,用正确的婚恋观指导自己的婚恋行为,做到知行合一。在上网时要擦亮眼睛,学会质疑,发现自己的婚恋观念与他人存在出入时,要学会反思,不盲目跟风。

(二)强化家庭教育力度,正视子女教育问题

家风,是一种家庭内部认可的用以规范家庭成员言行的家庭作风,是由父母或祖辈提倡并传承的家庭风尚。家风对于家庭中小孩的影响是全面的、浸透式的,在家庭中处于主导地位的父母应当主动营造健康、积极、活泼的家风。首先,要在家庭中采用民主自由的教育方式,既要引领孩子成长和发展,也要懂得放手,培养其生活自理能力和独立思考能力。其次,给孩子适当的挫折教育,让孩子独立探索世界,不惧失败,鼓励孩子从失败中吸取教训,总结进步经验,完善心智,增强抗压能力。最后,父母应当以身作则,身体力行。从班杜拉的社会学习理论来看,儿童通过观察父母的行为模式来学习与人交往的技巧,父母的一言一行都在潜移默化地影响孩子,因此父母应该尽量给孩子树立正面的、理智的、有担当的长辈形象。

(三)学校加强婚恋教育,正面引导学生行为

在大学里开设恋爱与婚姻相关的课程对学生是很有必要的,这可以帮助学生建立正确的恋爱观与婚姻观,了解自己的择偶需求。学校应该充分利用课堂教学,将婚恋教育融入课堂教学中。"思想道德修养与法律基础"课程作为高校学生在大学阶段的必修课,就能为培养学生的婚恋观提供重要的帮助。在教学过程中,可以从现实事例和高校学生关注的热点问题出发,引导高校学生形成正确的恋爱观和婚姻观。此外,学校应该尽早开设性教育或择偶的相关课程,帮助学生掌握一些性知识,

以免学生在恋爱中伤害自己、伤害他人。学校还应进一步健全规章制度，规范学生恋爱行为，对不文明、不健康的恋爱现象进行处理。对于有恋爱问题的学生，学校要及时给予心理疏导，认真分析，教给他们正确的恋爱观和恋爱方法。此外，学校可以开展校园实践活动，如班团活动，在了解他们的恋爱需求后，结合他们的实际，开展联谊活动，促进学生良好的交流。

(四)强化社会舆论导向，营造良好的社会环境

首先，加大对大众传媒的监管力度。报纸、电视、网络等大众传媒的广泛应用，给高校学生的学习生活带来极大的便利，同时，存在大量鱼龙混杂的信息，容易误导高校学生。因此，做好大众传媒的监管、净化工作，规范娱乐市场准入，完善相关法律法规是帮助高校学生形成良好婚恋观的迫切需要。政府部门一方面应加大对大众传媒的监管力度，宣传积极、健康、符合社会发展的主流婚恋观，另一方面应积极鼓励大众传媒通过影视作品等来引导正确的婚恋舆论导向。其次，推进道德和法律体系建设。良好的社会环境除了正确积极的舆论导向外，还需要道德和法律体系的不断健全和完善来维持。政府部门及社会各界应加强婚姻立法保护、婚恋道德教育，进而营造良好的婚恋社会环境。

大学时代是人的世界观、人生观和价值观形成的黄金时期，也是个体综合素质发展的关键阶段，处在这一时期的高校学生既对科学文化知识有着强烈的渴望，又对美好爱情和婚姻有着无限的憧憬和向往，此时如果缺乏正确的引导，就容易使他们受到身边和社会上不良风气的影响，因此，对高校学生婚恋观现状进行调查极具现实意义。在本次调查中，我们发现了新时代高校学生婚恋观有恋爱动机多样化、择偶标准多元化、家庭影响显著化、性观念趋向开放等特点，同时，新时代高校学生的婚恋观也存在恋爱动机盲目化、婚恋观念功利化、责任意识淡薄化等问题，家庭教育严重缺位、学校教育十分缺失、社会负面影响加大等是这些问题产生的主要原因，还需从高校学生自身、家庭、学校和社会等多方面入手来提出有针对性的婚恋观指导对策，引导当代高校学生树立正确的婚恋观念。本文在一定程度上丰富了高校学生婚恋观的研究内容，能够为当代高校学生的婚恋观教育提供参考，为促进高校学生身心的全面发展提供指导。我们希望通过此研究能够引发高校思想政治教育工作者甚至是社会各界对高校学生婚恋观的思考与关注，与时俱进地探索出更多有针对性的教育策略，促进高校学生思想政治教育的进一步发展。

（指导教师：西南大学马克思主义学院　王永友）

重庆市大学生择偶偏好和择偶排斥调查报告

黄润玉　岑雨珊　覃东明　李为①

摘要 青年人的择偶问题不仅是青年个人的问题，而且是关乎时代发展、影响社会和谐稳定的重要因素。本文综合运用文本分析法、问卷调查法、文献分析法等方法，收集分析了大学生对未来伴侣在性格、形体、颜值、生活习惯和家庭条件等方面的偏好和排斥。基于本次调查的数据，归纳出了以下特点：男女双方均偏好外向性格但排斥内向性格；偏好高且健康的形体但排斥矮且不匀称形体；偏好干净整洁及作息规律而排斥不良生活嗜好；偏好中等家庭条件而排斥负债累累的家庭；男女双方对五官、肤色和发型都有一定要求。由此反映出大学生的择偶观存在以下问题：媒体渲染下的性客体化让择偶标准较单一；对内向个体的择偶排斥较强，包容度偏小；"扶弟魔"成为择偶排斥的新重点，大家庭和小家庭难以平衡；重视短期择偶标准，忽视长期择偶标准等。造成以上问题的原因主要是：没有营造良好的家庭氛围和家庭婚恋教育缺失，学校婚恋教育缺失或其教学效果欠佳，社交媒体的不恰当渲染，个体社会生存压力日益增大，个人健康状况不佳。针对以上问题，我们认为应从社会文化建设、学校教育、家庭教育和个人提升的角度，引导大学生树立正确的择偶观。此外，家庭、学校和社会各界应该达成共识，共同打造大学生婚恋教育平台，塑造"学习—生活—家庭"三位一体的价值取向。

关键词 大学生；择偶排斥；择偶偏好

① 黄润玉、岑雨珊、覃东明、李为为西南大学心理学部2020级硕士研究生。

择偶偏好(mate preference)是人们在择偶时所使用的标准,是人们期望配偶所拥有的特质和属性;择偶排斥是人们在择偶时所使用的标准,是人们拒绝配偶所拥有的特质和属性。①它们直接影响个体的配偶选择与后代繁衍,对其的把握是理解人类生理和心理进化的核心。青年人的择偶不仅是青年个人的问题,而且是关乎时代发展、影响社会和谐稳定的重要因素。未婚青年的择偶价值取向既是社会塑造的结果,也是推动家庭变革的潜在力量,还是预测未来家庭结构和人口变化的重要指标。

随着时代的变革,择偶观也在发生变化。如今,择偶越来越多地趋向于考量个体本身的综合素质,将对方的人品、性格、素养等作为择偶的首选,之后相貌、身材等外观条件才被纳入择偶标准。

本次调查主要围绕新时代重庆市大学生的择偶观进行,择偶观包括两个维度:择偶偏好和择偶排斥。本研究基于这两个维度,详细地调查了大学生群体对未来伴侣在颜值、形体、性格、生活习惯、家庭条件和其他方面的最期待(择偶偏好)和最不能接受(择偶排斥)的描述。②本次调查编制了"大学生择偶标准问卷",并收回有效问卷275份,男性所占比例为19.27%,女性所占比例为80.73%。基于所收集到的文本描述,运用软件Nvivo11对其进行分析,并对所选取的维度进行编码、分析以及整合,从而形成不同层级的节点和类属。数据分析的过程分为具有从属关系的五个层级节点,即五级节点、四级节点、三级节点、二级节点和一级节点。首先,分析单元,即用有独立含义的离开文本背景也能读懂的一段文字作为分析单元,以短语和词汇为主。其次,编制类目,即依据前期收集问卷的维度拟订类目,然后通读调查结果,初步修订类目,组内两位组员一起讨论、修改类目。对最后确定的每个类目都进行明确界定。最后,确定编码方法,以频数作为统计指标,原则上一个词语或语句只在一个类目上进行点数计算,个别语段可能有多种含义,按其含义分别统计。

① 蒋京川,官玉洁.未婚男性择偶偏好研究:特质、趋势与影响因素[J].青年研究,2015(3):58-65.

② 陆峥,刘梦琴.青年择偶观现状研究[J].当代青年研究,2016(5):86-91.

基于以上内容分析程序的结果，首先，本调查分析了新时代背景下重庆市大学生择偶偏好和择偶排斥的基本情况；其次，基于调查获得的基本结果，分析了重庆市大学生在择偶观方面可能存在的问题和产生这些问题的原因；最后，针对这些问题及其原因，提出了相应的对策或建议。

一、新时代大学生择偶偏好和择偶排斥的基本情况分析

在对数据进行分析单元和编码处理后，本次调查得到男性和女性择偶偏好和择偶排斥的基本情况。根据被试的回答特点，将所有类目划分为男性视角和女性视角两大类，这是第一层级节点。第二层级节点包括性格、形体、颜值、生活习惯、家庭条件和其他方面。每个一级类目分为两个方向：偏好的方面和排斥的方面，此处属于第三层级节点。在第四层级节点，性格在这两个方向上包括内外倾、行事风格、与人交往和其他特点。形体在这两个方向上包括整体感觉、身高和体重。颜值在这两个方向上包括五官、发型、肤色和氛围感。生活习惯包括形象与卫生、社交玩乐、生活作息、饮食及锻炼与其他习惯。家庭条件包括经济条件和家庭氛围。第五层级节点是不同维度上每一种描述出现的频数计算。

关于女性在家庭条件、生活习惯、颜值等方面的择偶偏好和择偶排斥的节点数如表1和表2所示。在女性所填写的回答中，对每个第二层级节点的节点数进行考察，发现对性格描述的节点数为813，对形体描述的节点数为754，对颜值描述的节点数为681，对生活习惯描述的节点数为658，对家庭条件要求的节点数为370。其他无法具体归类的节点共9个。由此可见，性格描述最多，这可能是女性择偶最看重的特质。

表1　女性在性格、形体等方面的择偶偏好的节点数

二级节点	三级节点	编码参考点数	二级节点	三级节点	编码参考点数
性格（498）	内外倾	152	生活习惯（224）	形象与卫生	87
	行事风格	70		社交玩乐	23
	与人交往	63		生活作息	54
	其他特点	213		饮食及锻炼	60
形体（366）	整体感觉	127	家庭条件（240）	经济条件	211
	身高	186		家庭氛围	29
	体重	53			

续表

二级节点	三级节点	编码参考点数	二级节点	三级节点	编码参考点数
颜值(400)	五官	175	其他(6)	学习	6
	发型	89			
	肤色	83			
	氛围感	53			

表2　女性在性格、形体等方面的择偶排斥的节点数

二级节点	三级节点	编码参考点数	二级节点	三级节点	编码参考点数
性格(315)	内外倾	127	生活习惯(434)	形象与卫生	122
	行事风格	22		社交玩乐	57
	与人交往	47		生活作息	41
	其他特点	119		饮食及锻炼	26
形体(388)	整体感觉	303		其他习惯	188
	身高	74	家庭条件(130)	经济条件	92
	体重	11		家庭氛围	38
颜值(281)	五官	26			
	发型	156	其他(3)	不爱学习	3
	肤色	78			
	氛围感	21			

关于男性在家庭条件、生活习惯、颜值等方面的择偶偏好和择偶排斥的节点数如表3和表4所示。在男性填写的回答中,对每个第二层级节点的节点数进行考察,发现对性格描述的节点数为223,对形体描述的节点数为140,对颜值描述的节点数为141,对生活习惯描述的节点数为119,对家庭条件描述的节点数为81,其他无法具体归类的节点数共15个。由此可见,男性对性格的描述也占据最高频,表明性格可能是男性择偶最看重的特质。

表3　男性在性格、形体等方面的择偶偏好的节点数

二级节点	三级节点	编码参考点数	二级节点	三级节点	编码参考点数
性格(134)	内外倾	40	生活习惯(45)	形象与卫生	9
	行事风格	15		社交玩乐	5

续表

二级节点	三级节点	编码参考点数	二级节点	三级节点	编码参考点数
性格(134)	与人交往	29	生活习惯(45)	生活作息	23
	其他特点	50		饮食及锻炼	8
形体(82)	整体感觉	21	家庭条件(52)	经济条件	46
	身高	39			
	体重	22		家庭氛围	6
颜值(102)	五官	42	其他(7)	艺术或文学素养	5
	发型	19		有共同爱好	2
	肤色	24			
	氛围感	17			

表4　男性在性格、形体等方面的择偶排斥的节点数

二级节点	三级节点	编码参考点数	二级节点	三级节点	编码参考点数
性格(89)	内外倾	26	生活习惯(74)	形象与卫生	11
	行事风格	9		社交玩乐	13
	与人交往	10		生活作息	15
	其他特点	44		饮食及锻炼	5
形体(58)	整体感觉	49		其他习惯	30
	身高	6	家庭条件(29)	经济条件	20
	体重	3		家庭氛围	9
颜值(39)	五官	4	其他(8)	不恰当的异性朋友关系	5
	发型	16		三观不合	3
	肤色	13			
	氛围感	6			

从总体上看，在所有维度，男性与女性的描述相关系数为0.612，这表明不同性别个体对择偶条件的描述相似度较高。此外，本次调查对大学生择偶决策标准的偏好和排斥在五个维度以及其他无法囊括的方面进行了详细的分析。

（一）男女双方偏好外向型性格而排斥内向型性格

在女性偏好的性格描述中，内外倾的描述节点数为152，行事风格的描述节点数为70，与人交往的描述节点数为63，其他特点的描述节点数为213（见表1）。在对内外倾的描述中，"活泼开朗"出现频次为145；对行事风格的描述上，"大方沉稳"和"细心耐心"出现频次较高，均为29；在与人交往的描述上，"随和温暖"和"尊重他人"出现频次较高，分别为30和16；在对其他特点的描述中，"有趣可爱""自律上进""乐观阳光"出现频次较高，分别为55、45和34（见图1）。由此可知，女性对性格要求的偏好突显于内外倾中的外倾型，具体表现为"活泼开朗"。

在女性排斥的性格描述中，内外倾的描述节点数为127，行事风格的描述节点数为22，与人交往的描述节点数为47，其他特点的描述节点数为119（见表2）。在对内外倾的描述中，"太内向"出现频次为104；在与人交往的描述上，"海王"和"沟通不当"出现频次较高，分别为29和15；对行事风格的描述上，"没有主见"出现频次较高为13；在对其他特点的描述中，"自我中心"和"浮躁奔放"出现频次较高，分别为50和27（见图2）。由此可知，女性对性格要求的排斥突显于内外倾中的内倾型，以及其他特点中的"自我中心"。

图1　女性择偶偏好的性格描述

图2　女性择偶排斥的性格描述

在男性偏好的性格描述中，内外倾的描述节点数为40，行事风格的描述节点数为15，与人交往的描述节点数为29，其他特点的描述节点数为50（见表3）。对内外倾的描述中，"活泼开朗"出现频次为35；对行事风格的描述上，"大方沉稳"出现频次较高为8；在与人交往的描述上，"随和温暖""善于沟通""通情达理"出现频次分别为9、9、8；在其他特点的描述中，"独立自信"和"有趣可爱"出现频次均为9，"乐观阳光"出现频次为8（见图3）。与女性一致，男性对性格要求的偏好突显于内外倾中的外倾型，具体表现为"活泼开朗"。

在男性排斥的性格描述中,内外倾的描述节点数为26,行事风格的描述节点数为9,与人交往的描述节点数为10,其他特点的描述节点数为44(见表4)。在对内外倾的描述中,“太内向”出现频次为20;对与人交往的描述上,“沟通不当”和“敏感多疑”出现频次分别为6和4;对行事风格的描述上,“粗心”“没有主见”和“拖延”均出现3次(见图4)。由此可知,与女性一致,男性对性格的排斥突显于内外倾中的内倾型,即“太内向”。

总体上看,男女择偶倾向上对性格的要求相关系数达到0.551。

图3　男性择偶偏好的性格描述

图4　男性择偶排斥的性格描述

(二)男女双方偏好高且健康形体,排斥矮且不匀称形体

在女性偏好的形体描述中,整体感觉的描述节点数为127,身高的描述节点数为186,体重的描述节点数为53(见表1);在女性排斥的形体描述中,整体感觉的描述节点数为303,身高的描述节点数为74,体重的描述节点为11(见表2)。由此可知,女性对形体要求的偏好顺序依次为:身高、整体感觉和体重。其中,对身高的要求描述上,“175 cm以上”“170 cm以上”和“180 cm以上”的出现频次较高,分别为79、48和45;对整体感觉的描述上,“正常”“中等”“壮”和“比我高”的出现频次较高,分别为72、15、12、12;对体重的描述上,“65 kg以上”出现频次较高,为14,而“70 kg以下”“75 kg以下”“60 kg以上”“85 kg以下”等的出现频次较均匀(见图5)。由此可以看出,女性择偶时在形体要求上,身高是占首位的。

女性对形体要求的排斥顺序依次为:整体感觉、身高和体重。其中,在对整体感觉的描述上,“太胖”“太瘦”和“太矮”出现频次较高,分别为163、73和59;对身高的描述上,“170 cm以下”和“175 cm以下”出现频次较高,为48和15;对体重的描述上,“75 kg以上”出现频次较高,为9(见图6)。由此可见,整体感觉在女性的择偶标准中也是很重要的,重点在于不能“太胖”。

图5　女性择偶偏好的形体描述

图6　女性择偶排斥的形体描述

在男性偏好的形体描述中，整体感觉的描述节点数为21，身高的描述节点数为39，体重的描述节点数为22(见表3)；在男性排斥的形体描述中，整体感觉的描述节点数为49，身高的描述节点数为6，体重的描述节点为3(见表4)。从而可知，男性对形体要求的偏好顺序依次为：身高、体重和整体感觉。其中，对身高要求总的表现为“150 cm~175 cm”；对体重的要求表现为“45 kg~65 kg”；对整体感觉的描述上，“匀称健康”和“偏瘦”的出现频次别为14和7(见图7)。

男性对形体要求的排斥顺序依次为：整体感觉、身高和体重。其中，在整体感觉的描述上，“胖”“太高或太矮”和“过瘦”出现频次分别为38、7和4；对身高的描述上，“170 cm以上或160 cm以下”出现频次为6；对体重的描述上，“57.5 kg以上”出现频次为3(见图8)。

图7　男性择偶偏好的形体描述　　　　图8　男性择偶排斥的形体描述

因此，男性择偶时在形体要求上，配偶的身高也是占首位的，更偏好中等身高，而整体感觉看上去“胖”是他们首要排斥的。

总体上看，男女性对于形体的要求相关系数达到0.856。

(三)男女性关注五官、肤色和发型

在女性偏好的颜值描述中，五官的描述节点数为175，发型的描述节点数为89，

肤色的描述节点数为83,氛围感的描述节点数为53(见表1)。在对五官的描述中,“端正”“好看”“正常普通”出现频次较高,分别为65、45和41;对发型的描述中,“正常”“短发”“精神”“好看”出现的频次较高,分别为28、18、15、15;对肤色的描述上,“白”“均匀”“不黑”出现频次较高,分别为27、21和15;对氛围感的描述上,“干净”和“阳光”出现频次较高,分别为38和7(见图9)。由此可知,女性对颜值的要求偏好更多在于五官端正、干净、发型正常等。

在女性排斥的颜值描述中,发型的描述节点数为156,肤色的描述节点数为78,五官的描述节点数为26,氛围感的描述节点数为21(见表2)。其中对发型的描述频次高于其他维度,即“怪异”“染发”“长发”“邋遢”“秃头”“长发”“烫发”出现的频次分别为54、33、32、18、10、7和2;对肤色的描述上,“太黑”“太白”“痘痘”出现频次分别为51、19和8;在对五官的描述中,“不好看”“眼睛太小”“好看”出现频次分别为19、4和3;对氛围感的描述上,“邋遢”“精致”出现频次分别为17和3(见图10)。由此可知女性对颜值的排斥方面主要在于发型怪异、皮肤太黑、五官不好看等。

图9 女性择偶偏好的颜值描述

图10 女性择偶排斥的颜值描述

在男性偏好的颜值描述中,五官的描述节点数为42,肤色的描述节点数为24,发型的描述节点数为19,氛围感的描述节点数为17(见表3)。在对五官的描述中,“五官端正”“普通长相”“精致漂亮”“眼睛好看”出现频次分别为18、12、10和2;对肤色的描述上,“偏白”和“正常肤色”出现频次均为12;对发型的描述中,“长发”“正常发型”出现的频次分别为10和9;对氛围感的描述上,“舒服、顺眼”“清秀”“可爱”“有自己风格”的出现频次分别为10、4、2和1(见图11)。由此可知,男性对颜值的要求依次为五官(主要表现为五官端正)、肤色(主要表现为偏白或正常肤色)、发型(主要表现为长发或正常发型)、氛围感(主要表现为舒服、顺眼)。

在男性排斥的颜值描述中,发型的描述节点数为16,肤色的描述节点数为13,氛围感的描述节点数为6,五官的描述节点数为4(见表4)。其中,对发型的描述频次高于其他维度，在对发型的描述中，“头发太短”“怪异发型”“太蓬松”出现的频次分别为4、4和1；对肤色的描述上，“皮肤太黑”“有文身”“体毛多”出现频次分别为10、2和1；对氛围感的描述上，“浓妆及怪异服装”出现频次为4；在对五官的描述中，“五官太丑”出现频次为4（见图12）。由此可知，男性对颜值的排斥方面主要在于发型（主要表现为发型怪异或太短）和肤色（主要表现为太黑）。

总体上看，对于颜值的要求，男女性相关系数达到0.584。

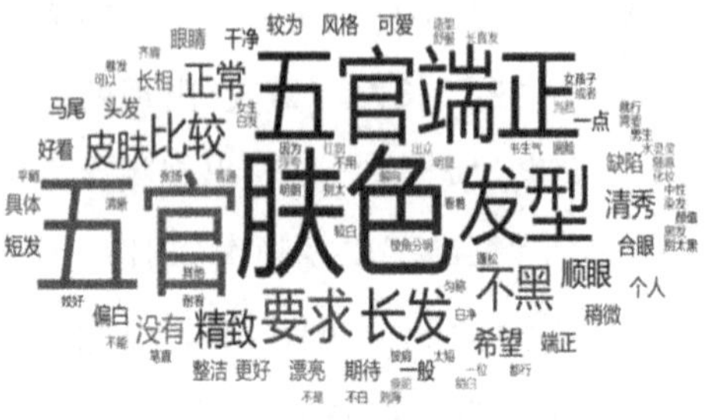

图11　男性择偶偏好的颜值描述

图12　男性择偶排斥的颜值描述

（四）男女双方偏好干净整洁及作息规律而排斥不良生活嗜好

在女性偏好的生活习惯描述中，形象与卫生的描述节点数为87，饮食及锻炼的描述节点数为60，生活作息的描述节点数为54，社交玩乐的描述节点数为23（见表1）。在女性偏好对形象与卫生的表述中，“干净整洁”和“会做家务”出现的频次分别为73和14；对饮食及锻炼的描述中，“规律运动”和“饮食健康”出现的频次分别为44和16；对生活作息的描述上，“作息规律”出现频次为54；对社交玩乐的描述中，“喜欢看书”“喜欢动物”和“喜欢旅游”出现的频次分别为10、8和5（见图13）。由此可知女性择偶时对生活习惯的要求偏好顺序依次为形象与卫生（主要表现为干净整洁）、饮食及锻炼（主要表现为规律运动）、生活作息（主要表现为作息规律）和社交玩乐（主要表现为喜欢看书、动物、旅游）。

在女性排斥的生活习惯描述中，其他习惯的描述节点数为188，形象与卫生的描述节点数为122，社交玩乐的描述节点数为57，生活作息的描述节点数为41，饮食及锻炼的描述节点数为26（见表2）。女性排斥体现在如下方面：在对其他习惯的描述中，“抽烟”“酗酒”“有特殊癖好”“追求奢侈品”出现的频次分别为100、59、27和2；在对形象与卫生的描述中，“邋遢、不卫生”“痘痘”“粗糙”“不整洁”出现的频次分别为

114、4、2和2；对社交玩乐的描述上，“沉迷于游戏”和“去酒吧、夜店”出现的频次分别为41和16；对生活作息的描述上，“通宵熬夜”和“作息极不规律”出现频次分别为27和14；在对饮食及锻炼的描述中，“不爱运动”和“不健康饮食”出现的频次分别为21和5(见图14)。由此可知，女性择偶时对生活习惯方面的排斥主要表现在邋遢、不爱卫生、抽烟、酗酒和沉迷游戏等。

图13　女性择偶偏好的生活习惯描述

图14　女性择偶排斥的生活习惯描述

在男性偏好的生活习惯描述中，生活作息的描述节点数为23，形象与卫生的描述节点数为9，饮食及锻炼的描述节点数为8，社交玩乐的描述节点数为5(见表3)。在男性偏好对生活作息的描述上，“作息规律”出现频次为23；在对形象与卫生的描述中，“干净整洁”出现的频次为8；对饮食及锻炼的描述中，“规律运动”和“饮食健康”出现的频次分别为6和2；对社交玩乐的描述上，“喜欢旅游”“喜欢看书”和“喜欢动物”出现的频次分别为2、2和1(见图15)。由此可知，男性择偶时对生活习惯的要求偏好主要表现为作息规律、干净整洁等。

在男性排斥的生活习惯描述中，其他习惯的描述节点数为30，生活作息的描述节点数为15，社交玩乐的描述节点数为13，形象与卫生的描述节点数为11，饮食及锻炼的描述节点数为5(见表4)。在男性排斥对生活作息的描述上，“作息极不规律”和“通宵熬夜”出现频次分别为8和7；对社交玩乐的描述上，“去酒吧、夜店”和“沉迷于游戏”出现的频次分别为8和5；在对形象与卫生的描述中，“邋遢、不爱卫生”和“粗糙”出现的频次分别为9和2；在对饮食锻炼的描述中，“不健康饮食”和“不爱运动”出现的频次分别为3和2(见图16)。由此可知，男性择偶时对生活习惯方面的排斥主要表现在抽烟、酗酒、作息极不规律和去酒吧、夜店等。

从总体上看，对生活习惯的要求上，男女性相关系数达到0.784。

图15　男性择偶偏好的生活习惯描述

图16　男性择偶排斥的生活习惯描述

(五)男女双方偏好中等家庭条件而排斥负债累累的家庭

关于女性在家庭条件方面的择偶偏好，由结果分析可知，女性偏好的经济条件的描述节点数为211，对家庭氛围的描述节点数为29(见表1)；女性排斥的经济条件的描述节点数为92，对家庭氛围的描述节点数为38(见表2)。对经济条件的描述频次均高于家庭氛围。对经济条件的要求描述上，"普通家庭""无要求""小康""门当户对"成为较高频词汇，分别被提及79、74、37、21次；对家庭氛围的要求上，高频词为"家庭和睦"和"教养良好"，词频分别为14、11(见图17)。

在女性较排斥的经济条件描述中，高频词为"太大经济负担"和"经济条件太好"，词频分别为61、27；在女性较排斥的家庭氛围描述中，高频描述为"亲子关系差""家人不讲道理"和"扶弟魔"，词频分别为17、16、5(见图18)。

图17　女性择偶偏好的家庭条件

图18　女性择偶排斥的家庭条件

关于男性在家庭条件方面的择偶偏好，由结果分析可知，男性对经济条件的描述节点数为46，对家庭氛围描述的节点数为6(见表3)；男性在描述排斥的家庭条件时，对经济条件的描述节点数为20，对家庭氛围描述的节点数为9(见表4)。从这一趋势可看出，与女性择偶标准相似，比起家庭氛围，男性在家庭条件的选择中更重视经济条件。男性对可接受的经济条件描述中，前三个高频词为"无要求""普通家庭"和"门当户对"，词频分别是27、13、6(见图19)。

在排斥的经济条件维度，男性描述高频词为“太大经济负担”和“经济条件太好”，词频分别为12、8。在不喜欢的家庭氛围描述中，“扶弟魔”“家人不讲道理”和“亲子关系差”为高频词汇，词频分别为4、3、2(见图20)。

总体来看，在家庭条件的要求上，男女性相关系数达到0.695。

图19　男性择偶偏好的家庭条件

图20　男性择偶排斥的家庭条件

(六)男女在其他方面的差异化

在无法归类于上述各类目的阐述部分，女性描述更喜欢的特质包含“学习”，而不喜欢的高频特质为“不爱学习”。男性对偏好特点的描述还包含“有艺术修养或文学素养”“有共同爱好”“地理位置接近”和“对待感情专一”等。对于不喜欢的特点描述，男性还写了“有不恰当的异性朋友关系”和“三观不合”(如图21、22、23、24)。

图21　女性择偶偏好的其他描述

图22　女性择偶排斥的其他描述

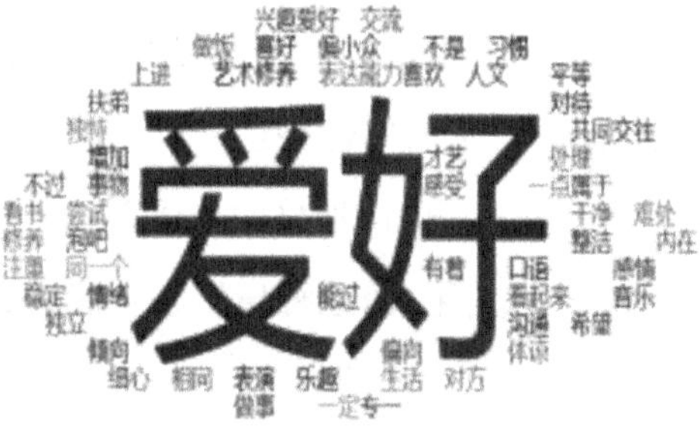

图23　男性择偶偏好的其他描述

图24　男性择偶排斥的其他描述

二、新时代大学生择偶偏好和择偶排斥存在的问题

（一）媒体渲染下的性客体化让择偶标准较单一

性客体化是指将人的身体看作工具（受到别人的凝视和批判）。大多数时候，相较于男性，女性更容易沦为大众视野下的性客体。女性性客体化让人们眼中的女性本身变为女性的身体，女性的外貌成为判断的价值和标准。在大众媒体中，无时无刻不充斥着对女性的性客体化，比如一些"要么瘦，要么死""一白遮百丑"等广告宣传语给女性灌输用外貌和身体来衡量女性的价值。同时，不仅是女性本身接受了这种身体羞耻感和物化，男性也可能在性客体化的影响下将其作为择偶的标准，认为"漫画腿""A4腰"的女性才是理想的恋爱对象，并且可能常常习惯性地对女性的外貌进行评判，并将之作为重要的择偶标准。不难看出，由于受到媒体对外貌焦虑的大肆渲染的影响，两性在审美上也越来越单一，男性大多喜欢"白幼瘦"或者"白富美"[①]，而女性也趋之若鹜地追求"高富帅"或者"八块腹肌"。对于外貌之外的东西，比如个人的品质道德、能力、教养等长期择偶标准缺乏关注。审美的一致偏好让个体对自己和对他人的价值标准变得越来越单一。应该讲，美不是单一的，择偶的偏好或排斥也需要更加多元的考虑和更成熟的标准。

（二）对内向个体的择偶排斥偏强，选择包容度偏小

从艾森克的人格理论来讲，内外向是人格的三大基本维度之一。外向型的个体更加善于表达和交际，而内向型的个体更加内敛、更倾向于隐藏内心的想法。隐藏内心的想法、缺乏交流是影响亲密关系的不利因素，也是情侣分手、婚姻破裂的重要原因，因此，男女大学生都更倾向于选择外向型的个体作为伴侣。在我国的家庭教育中，父母更倾向于教育孩子要开朗，无形中向孩子传递了性格外向的人更加积极，更容易被他人接纳，而性格内向的人可能因不善于交流更难以被他人接纳的观念，但从本质而言，性格是没有好坏之分的。不难看出，对于内向性格这一特点的择偶排斥，其实体现出大家关注的是无法与对方有效地沟通。内向性格的个体更倾向于洞察自己的内心世界，也更容易体察到周围人的情绪变化，而这种情绪察觉能力其实更有利于恋爱关系的维持。

---

① 晓雪．法国抵制"过瘦"模特：女人太瘦害处多多[J]．人生与伴侣，2017(32)：47.

（三）“扶弟魔”成为择偶排斥的新焦点，大家庭和小家庭难以平衡

“扶弟魔”是一个网络用语，指在多子家庭中的哥哥或姐姐，通常因受到家庭的影响，会对自己的弟弟不计成本地奉献。这种家庭的父母，通常会教导较年长的孩子要“好好照顾弟弟”，即便是自己结婚生子了，也仍然要全身心地为弟弟投入自己的时间、金钱和人脉等资源，甚至是供养弟弟，这种家庭观念在一定程度上会直接影响到个体的择偶。首先，这类人群会导致自己的小家庭与原生家庭之间的界限模糊，从而会造成与未来伴侣在生活上的矛盾和冲突。其次，在自身已有的经济压力之下，这无疑也会给伴侣带来额外的经济压力。所以，带有“扶弟魔”特质的人群，在择偶时往往容易处于劣势。“扶弟魔”成为大学生在经济维度择偶排斥的新焦点，这反映了大家庭和小家庭之间的利益难以平衡。

（四）重视短期择偶标准，忽视长期择偶标准

由本次调查结果可以看出，不论是男性还是女性，都主要是从短期的角度去考虑自己的择偶标准，而非从长期的视角去考虑。具体来说，在形体维度上，男女性都倾向于不要太胖或太瘦，也不要太矮的伴侣。在经济条件维度上，男女性也都倾向于不要太富或太穷等类似的择偶标准。这一方面表现了大学生择偶标准不具有长远的深度思考，而是更加关注对方当下的外貌特点或经济条件；另一方面也表现了大学生在择偶时容易忽视对方良好的内在特质。男女双方不应只着眼于短期的择偶标准，而是应该从长远的择偶标准出发，更多关注未来伴侣的内在优良品质和发展潜力。

三、新时代大学生择偶偏好和择偶排斥存在问题的原因

（一）家庭氛围和教育

家庭氛围和教育对人的成长具有潜移默化和终身影响的特点。首先，父母婚姻质量的好坏会影响大学生对自己未来伴侣的要求。原生家庭父母关系良好，大学生择偶可能会偏好于父母身上相似的特点。而父母婚姻关系不好的大学生，则可能在择偶时更加偏向于弥补原生家庭中的不足。甚至，也可能导致大学生抗拒或惧怕婚姻，进而形成不婚主义的观念。其次，家庭的婚姻教育观也会影响大学生的择偶观。

不良的婚姻家庭教育会对大学生择偶造成消极影响。不良的家庭教育会让大学生更加注重对方的家庭经济条件,忽视对方的品质、双方感情等方面。良好的现代婚姻家庭教育对大学生择偶具有积极影响,这种类型的家庭教育更加注重教育孩子关注在一段关系中的感受及对方的性格。

(二)学校婚恋教育

学校教育对大学生择偶观的形成具有重要意义。在进入大学之前,大多数学校都秉持学习第一的教学观念,但当大学生进入大学之后,家人和朋友又开始催促大学生恋爱,这两种观念之间的冲突可能会导致大学生还未形成正确的择偶观就进入了恋爱关系中。此外,学校关于择偶教育的缺失还可能导致一些学生缺乏与异性交往的能力。因此,学校婚恋教育的缺乏是导致大学生择偶观念出现问题的一个重要因素。

(三)社交媒体

随着网络技术的快速发展,许多社交媒体和短视频软件层出不穷,这些媒体和软件不仅对择偶观的传播具有重要作用,而且对大学生择偶观的形成也具有十分重要的影响。首先,网络匿名性和碎片化阅读的特点会让不同择偶观的传播更广泛、快速,但是,碎片化阅读让大学生无法正确整合这些信息。其次,社交媒体普遍具有一种对感情快速消费的态度,一些不健康的对待感情的方式,在很大程度上影响了大学生对伴侣,甚至是对感情和婚姻的态度。因此,社交媒体对于正确择偶观的形成具有重要影响。

(四)社会生存压力

本次研究显示,比起家庭氛围,男女大学生在对家庭条件的选择中更重视经济条件。随着社会、经济的发展,人民生活质量随之提升,不少人对金钱也更加看重。研究表明,经济状况会对女性生育意愿有显著影响。[①]当前,巨大的就业压力、高昂的房价、独生子女赡养父母的压力、自己子女养育的压力是当前大多数人所要面临的几座大山。如果配偶的家庭经济条件较差,则会使原本就面临巨大压力的工薪族雪上加霜。因此,不管是男性还是女性,都更在意对方的家庭经济条件。

---

① 时涛,刘德鑫."全面两孩"政策下东部高校大学生生育意愿及影响因素分析[J].西北人口,2018(1):32-40.

（五）个人健康状况不佳

本次研究表明，男女大学生都比较看重生活作息规律这一特质，都较为排斥对方具有抽烟、酗酒等不良嗜好。从体形上看，男女大学生更加偏好整体感觉良好，且不接受身高太矮。进化心理学认为男女性对体形良好的要求一方面是为后代挑选良好的基因，另一方面是行为在基因上的印记造成的。此外，由于社会竞争压力的增加，不论是学生还是上班族，“996”或“007”高负荷的内卷生活方式，使得当代年轻人很多都处于亚健康状态，更有关于年轻科研人员猝死或轻生的新闻被报道。因此，对于生活规律及体形维度的择偶偏好和排斥在很大程度上是出于对健康问题的考虑。

四、关于新时代大学生择偶偏好和择偶排斥的应对举措

（一）社会文化建设

首先，要努力创建人人平等的社会环境，不能由于他人的外貌、职业和风格而产生歧视，并且不公平地对待他人。个体需要认识到人人生而平等，世界是多元化的，形形色色的人都有其存在的价值和意义。其次，大众媒体和政府要对人们的审美趋势进行引导，避免单一化审美，创造多元化审美，避免出现“白幼瘦”“小鲜肉”等流行审美文化，而其他类型的外貌和风格同样值得欣赏。最后，要避免择偶中的明星效应，要引导大学生意识到明星及其角色都是较为理想化的，而现实生活中遇到的大多数为普通人，而理想化的爱情和配偶在现实中很难遇到。

（二）学校婚恋教育

首先，学校应鼓励大学生接触不同类型的同伴，在交往过程中深入了解自己，提升自己，同时增强自己的包容性和开放性，与各种性格的个体相处，提升自己的社交能力，同时也有助于在择偶方面有更多的选择。其次，组织丰富的团体活动，为大学生提供交友机会，增进同伴关系，扩大交往面。最后，开设择偶观和婚姻观的相关课程，帮助大学生塑造正确的价值观，提升择偶匹配质量。

（三）家庭教育

首先，父母双方有责任共同维持健康的婚姻关系，为子女树立良好的榜样。良好的婚姻关系会让子女知道怎样对待亲密关系，怎样处理恋爱婚姻中的问题；而充满冲突的婚姻关系会影响子女对配偶的期望以及对亲密关系的理解。其次，要营造良好的家庭氛围，幸福的家庭有助于塑造个体正确的价值观，对于个体的健康发展有着重要作用。最后，加强父母与子女的沟通，沟通是解决问题的关键因素，在尊重子女想法的同时加以引导，可以避免日后父母与子女在恋爱、婚姻中的冲突。

（四）个人提升

首先，大学生应树立正确的择偶观与婚恋观，认识到爱情只是生活的一小部分，避免被个别影视作品影响自身的判断。其次，个体要提高自己的能力和品行素养，在对优秀配偶有所期望的同时也应考虑自身是否有可以完善的地方，扩大择偶范围最好的方式就是提升自己的价值。再次，要根据实际情况对自己的择偶标准做出动态调整，不要陷入“非……不可”的执念中。最后，培养自己的责任意识，大学生除了应了解到爱情中的美好外，更要承担恋爱和婚姻中的责任，避免随意、盲目地择偶。

综上所述，应该从社会、学校、家庭和个人等方面对大学生的择偶观进行引导，从而使之形成正确的婚恋观念。

《中国统计年鉴（2022）》的数据显示，截至2021年，我国15岁以上的单身人口约为2.39亿，而在校大学生单身人数占据很大比例。这一年龄段的青年，正处于恋爱和建立长期伴侣关系的关键期，大学生的择偶标准，不仅仅代表当代青年的择偶标准，往往还起着引领时代潮流的作用。本次对重庆市高校大学生的择偶观展开的调查，找出了当代大学生择偶观存在的问题，分析了原因，并提出了对策。这对于了解当代青年择偶偏好的新变化具有重要价值，也对国家针对问题对症下药和社会积极引导有着十分重要的现实意义。

（指导教师：西南大学马克思主义学院　陈玲）

重庆市高校研究生闲暇生活状况调查报告

李琴　张寅宵　郎敏　吴嘉炳　陈思磊[①]

摘要 目前，是否有闲暇时间已经成为评价生产力发展水平是否达到一定程度的标志。研究生是一个比较特殊的群体，他们拥有相对较多的可自由支配的时间，如果有效利用这些时间，势必对研究生发展大有裨益。本文综合运用问卷调查、文献分析等方法，研究了重庆市高校研究生闲暇生活的现状。在充分利用以往相关研究成果和调查所得资料的基础上，归纳出了目前重庆市高校研究生闲暇生活状况四个方面的特点，即闲暇时间差异化、活动内容多元化、价值认识合理化和影响因素多极化。同时，虽然大多数研究生对于闲暇生活的价值有较为正确的认识，但他们在闲暇生活的安排上也存在一些问题，这些问题主要表现为价值认识与实际体验不符，个性突出、缺乏集体交流互动，对网络依赖强烈、缺乏体育锻炼三个方面。造成这些问题的原因是科学合理规划闲暇生活的意识和能力不强，家庭环境中的不良因素对研究生闲暇生活方式的影响，易受同辈群体影响，高校闲暇教育缺失，闲暇教育管理不到位，以及社会环境因素等。鉴于研究生闲暇生活状况是多重因素共同作用的结果，引导、帮助研究生培养健康的闲暇生活方式需要学校、社会、家庭通力合作，同时研究生自身也需发挥其作为社会主体的能动性。因此，社会系统应加强对健康闲暇生活的宣传引导和政策支持，家长应增强闲暇教育意识，研究生在闲暇生活中也应加强积极的自我教育和管理。

关键词 研究生；闲暇生活；闲暇教育

① 李琴、张寅宵、郎敏、吴嘉炳、陈思磊为西南大学园艺园林学院2020级硕士研究生。

当前,关于“闲暇”一词的定义,国内外学者有着不同的解释。有的将“闲暇”定义为“人们扣除谋生活动时间、睡眠时间、个人和家庭事务活动时间之外剩余的时间”,换句话说,闲暇是指个人可以不受其他条件限制,完全根据自己的意愿去利用或消磨的时间。当今社会,有闲暇生活是生产力发展水平达到一定程度的标志,也是社会文明发展到一定层次的体现。卡尔·马克思在谈到关于未来的共产主义社会时写道,“那时,财富的尺度决不再是劳动时间,而是可以自由支配的时间”[①]。随着对“人文素质教育”越来越重视,我国也颁布了《中共中央、国务院关于深化教育改革全面推进素质教育的决定》,意在培养学生的创新精神和实践能力,造就“有理想、有道德、有文化、有纪律”的,德、智、体、美等全面发展的社会主义事业建设者和接班人。然而,在学生的全面发展过程中,仅靠学校的那一点儿授课时间是远远不够的,这些能力的培养更多地需要学生在闲暇时间里的实践和锻炼,因此,闲暇教育是素质教育中一个很重要的部分。著名科学家爱因斯坦说过:“人的差异在于业余时间。”研究生是一个比较特殊的群体,他们拥有相对较多的可自由支配的闲暇时间,这些时间如果能有效利用起来,势必对研究生发展大有裨益。

本研究主要探究新时代背景下重庆市高校研究生闲暇生活的现状、特点、问题以及如何帮助他们培养健康、良好、积极的闲暇生活方式,通过这项研究促进新时代研究生个人的健康成长与社会的和谐稳定。

本次调查主要围绕重庆市高校研究生闲暇生活进行,包括研究生闲暇生活状况、存在的问题及原因,以及对策探讨等。本次研究采用问卷调查法,以重庆市高校研究生为调查对象,尽量涵盖不同年级、性别和专业的学生,共收回有效问卷209份。在调查对象的性别比例上,女生占比55.98%,男生占比44.02%;在年级方面,硕士研究生一年级占比67.94%,二年级占比14.35%,三年级占比9.09%,博士研究生所占比

① 中共中央马克思恩格斯列宁斯大林著作编译局.马克思恩格斯全集(第四十六卷:下册)[M].北京:人民出版社,1980:222.

例为8.62%；在专业方面，文科类占比22.01%，理工科类占比35.41%，农学类占比39.23%，其他占比3.35%。

本次调查采用了定量与定性相结合的研究方法。其中，文献法作为定性研究方法，是通过对该调查研究已有的研究结果进行分析并加以创新，从而获得新的发现。问卷调查作为定量研究手段，是通过大量真实的数据和样本进行具体的统计分析，从而得到准确的结果。本研究采用了线上问卷调查法，通过问卷星将生成的问题通过微信、QQ等渠道发布给了200余名研究生。通过问卷星剔除无效问卷后，将剩余问卷利用Excel、SPSS等软件生成调查结果用于后续分析。

一、重庆市高校研究生闲暇生活现状分析

本研究的主要内容是重庆市高校研究生的闲暇生活状况。我们对调查结果进行分析，归纳出了目前重庆市高校研究生闲暇生活状况四个方面的特点，即闲暇时间差异化、活动内容多元化、价值认识合理化和影响因素多极化。

（一）闲暇时间差异化

在对重庆市高校研究生一周内闲暇时间的数据分析后我们发现，不同专业研究生的闲暇时间多少存在差异性。如图1所示，除医学类和军事类等特殊专业以外，理工科类、农学类专业的研究生，他们在周一至周五平均每天闲暇时间相差不大，其中，闲暇时间小于3小时（含3小时）的分别为32.43%、32.93%，闲暇时间为3~6小时（含6小时）的分别为39.19%、36.59%，闲暇时间为6~9小时（含9小时）的分别为9.46%、14.63%，闲暇时间在9小时以上的分别为18.92%、15.85%；而文科类专业的研究生平均每天闲暇时间则明显多于其他专业的研究生，其中，课余时间小于3小时（含3小时）的为21.74%，占比低于其他专业；课余时间为6~9小时（含9小时）及9小时以上的分别为19.57%、26.09%，占比高于其他专业。

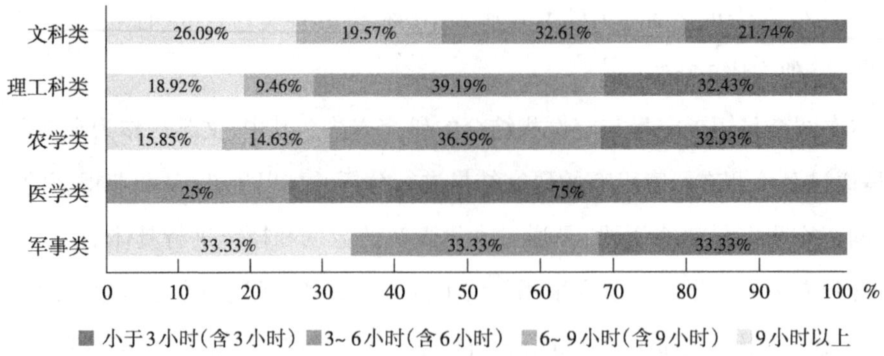

图1　不同专业研究生周一至周五平均每天的课余时间

如图2所示,不同专业的研究生在双休日中可供自己支配的闲暇时间多少也存在显著差异。其中,除医学类和军事类专业之外,文科类专业有高达80.44%的研究生在双休日中拥有至少一天的时间可供闲暇生活,理工科类专业也有66.22%的研究生在双休日中拥有至少一天的时间可供闲暇生活,而农学类专业则有54.88%的研究生在双休日中仅有半天或不到半天的时间可供闲暇生活。

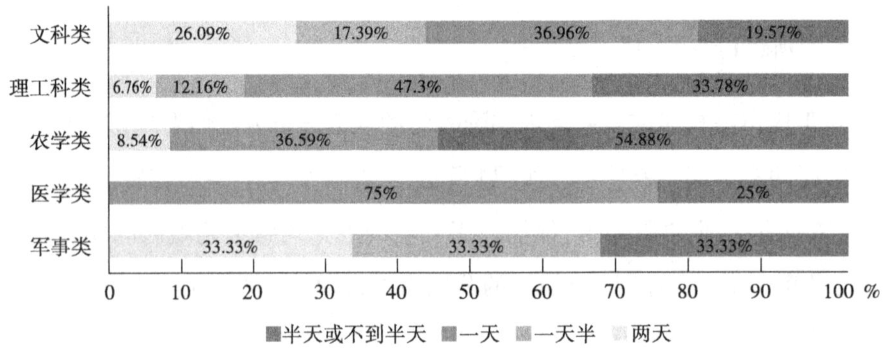

图2　不同专业研究生的双休日闲暇时间

由此可以看出,不同专业的研究生在可支配的闲暇时间多少上存在较为显著的差异。这可能是由于学科性质不同所造成的,例如,农学类专业研究生由于学科性质的原因,需要花大量时间在实验室进行科研,且实验安排一般都比较紧密、周期较长,以至于他们在双休日也可能无法休息。而对于文科类研究生来说,他们需要阅读大量文献,每天可以弹性安排时间。

之后,我们又调查了不同专业研究生的闲暇时间是否充裕。如图3所示,文科类只有10.87%的研究生认为自己的闲暇时间不太充裕,而对于理工科类和农学类专业的研究生来说,分别有37.84%和42.68%的研究生认为自己当前的闲暇时间不太充裕,这和上面的调查结果基本一致。但是从不同专业研究生是否需要更多闲暇时间的调查结果(如图4)来看,理工科类和农学类专业的研究生大部分都需要更多的闲暇时间来供自己安排,将近一半的文科类专业的研究生需要更多的闲暇时间,由此可以看出当代研究生学业压力较大,需要更多的闲暇时间放松心情,释放压力。

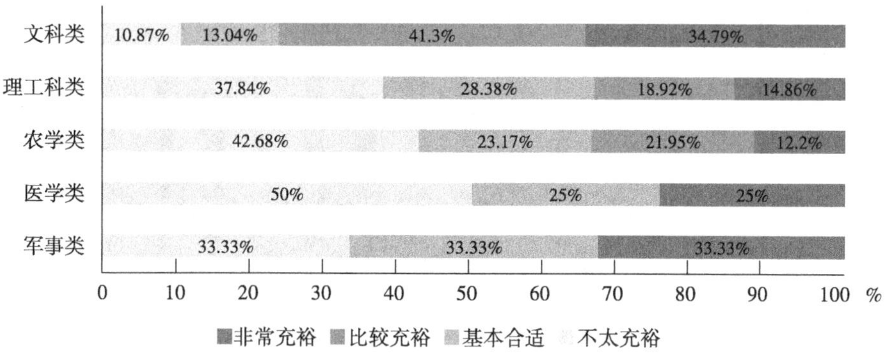

图3　不同专业研究生对自己目前闲暇时间的满意度

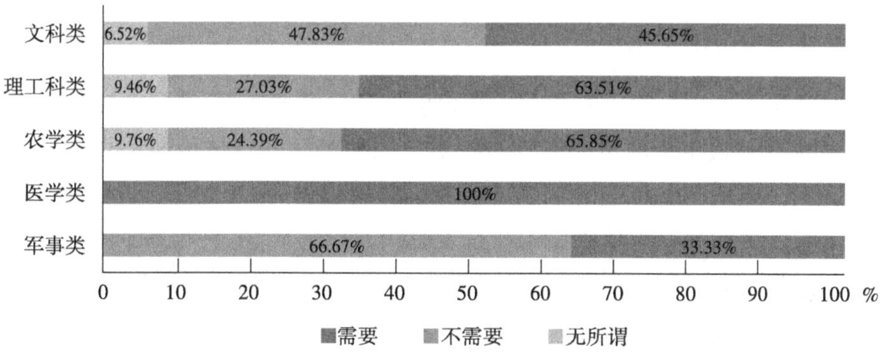

图4　不同专业研究生是否需要更多闲暇时间

(二)活动内容多元化

在调查了重庆市高校研究生闲暇时间的主要活动内容后,我们发现,研究生在闲暇时间的活动具有丰富性和多样性的特点。如图5所示,研究生在闲暇时间的主要活动内容是阅读、上网、追剧、听音乐和逛街等。同时,我们也发现,除了进行阅读、健身、自习和志愿服务等这些能够促进自我发展、提高自身素质的活动外,高校研究生的闲暇生活也呈现出消极懈怠和个体性活动突出的特点。从统计的数据来看,排在前三位的是:上网(50.72%)、睡觉(41.15%)和追剧(39.23%),可以看出,当代研究生消磨时间的方式中娱乐型活动所占比例很高。同时,排在前三位的活动又具有个体性突出的特点，这说明大部分重庆市高校研究生在闲暇时间里对于社交的需求不强烈，较为喜欢个人活动。

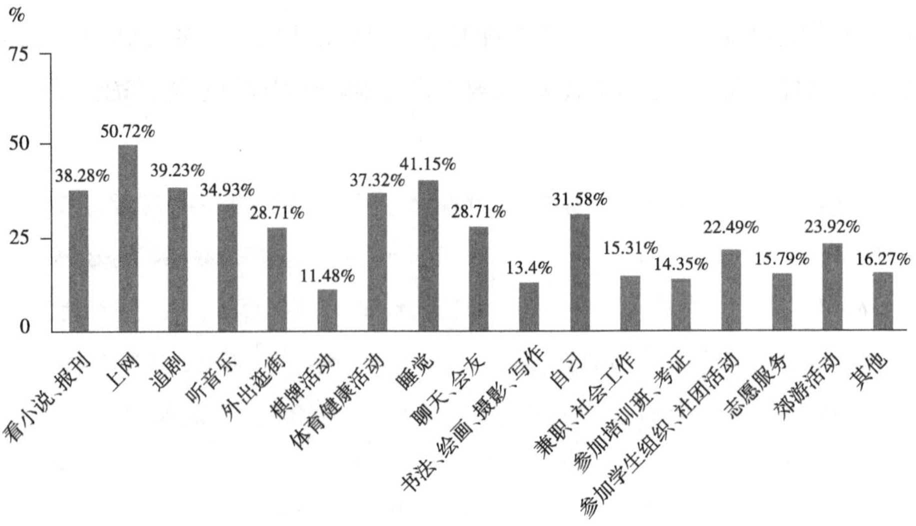

图5　研究生在闲暇时间的主要活动内容

（三）价值认识合理化

在对重庆市高校研究生对闲暇生活价值的认识的调查中，我们发现大多数研究生都能意识到闲暇生活的重要性，但是，对于闲暇生活的具体价值和意义大家又有不同的认识。如图6所示，有相当多的研究生对闲暇生活的价值缺乏正确的认识，他们认为闲暇的目的就在于休闲娱乐和打发时间，这部分学生只看到了闲暇时间的表面价值，并没有深入了解它能够给自己带来什么。与此同时，还有70.33%的研究生的认识是值得肯定的，他们充分地认识到了闲暇时间对自身发展的重要价值，具有正确的闲暇价值观，他们清楚地知道自己需要在闲暇时间里做什么，收获什么。

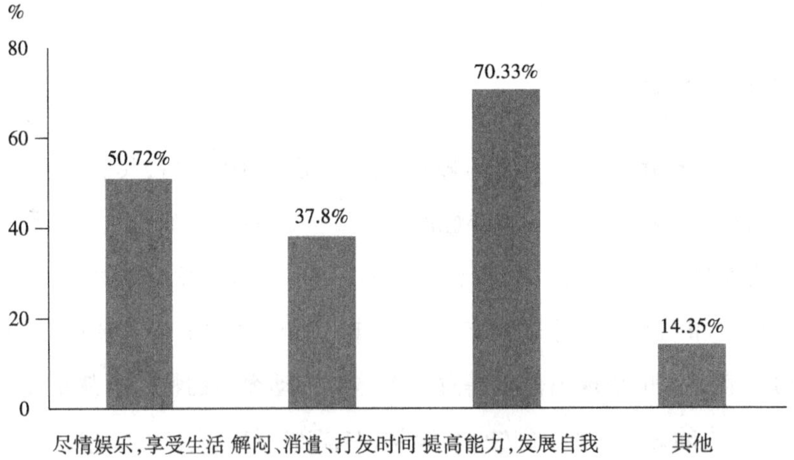

图6　研究生对闲暇生活价值的认识

另外，虽然大家对于闲暇生活的价值有着不同的认识，但他们对于理想中的研究生闲暇生活安排大都呈现出积极向上的趋势。如图7所示，大多数的研究生认为闲暇生活可以“提高社交能力，积累人脉”“积累实践经验，丰富阅历”“扩展知识，深入学习”。由此可以看出，他们能够认识到闲暇时间对自身发展的重要价值，也知道有效利用闲暇时间不仅可以提高个人素质，还可以在整体上促进高校研究生的全面发展。

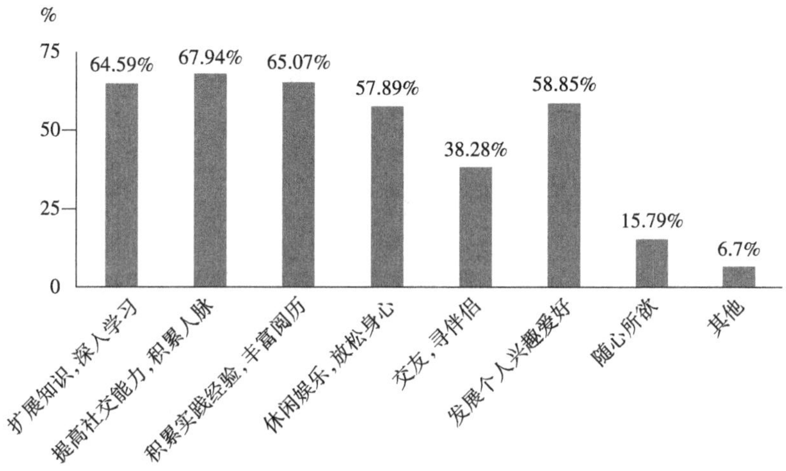

图7　理想中的研究生闲暇生活安排

（四）影响因素多极化

对重庆市高校研究生闲暇生活状况影响因素的调查结果显示（见图8和图9），很少一部分研究生认为其父母及身边同学的生活态度和方式会在很大程度上影响他们对于闲暇生活的态度，超过50%的研究生表示该因素对他们的影响一般，近18%的研究生认为父母的生活态度和方式对他们的影响非常大，约25%的研究生认为同学的生活态度和方式对他们的影响非常大。与此同时，统计数据也表明，影响研究生闲暇生活质量的因素有很多，如图10所示，经济条件、学业负担和就业压力都会在很大程度上影响研究生的闲暇生活质量。因为没有足够的经济支持，研究生可选择的闲暇生活内容就会受到限制，过重的学业负担和就业压力也会在一定程度上缩短研究生可供自己支配的闲暇时间。个性、能力、态度、价值观等个人因素依旧占主导地位，说明研究生们能够比较客观地评价自己，自身因素的影响远大于外界环境对自己闲暇生活质量的左右。因此，对研究生闲暇生活的引导需要从自身、家庭、学校、社会这四个方面入手。

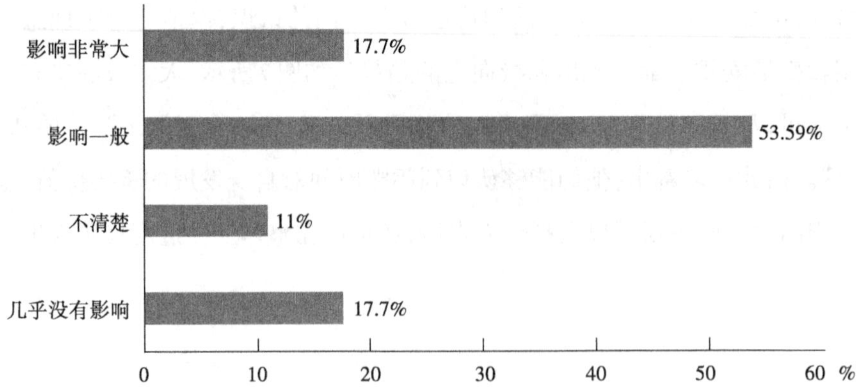

图8　父母的生活态度和方式对研究生闲暇生活态度和方式的影响

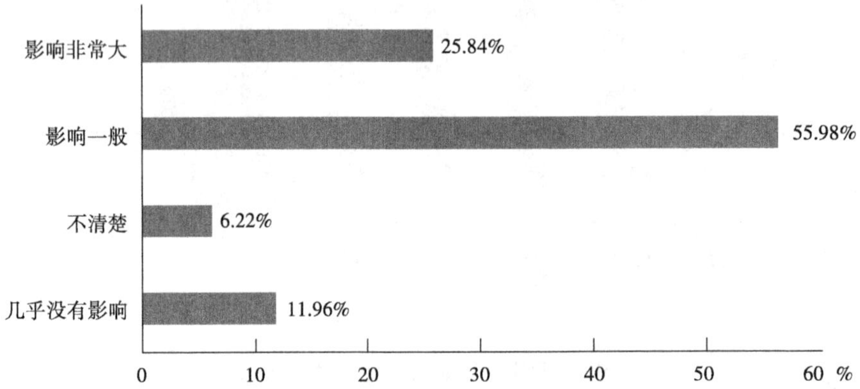

图9　同学的生活态度和方式对研究生闲暇生活态度和方式的影响

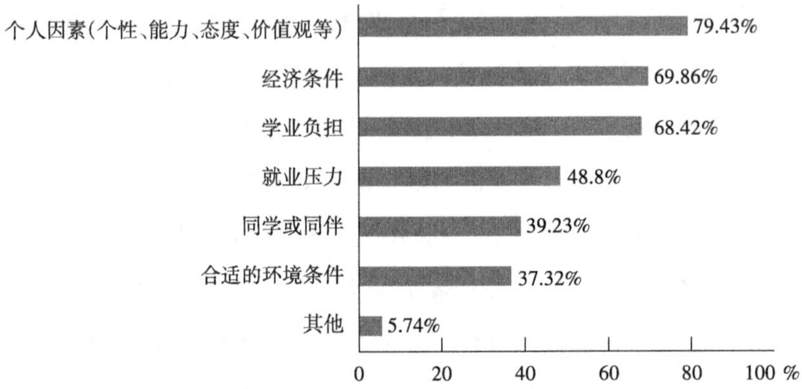

图10　影响研究生闲暇生活质量的因素

二、重庆市高校研究生闲暇生活存在的问题

本研究通过对重庆市高校研究生闲暇生活现状的调查和分析发现，重庆市高校研究生的闲暇生活存在着较多的问题，这些问题主要表现在价值认识与实际体验不符，个体性突出、缺乏集体交流互动，对网络依赖强烈、缺乏体育锻炼这三个方面。

（一）价值认识与实际体验不符

如前所述，重庆市高校研究生中大部分学生对于闲暇生活的价值和目的有着合理的认识，但在调查中发现，他们中有一部分学生存在着价值认识与实际体验不符的问题。如图11所示，在“研究生对自己闲暇时间安排合理性的认识”这一问题上，仅有10.05%的研究生表示自己对闲暇时间的安排非常合理，有52.63%的研究生表示对自己闲暇时间的安排不太合理，甚至非常不合理。与此同时，在图12所示的调查结果中却显示，有35.4%的研究生对自己目前的闲暇生活安排表示满意或非常满意，有多达43.54%的研究生对自己目前的闲暇生活安排感觉一般，而仅有21.05%的研究生不满意或很不满意自己目前的闲暇生活安排。由此可见，大家虽然内心比较清楚地认识到自己对于目前闲暇生活的安排并不合理，并不符合当代研究生正确的闲暇价值观，但依旧选择安于现状，不想做过多的改变，这也意味着当代高校研究生对闲暇价值观的认识亟须做出根本性的改变，否则，必然会导致当代高校研究生的闲暇生活愈加偏离正确方向。

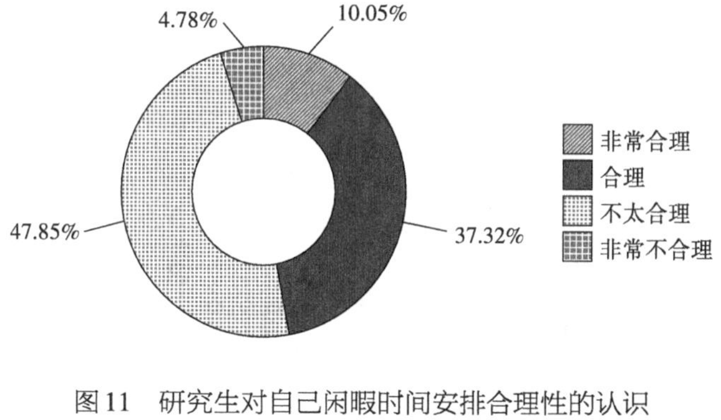

图11　研究生对自己闲暇时间安排合理性的认识

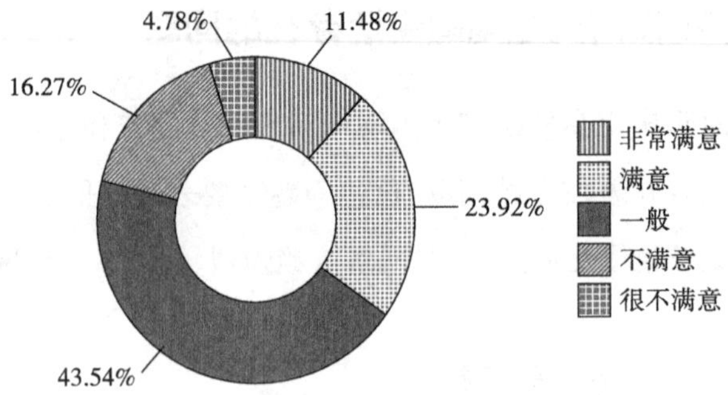

图12　研究生对自己目前闲暇生活安排的态度

(二)个体性突出,缺乏集体交流互动

如前所述,从图5可以清晰地看出,研究生在闲暇时间进行的活动内容主要集中在上网、追剧、读书看报、自习、考证、书法、绘画、摄影与写作等活动,这些活动都是个体独立性很强的活动,研究生更加倾向于个体与自我的交流,比较缺乏集体互动。同时,从图13也可以看出,研究生的闲暇生活场所主要集中于寝室或自我居所、自习室、图书馆等个体活动性很强的地方,这些调查结果都可以说明,研究生们的班级意识、集体意识、团队意识较为淡薄,和周围人的交流不多,多数的闲暇时间都是自己单独度过,很少参加与身边其他同学共同进行的集体活动。从某种程度上说,正是由于研究生们的集体活动少,缺乏与身边人更多的交流和互动,社交能力的培养和发展不足,以至于部分研究生在毕业之后很难完成从学生到工作岗位身份的过渡,因此,不管是学校,还是研究生自身,都应该注重研究生集体意识和团队意识的培养。

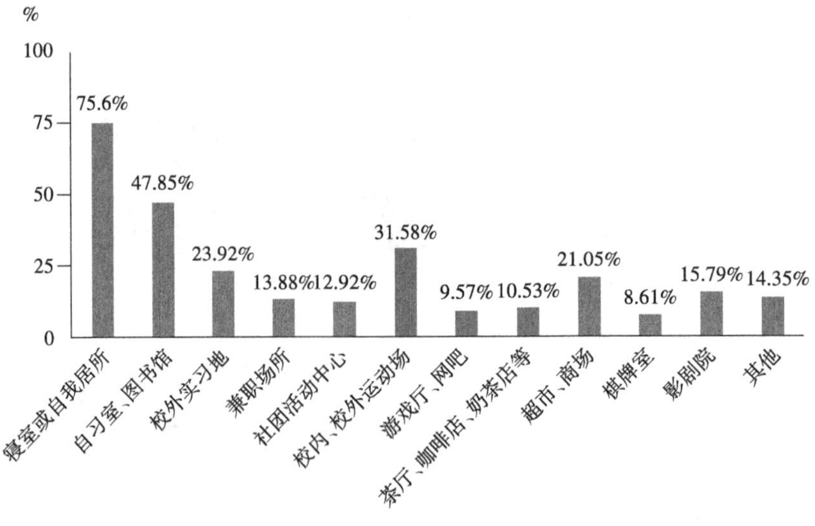

图13　研究生闲暇生活主要场所

（三）对网络依赖强烈，缺乏体育锻炼

当今社会，网络这把双刃剑无时无刻不在影响着每个人的日常生活。对于研究生来说，手机、电脑、平板等电子产品更是人手必备，因为它们都是研究生日常学习、生活必不可少的工具，了解时事、查资料、看文献、写论文等都离不开这些电子产品，除此之外，吃饭时追剧、刷微博、看短视频也成为很多研究生眼里所谓的放松方式，因此在研究生这个群体中也存在着一些过于依赖网络的现象。在本次调查研究中，如图14所示，有43.54%的研究生每天在闲暇时间使用手机、平板和电脑等电子产品的时间为1~3小时（含3小时），有38.28%的研究生每天在闲暇时间使用手机、平板和电脑等电子产品的时间超过3小时，仅有18.18%的研究生每天在闲暇时使用手机、平板和电脑等电子产品的时间不超过1小时（含1小时）。同时，如图15所示，研究生在闲暇时间利用手机、平板和电脑等电子产品上网的主要内容包括聊天社交、游戏、影音视听、时尚购物等休闲娱乐项目，由此可见，大家对于电子产品的依赖性使用还是在一定程度上偏向娱乐性活动，但值得指出的是，依旧有占比分别为57.89%、33.97%的研究生在闲暇时间利用手机、平板和电脑等电子产品在网上进行学习和图书阅读。

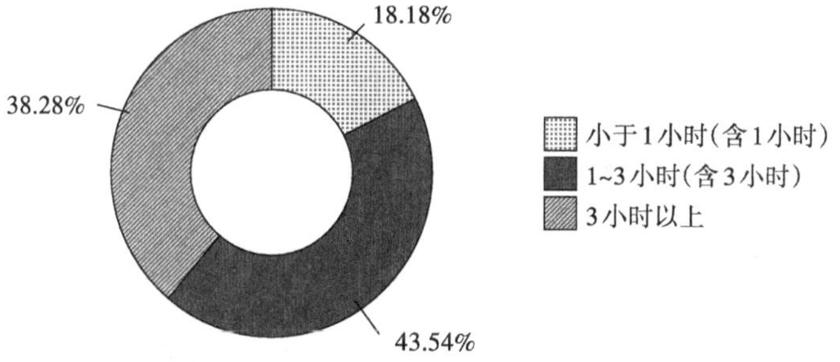

图14　研究生每天在闲暇时使用手机、平板和电脑等电子产品的时间

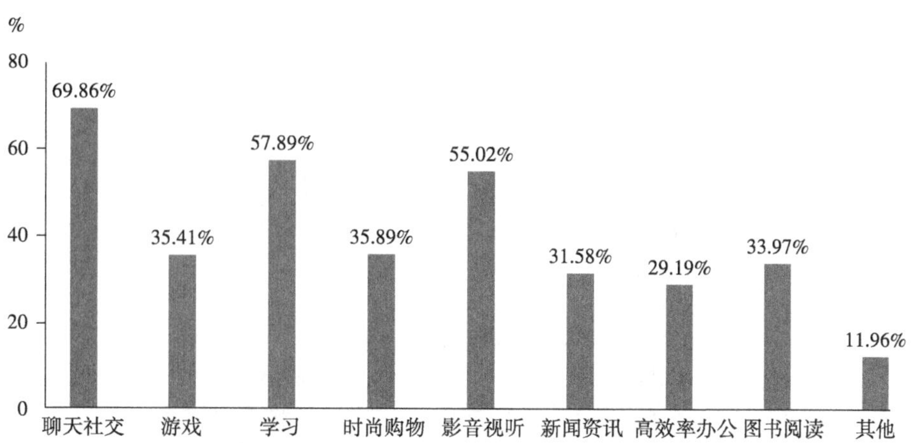

图15　研究生在闲暇时间利用手机、平板和电脑等电子产品上网的主要内容

众所周知，体育锻炼对于一个人的身心健康发展有着十分重要的影响和作用。本次调查结果显示（见图16），被调查的研究生中每周在闲暇时从来不健身的所占比例为17.22%，每周在闲暇时进行体育健身的次数在2次及以下的所占比例为42.11%，每周在闲暇时进行体育健身的次数在3~5次的所占比例为30.14%，每周在闲暇时进行体育健身的次数在6~7次的所占比例为10.53%。从性别来看，如图17所示，被调查研究生中女生进行体育锻炼的时间明显少于男生，在从来不进行体育锻炼的研究生中，男生占比8.7%，女生占比23.93%，这说明有相当多的女生没有进行体育锻炼的习惯。这可能是因为：首先，很多人觉得体育锻炼是一件比较耗费体力的事情，日常的学习本身就已经很累了，好不容易有闲暇，自然不愿意去做耗费体力且辛苦的体育锻炼；其次，他们在闲暇时间里有太多轻松且娱乐性的活动方式，如上网、看书、追剧等，因此，这也就更加容易致使高校研究生不会在闲暇时间进行体育锻炼。

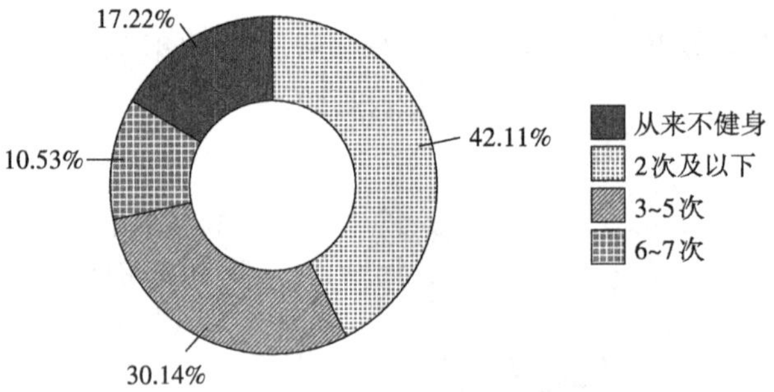

图16　研究生每周在闲暇时进行体育健身的次数

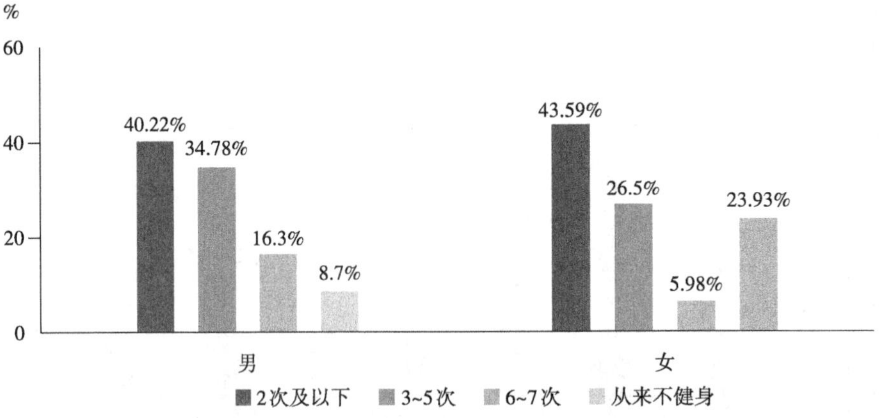

图17　不同性别的研究生每周在闲暇时进行体育健身的次数

三、重庆市高校研究生闲暇生活存在问题的原因

本次针对重庆市高校研究生闲暇生活状况的调查研究发现，研究生目前的闲暇生活存在着价值认识与实际体验不符，个体性突出、缺乏集体交流互动，对网络依赖强烈、缺乏体育锻炼等问题，同时，研究生的闲暇生活质量受到了诸如父母及同学的生活态度和方式、个人的人生观和价值观、经济条件、学业负担、就业压力等各种各样因素的影响。因此，追根溯源，造成高校研究生闲暇生活存在问题的原因主要是：研究生自身因素、家庭因素、高校因素和社会环境因素四个方面。

（一）研究生自身因素

1.研究生在闲暇价值观上存在偏差

闲暇价值观是影响一个人闲暇生活质量的重要因素，但是，本次调查分析发现，重庆市高校研究生中有相当一部分缺乏正确的闲暇价值观。在回答“对闲暇生活价值的认识”这一问题时，有许多学生选择了“尽情娱乐，享受生活”“解闷、消遣、打发时间”这类选项，从中可以看出，他们的闲暇价值观趋于娱乐、消遣，没有正确地认识到健康积极的闲暇生活对于促进自身发展、提高个人素质等方面的作用。而造成这一问题的原因主要有两个方面。一方面，随着现代社会经济的不断发展，人民生活水平逐步提高，对生活中各方面的物质需求也在不断增加，享乐主义和拜金主义生活方式容易对研究生闲暇价值观带来一定的负面影响，过度消费、盲目攀比、追求名牌的现象在学生群体中并不鲜见，进而使他们忽视自己作为一名新时代研究生所肩负的时代使命和担当。另一方面，由于研究生与其他学生群体相比拥有相对更加自由的时间安排，不少研究生自身存在一定的慵懒性，他们在闲暇生活中缺乏主观能动性，不善于合理利用闲暇时间来锻炼、提升自己，充分发展自己的兴趣爱好。在闲暇活动内容的选择上，有大比例的研究生选择“上网、睡觉和追剧”这样的生活方式，这些只能让他们消磨时光，根本无法提供充实满足的感受，也无法体会闲暇生活的价值所在。除此之外，在此次调查中，针对“对于自己目前闲暇时间安排的合理性”这一问题，有过半数的研究生表示不太合理或非常不合理，而当问及对自己闲暇生活的满意度情况时，却有43.54%的研究生选择了“一般”，选择“满意”和“非常满意”的只占了小部分（见图11、图12）。由此可见，研究生们也能清楚地明白自身对闲暇生活的安排存在着或多或少的问题，但大多数人依旧选择安于现状，并没有迫切地想要做出改变，这也反映出当代高校研究生对培养正确闲暇价值观的不重视。

2.科学合理规划闲暇生活的意识和能力不强

在研究生对闲暇时间的安排上，从本次调查结果来看，只有一小部分研究生会在闲暇时间进行阅读、健身、参与社团活动、参加培训班等有利于自身发展，提高个人素质与能力的活动，但是，有相当数量的研究生会把大量的闲暇时间花在上网、睡觉、追剧和逛街等娱乐性较强的活动上。总体来说，重庆高校研究生对闲暇生活的规划还是缺乏合理性，而造成这一现象的原因也主要有两个方面。一方面，由于研究生自身对闲暇生活缺乏理性的认识，认识不到健康的闲暇生活在陶冶情操、提升能力、提高素质、强身健体等各方面的作用，所以意识不到合理规划闲暇生活的价值所在。另一方面，虽然大部分的研究生能意识到闲暇生活的价值，但是，如何选择积极的、能促进自身发展的闲暇活动又成为一个难题，如何有效地分配闲暇时间来开展闲暇活动，对闲暇生活做出合理规划也是问题之一。正是由于研究生缺乏科学规划闲暇生活的意识和能力，因此他们的闲暇生活多处于松懈懒散的状态，闲暇活动内容也不够积极充实，所以，进一步增强当代高校研究生科学规划闲暇生活的意识和能力迫在眉睫。

3.闲暇生活方式和活动内容选择盲目

由于受到同龄人的影响，研究生在闲暇生活方式的选择上也会有盲目从众的现象。同龄人是一个人成长、发展的重要环境因素，尤其是在青少年时期，同龄人的影响特别重要，甚至有可能超过父母和教师的影响，而研究生群体作为一个特殊群体，其成长、发展也不可避免地会受到同龄人的影响。绝大多数的全日制研究生都是在高校里过集体生活，与班级、实验室和寝室的同学朝夕相伴、互相影响，不管是在学习上还是生活上，同伴的影响都是不容忽视的。在闲暇生活方式和闲暇活动内容的选择上，由于受同伴的影响，他们会产生盲目从众的心理倾向。例如，如果一个学生本身是一个闲暇生活比较随意的人，而他身边的同学或室友都是对日常学习生活十分有计划性的人，那么他身处其中自然会受到正向且积极的影响；相反，如果这个学生身边的同学或室友的闲暇生活都十分随意、缺乏计划性，那么，即使他自身很有计划性，时间长了可能也会或多或少受到一些影响，逐渐变得松懈、懒散、缺乏计划性。在本次调查中，针对“你认为身边同学的生活态度和方式对你的闲暇生活态度和方式有影响吗?”这一问题，55.98%的学生表示受其影响一般，而有25.84%的学生则表示受其影响非常大，仅有很少一部分学生认为几乎没有影响或者不清楚(见图9)。由此可见，重庆市高校研究生的闲暇生活状况受同龄人的闲暇生活态度和方式的影响还是比较大的。

（二）家庭因素

1.家庭环境中的不良因素对研究生闲暇价值观的影响

俗话说“父母是孩子的第一任老师”，从我们出生的那一刻起，父母就陪伴在我们身边，我们的世界观、人生观、价值观的形成都在一定程度上受到父母的影响，因此，一个家庭的氛围、父母的价值观和一言一行都会对孩子有着潜移默化的影响，这些影响可能是积极且正向的，也可能是消极且负面的。学生家庭环境的不良因素主要体现在：一是家庭里存在不良行为的成员，比如父亲嗜酒、母亲慵懒等不良习惯；二是孩子自身存在不良行为习惯，但是父母并没有对孩子的不良行为习惯加以纠正或者制止，而是保持默许或放纵的态度；三是家庭中物欲化、享乐化生活方式突出。这些家庭环境中的不良因素在很大程度上给孩子提供了产生不良行为的温床，甚至还提供了物质上的便利条件。有些家庭富裕的父母自身就存在着拜金主义、享乐主义、功利主义等价值观，闲暇生活里贪图享受、娱乐、消遣，那么，在与家长长期的共同生活中，孩子的闲暇价值观也必然会受其影响。在本次调查中，针对“你认为父母的生活态度和方式对你的闲暇生活态度和方式有影响吗?”这一问题，有53.59%的学生认为父母的生活态度和方式对自己的影响一般，有17.7%的学生深受父母生活态度和方式的影响，有17.7%的学生认为几乎没有影响（见图8）。由此可见，重庆市高校研究生的闲暇生活状况受父母的生活态度和方式的影响还是比较大的。

2.家长忽视研究生的闲暇教育

大多数的家长对孩子“望子成龙、望女成凤”的成才教育观还一直停留在以孩子的学习成绩作为最主要的衡量标准上，他们对孩子的要求就是只要把学习成绩搞好就行了，而没有注意到孩子其他方面的发展，这并不符合我们国家所提倡的“人的全面发展”。甚至有的家长还认为闲暇活动就是浪费孩子的时间，这些时间不如用来看书、学习、上补习班；还有一部分家长认识到当前社会竞争如此激烈，应该让孩子多学一些东西，多掌握一些技能，所以希望孩子能多方面发展。这样的考虑虽也有一定的道理，但是他们忽视了孩子的兴趣爱好，把他们的意志强加在孩子身上，这样只会适得其反，不会使孩子真正体会到闲暇生活的快乐和满足感。研究生在读书求学期间大多数是远离家庭，在学校过集体生活，他们远离了父母的监管，平时主要是通过电话或视频联系，因此父母对他们的监管力度减弱。同时，有的父母认为研究生作为成年人已经有很好的自控能力，不用太操心了，认为给他们提供好的经济条件就可以了，进而缺乏和他们进行思想的沟通，也缺少对其进行行为的引导，这就导致很多研究生产生了侥幸心理，认为自己现在好不容易脱离了父母的管教，就可以趁此机会随心所欲地做一些之前父母不赞成或禁止的事情，比如上网、打游戏、睡觉和追剧等。

（三）高校因素

1.我国高校闲暇教育发展缓慢

当前，学生的闲暇教育问题已深受各国高校的重视和关注，自从1967年在日内瓦举行的欧洲娱乐会议充分肯定了闲暇时间在我们生活中的重要地位之后，许多国家把闲暇教育写入了国家教育规划纲要。美国在20世纪初就把闲暇教育作为国家的教育目标提了出来并付诸实施。我国高校研究生现在拥有的闲暇时间量是比较充足的，虽然闲暇时间有了，可是闲暇教育一直没有被纳入我国教育发展规划之中，没有政策的加持，高校在对研究生的闲暇教育上就缺乏方向。因此，高校中的研究生在自我管理不强、家长管理不到位的情况下，也并没有受到学校对于闲暇生活的正确指导，进而导致了他们闲暇生活的不合理安排。

2.高校闲暇教育缺失，闲暇教育管理不到位

目前，在我们国家的学校里谈“闲暇教育”是一件“奢侈”的事情，中小学更是严重，即使是在高校这样相对比较自由的环境，闲暇教育也是不被重视的。教育目的可以分为两个层次，第一层次就是使受教育者学会谋生的手段，另一层次就是使受教育者能够自我创造、自我发展、真正的自我实现。但是，我国的众多高校因受传统教育方式的影响，他们正在非常努力地教给受教育者如何谋生的手段，教给受教育者如何适应驾驭外部物质世界的知识和能力，而没有从人性的角度出发，注重对研究生闲暇生活的引导，从而促进学生全方位能力的发展，忽视了教育在全面发展人、实现人自身价值和人生意义上的初衷。总之，很少有高校会开设与闲暇教育相关的课程，从事闲暇教育研究的师资也严重缺乏，更没有系统的课程计划和有效的教学活动，因此，我国高校应重视和加强闲暇教育。

（四）社会环境因素

1.社会对闲暇生活的不合理认识

在现实生活中，由于部分人对人的需要理解片面、对物质生产与精神生活的关系理解简单、对“闲暇”的内涵理解单一，因而存在把闲暇生活视为一种不能为社会

及时创造实用价值的东西而加以“排斥”，或者把闲暇生活视为懒惰、消极的代名词而加以“抵制”的现象。受这样的认识影响，闲暇生活受到部分人的“排斥”，因而不重视闲暇生活，更谈不上对子女、学生进行闲暇教育。其实，人，除了物质需要以外还有精神需要，除了有劳动创造的需要外也有休闲娱乐、学习、交友、锻炼等闲暇生活的需要，且健康合理的闲暇生活在愉悦人的身心的同时，能够丰富人的精神世界、提升人的精神境界、锤炼人的精神品质，进而为经济发展提供精神支撑。

2.社会中的不良因素对闲暇生活的影响

自1978年我国实行改革开放以来，国家大力发展社会主义市场经济，人们的生活水平得到迅速提高，对闲暇生活的需求越来越突出。人们的闲暇娱乐方式也是丰富多彩，如到KTV、网吧、台球厅、游戏厅、茶馆、咖啡厅、健身房、书吧休闲娱乐等。但是，很多娱乐机构都是以争取利益的最大化为目的，有的将营业场所设置在高校附近，并抛以各种“优惠和福利”来诱导高校学生进行消费，致使一些自制力不强的高校学生在闲暇生活方面存在片面化、娱乐化等错误取向。

四、培养研究生健康闲暇生活方式的举措

通过本次调查研究，我们基本了解了重庆市高校研究生闲暇生活的现状，发现了研究生闲暇生活存在的问题，究其原因主要是由于研究生自身、家庭、高校和社会这四大主体没有发挥正确的主体作用及引导作用，所以本报告主要从这四个方面提出解决措施，旨在加强对研究生的健康闲暇生活方式进行引导，提高研究生的闲暇生活质量，培养研究生的闲暇生活技能，从而促进高校研究生的全面发展。

（一）研究生应加强在闲暇生活中的自我教育和管理

在本次调查中，大多数研究生能够意识到闲暇生活的重要性，但是对于闲暇生活的价值和意义他们又有不同的认识。一方面，由于高校在闲暇教育方面的缺失，目前相当一部分高校研究生未能形成正确的闲暇价值观。正确的闲暇价值观是进行闲暇活动的基础，如果我们没有树立符合当下社会主流价值观的正确闲暇价值观，我们必然会偏离正确的道路，误入歧途。作为新时代的高校研究生，我们要树立正确的闲暇价值观，并以此为导向去选择正确、有益的闲暇活动，在此过程中不断提升自身素养，杜绝不良风气对自己造成的精神侵蚀。

另一方面,研究生们的闲暇生活缺乏计划性。研究生是一个拥有相对较多闲暇时间的群体,但又是一个学业压力和就业压力比较大的群体。所以,不少研究生不是把时间花在学习或找工作上,就是彻底放松自己,整天无所事事。其实,合理地安排闲暇时间不仅可以提高效率,还可以改善闲暇生活质量,所以,我们一定要合理安排闲暇时间,积极参加丰富多彩的课外活动,提高闲暇生活品质。

(二)家长应增强闲暇教育意识,改善家庭闲暇生活氛围

虽然研究生们大部分时间是在学校度过,但是闲暇生活价值观的养成与父母的参与和支持密不可分。一方面,家长要与孩子保持日常交流与沟通,在了解孩子的学习现状之外,也要了解他们在闲暇时间的情况,不能只关心学习状况,却忽视其他方面的引导。家长应该重视孩子在攻读研究生期间合理利用闲暇时间的重要性,加强对孩子的教育,一旦发现孩子选择的闲暇生活方式是偏离正确轨道的,要及时纠正并给予建议,帮助孩子树立正确的闲暇价值观。

另一方面,家长应以身作则,提高自身素质,改变传统教育观念,为孩子营造良好的闲暇生活氛围。家长是孩子的第一任老师,父母自身的行为举止、个体素质对孩子的影响非常大。如果家长在日常生活中经常玩手机、看电视、打扑克等,没有给孩子营造良好的闲暇生活氛围,那么孩子也会因为缺乏正确的导向而消极、散漫地度过闲暇时光;相反,如果家长平时经常阅读、学习或者运动,那么孩子也会受其影响,向家长正确的闲暇生活方式靠拢,积极、充实地度过闲暇时光。

(三)高校应充分发挥闲暇教育的主阵地作用

1.树立科学的闲暇教育观

现在,传统的教学观念仍是主流,发展闲暇教育还面临着许多难题。高校首先需要树立科学的闲暇教育观,正确认识到健康合理的闲暇生活对促进学生全面发展、提高学生自身素质的重要意义。在发展闲暇教育的同时,高校还需要对研究生的闲暇价值观加以正确的教育和引导,否则,任其发展必然会带来不良影响。所以,在高校中树立科学、正确的闲暇教育观念刻不容缓,应把研究生的闲暇教育纳入正常的教学体系中。

2.积极开设闲暇教育课程

高校应将学科课程和活动课程结合起来,也就是先从理论层面教给学生正确的

闲暇价值观，教会他们如何高效地安排闲暇时间，如何在闲暇生活中提升自我能力和素质。然后在实践层面上，开展丰富的、健康的闲暇活动，让研究生真正切身感受到闲暇时间给自己带来的益处，并且在这个过程中获得新的技能。

3.优化高校闲暇教育内容

首先是要培养学生正确的闲暇观念，主要是培养闲暇价值观、闲暇意识和闲暇道德观。闲暇价值观是人们对闲暇价值的认识，是进行闲暇生活的基础，同时对闲暇生活方式的选择也起着引导作用。正确的闲暇意识是有效利用闲暇时间的基础，一定要让学生了解什么是闲暇，如何合理利用闲暇时间，以及明确闲暇的内在价值和意义。闲暇道德观主要体现在个体对闲暇活动的选择上，拥有正确闲暇道德观的人能够在眼花缭乱的活动中选择有益于个体身心、促进自身发展、提高自身素质、获得新技能的闲暇活动。

其次是培养学生利用闲暇时间的能力。在调查中，我们发现大部分研究生对于闲暇时间的安排比较盲目随意，没有计划性。因此，高校需要加强培养学生对闲暇时间合理安排的能力。只有高效利用闲暇时间，才能在有限的时间里提高自己，促进自身全面发展。

最后是培养学生的闲暇生活技能。拥有闲暇生活技能，不仅可以提升研究生自身素质，还有益于其身心健康发展。所以高校要开设相应的课程，多组织、多开展相关活动，真正做到培养德、智、体、美、劳全面发展的社会主义事业建设者和接班人。

4.培养闲暇教育的指导者

闲暇教育最终实施的效果如何在一定程度上取决于闲暇教育指导者自身的闲暇观念，指导者的培养包括闲暇教育指导者观念的转变和素养的提升。所以，高校闲暇教育的指导者一定要具备科学、合理的闲暇观念，切实了解闲暇生活对学生发展的重要意义。同时，指导者要努力提升自身的素养，不断学习相关的理论知识及社会发展中新的内容，把先进的闲暇教育理念融入工作中，以身作则，影响学生、指导学生。

5.创建高校闲暇文化氛围

如果想要在高校中顺利实施闲暇教育，那么它一定离不开校园文化氛围的影响。校园文化包含物质文化和精神文化两个方面。首先，高校要在物质上提供充足的支持，例如针对图书馆、体育场馆、电子阅览室等一些场所，通过延长使用时间、提高使用率、丰富使用功能来满足学生各方面的合理需求。其次，在精神上也应给予支持，在校园里提倡科学的闲暇价值观，创造良好的文化氛围，积极开展丰富多彩的文娱活动，如举办各种学术讲座、文艺晚会和技能大赛等。在这样的文化氛围中，学生们既可以学习知识、充实大脑，也能丰富自己的闲暇生活，使身心疲惫得到缓解，促进自己身体和精神上的健康发展。

（四）社会系统应强化对闲暇生活的导向作用

在如今的社会环境和传统闲暇观念的影响下，想要积极开展闲暇教育，还离不开相关部门的大力支持。一方面，要改变人们对于“闲暇时间”所持的传统老旧观念，即“闲暇时间”就是在无所事事、碌碌无为地浪费时间。马克思认为：“自由时间，可以支配的时间，就是财富本身。”①因此，我们一定要重视闲暇时间，并加以合理的利用，从而创造更多的价值。另一方面，也要改变人们的错误价值观念，即把“闲暇”作为物质主义和享乐主义的温床。充分利用闲暇生活，不仅可以提升个人素养，还能彰显自身价值。所以，社会需要充分唤醒人们对闲暇生活的重视和关注，在政府大力倡导下，使人们逐渐树立对闲暇生活价值和闲暇教育重要性的正确的认识。

除了社会正确的引导外，还需要政府部门在政策上给予支持。如果没有相关政策的支持，发展闲暇教育一事也只是纸上谈兵。所以，政府主管部门要在政策中将闲暇教育纳入学校教育体系中，制定相关规定，做出相应要求，给予相应的资金支持，从而实现政策和财政上的双重保障。

闲暇对于一个人一生的成长和发展有着极为重要的意义，健康合理的闲暇生活是个体能够健康发展的必要条件，对于“研究生”这样一个有着高素质教育背景的特殊群体来说，正确的闲暇生活对于其自身的成长成才、个人能力发展和素质修养的提高都有着不容忽视的作用。本次调查以重庆市高校研究生为调查对象，我们发现了研究生闲暇生活具有闲暇时间差异化、活动内容多元化、价值认识合理化、影响因素多极化等特点，同时，研究生的闲暇生活也存在着价值认识与实际体验不符，个性突出、缺乏集体交流互动，对网络依赖强烈、缺乏体育锻炼等问题，研究生自身管理不当、家庭教育严重缺位、学校教育十分缺失、社会负面影响加大等都是问题产生的主要原因。因此，我们还需从研究生自身、家庭、学校、社会等多方面入手来提出有针对性的闲暇教育指导对策，引导当代研究生树立正确的闲暇价值观。本文在一定

① 中共中央马克思恩格斯列宁斯大林著作编译局.马克思恩格斯全集（第二十六卷：第三册）[M].北京：人民出版社，1974：282.

程度上丰富了研究生闲暇生活状况的研究内容,能够为当代研究生的闲暇教育提供参考,为促进新时代高校研究生的全面发展提供指导。我们希望通过此研究能够引起高校思想政治教育工作者甚至是社会各界学者对研究生闲暇生活现状的思考与关注,与时俱进地探索出更多更有针对性的教育对策,促进研究生闲暇生活的健康发展。

(指导教师:马克思主义学院　邱永琼)

当代青年对“三孩生育政策”的认知认同度调查报告

吴晓燕　罗欢　于洪苑　卢敏　胡志强　徐川①

摘要 20世纪90年代以来，中国的老龄化进程加快，为改善我国人口结构，国家于2021年5月31日正式提出推行“三孩生育政策”，即一对夫妻可以生育三个子女政策及配套支持措施。在此背景下，通过小组成员协作，以“80后”（1980年—1989年）、“90后”（1990年—1999年）和“00后”（2000年—2009年）为主要的调研对象，利用问卷调查法和访谈法开展调研工作，形成本调研报告。本调研试图了解当代青年人对放开三孩生育政策的态度和顾虑所在，分析其成因，试图为国家后续完善“三孩生育政策”及相关配套措施建言献策。调查表明，“三孩生育政策”对于当代青年生育意愿的影响强度较弱，“三孩生育政策”的颁布并没有完全改变当代青年人原本的生育计划；50%以上的青年人认为“三孩生育政策”能够改善人口老龄化的现状、增加社会劳动力、减轻养老负担、保持我国的人力资源优势；50%以上的青年人认为“三孩生育政策”推行过程中可能会遇到的问题是增加家庭养育负担、加重女性生育负担、阻碍女性群体的职业发展、增加社会成员的竞争压力。针对调查情况，我们建议通过完善与生育政策相匹配的配套设施、构建与生育政策相适应的法律政策体系、推行弹性包容的生育制度等对策来进一步完善“三孩生育政策”。

关键词 当代青年；“三孩生育政策”；认知认同

① 吴晓燕、罗欢、于洪苑、卢敏、胡志强、徐川为西南大学历史文化学院 民族学院2020级硕士研究生。

“三孩生育政策”是中国为了积极应对人口老龄化而实行的一项计划生育政策。中共中央政治局2021年5月31日召开会议，听取“十四五”时期积极应对人口老龄化重大政策举措汇报，审议《关于优化生育政策促进人口长期均衡发展的决定》，提出进一步优化生育政策，实施一对夫妻可以生育三个子女的政策及配套支持措施。

我国人口总量庞大，但近年来人口老龄化程度加剧。进一步优化生育政策，实施一对夫妻可以生育三个子女政策及其配套措施，这有利于改善我国人口结构、落实积极应对人口老龄化国家战略、保持我国人力资源禀赋优势。“三孩生育政策”引起了社会热烈讨论，有些人对此表示赞同，认为这有利于在一定程度上解决中国人口老龄化问题；有些人对此表示反对，认为生三孩会降低生活质量，加大生活负担等。因此，本次调研以收集当代青年人(也是当代社会的主要生育主体)对此政策的态度为目的，进而剖析当代青年人对生三孩的态度背后的原因，因此具有很大的现实意义。

本次调研对象主要是“80后”(1980年—1989年)、“90后”(1990年—1999年)和“00后”(2000年—2009年)。之所以选择这三个群体为主要的调研对象，是因为他们是当前社会最主要的生育群体，和“三孩生育”政策的实施关系最为密切，他们的态度在很大程度上决定了“三孩生育政策”的进一步推行。调研形式采取网上问卷调查法和实地访谈调查法相结合的形式。研究方法主要运用两种，即问卷调查法和访谈法。网上问卷调查的主要内容包括对“三孩生育政策”态度的影响因素、“三孩生育政策”的优点、“三孩生育政策”推行过程中可能遇到的困难、愿意生三孩的条件等，共有177人参与了此次问卷调查，并且均为有效问卷，男女参与人数比例约为1:2。访谈调查的主要内容包括现在家里或自己有几个小孩、是否了解最近国家出台的“三孩生育”政策、未来是否有生三孩的打算、影响生三孩的意愿的因素有哪些、对“三孩生育政策”推行的建议等问题，针对这些问题对西南大学10位学生(本科生2名，硕士生7名，博士生1名)进行了现场访谈。

一、当代青年对“三孩生育政策”认知认同的基本状况

通过对问卷调查数据与访谈情况的分析，可以得出当代青年尤其是“90后”对“三孩生育政策”的认知认同基本情况如下。

（一）年龄、户口、学历影响着青年人对“三孩生育政策”的态度

调研问卷的第一部分是有关青年人的年龄分段、户口状况、学历分布的题目，其设置旨在了解调查所涉及的青年人的年龄段、户口以及学历情况，并试图找出年龄的大小、户口的性质以及学历的高低与其对“三孩生育政策”的态度是否有着必然联系。

从本次问卷调查对象的年龄来看，“90后”占了70.62%（见表1），从学历水平来看，本科、硕士及以上学历的人群有75.14%之高（见表2），因此，我们所调研的对象主体主要是“90后”的高学历人才。就我国当前的生育情况来看，青年人的生育是人类社会再生产中极为重要的组成部分，“90后”大学生群体在未来生育人口中占有十分重要的地位，而本次调研就是从当代青年人的视角观察他们对“三孩生育政策”的态度，可以反映出当代青年人的生育意愿以及生育观。另外，本次调查群体来自城市与来自农村的比例接近6:4（见表3），大学生生源的城乡比与我国目前的城市化进程相关，同时也与乡镇教育资源优化，农村学生考上大学的比例有所提高等原因关系密切。

表1　调查对象的年龄结构

选项	小计（单位：人）	比例/%
“80后”	24	13.56%
“90后”	125	70.62%
“00后”	28	15.82%
本题有效填写人数	177	

表2　调查对象的学历结构

选项	小计（单位：人）	比例/%
高中及以下	16	9.04%
专科	28	15.82%
本科	84	47.46%
硕士及以上	49	27.68%
本题有效填写人数	177	

表3　调查对象的户口所在地

选项	小计（单位：人）	比例/%
城镇	73	41.24%
农村	104	58.76%
本题有效填写人数	177	

从表4可知，在“三孩生育政策”的态度上，保持中立与持反对态度是1∶1的均势，由此推断，当代青年人对于生育观念基本持一个开放、包容的态度，对于国家颁布的新政策，会站在一个理性的角度去思考该政策的合理性，受传统生育观念的影响较小，或者是摒弃了传统生育观念而采纳了现代社会的生育新观念。有许多青年人选择了完全不考虑生育三孩，他们的思想追求自由自主，对于政策与个体行为本身的联系不强，对生育政策的了解也主要来源于零碎的网络新闻资讯，“三孩生育政策”对于他们生育意愿的影响强度较弱。

表4　调查对象对“三孩生育政策”的态度

选项	小计（单位：人）	比例/%
准备好了，迫不及待（支持）	11	6.21%
完全不考虑（反对）	81	45.76%
无所谓（中立）	85	48.02%
本题有效填写人数	177	

（二）“三孩生育政策”的推行并没有改变当代人的传统生育观念

调查问卷的第二部分主要是针对传统生育观念来进行设问，传统生育观念是相较于最新提出的“三孩生育政策”而言，之前的单独二孩、全面两孩政策即为传统的生育观念，该问题调查的目的是想了解在当代青年人中，“三孩生育政策”的颁布与实行，是否会冲击家庭原有的单独两孩和全面两孩的计划，并尝试分析“三孩生育政策”的影响。

如表5所示，问卷设置了“是”“否”和“说不清楚”三个答案，调查结果发现，当前青年人对“三孩生育政策”是否冲击了传统生育观念持保守的态度，明确认为冲击了传统生育观念的占40.68%，明确选择“否”以及较为模糊的选择“说不清楚”的共占59.32%，呈现了约4:6的比例。

表5　调查对象对“三孩生育政策”的实行是否冲击了传统生育观念的情况

选项	小计（单位：人）	比例/%
是	72	40.68%
否	62	35.03%
说不清楚	43	24.29%
本题有效填写人数	177	

由此可以得出，“三孩生育政策”的颁布所产生的影响较小，并没有明显改变当代青年人原本的生育计划。当代青年人成长于改革开放后，他们所接触的社会环境受多元的文化思想冲击较大，加之生存在激烈的竞争形势下，使得该群体的生育意愿很理性，而生三孩对于当代青年人来说，需要考虑的因素较多，绝大多数人还是认为原有的生育1~2个子女是较为理想的状态。另外，出于生育质量的考虑与国家长期的“晚婚优生”的倡导，青年人中无论男女都会推迟初育年龄。总的来说，当代青年人普遍具有较高的文化素养，他们既重视生育的孩子未来的教育品质，又关注生育孩子对其自身生活和工作的影响，力图在生育责任与自身利益之间寻求一种平衡。因此，相对于为完成家族血缘传承的情感目标，对生活有所追求的青年人的生育意愿趋于理性，多数人并没有因为“三孩生育政策”的调整而改变原有的生育观念。

（三）当代青年人对“三孩生育政策”优点的看法

调研问卷的第三部分主要是为了分析当代青年人对于国家“三孩生育政策”的了解情况，题目设置的主旨在于从青年人的角度来观察、评判“三孩生育政策”的颁布与实施，进而分析该政策对国家今后发展的影响。(本题为多选题)

"三孩生育政策"是一项有着广泛牵动性的战略决策,必将产生全面而深远的影响。表6显示,"三孩生育政策"的优点中,认同度占比最高的是"改善人口年龄结构"的选项,高达72.32%;紧随其后的是"增加社会劳动力",占67.23%,"减轻养老负担"占57.63%,"保持我国的人力资源优势"占55.93%,"缓解性别比例不平衡状况"占37.85%。

表6 调查对象对"三孩生育政策"优点的看法

选项	小计（单位:人）	比例/%
改善人口年龄结构	128	72.32%
增加社会劳动力	119	67.23%
缓解性别比例不平衡状况	67	37.85%
减轻养老负担	102	57.63%
缓解与父母之间的矛盾	27	15.25%
保持我国的人力资源优势	99	55.93%
其他	14	7.91%
本题有效填写人数	177	

由此可知,当前青年人普遍认为"三孩生育政策"有望改善人口老龄化的现状以及增加社会劳动力。由于我国人口结构出现了老龄化现象,社会关注持续增加,人口政策由单独二孩、全面两孩变为最新推出的"三孩生育政策"。"三孩生育政策"的实施能够为我国应对中等收入陷阱创造有利条件,新兴市场国家在经济起飞过程中,劳动力资源的数量和质量是决定发展可持续性的关键,所以,"三孩生育政策"影响着跨越中等收入陷阱的成败。对于中国而言,虽然人力资源的质量持续上升,但人口数量持续下降。2020年中国16岁至59岁劳动人口较2010年减少4000多万人,65岁以上老龄人口占比从2010年的8.87%升至13.5%,根据人口学家的动态测算,在这种自然趋势作用下,中国总人口可能于2025~2030年达峰并下降。生育政策的持续放宽虽然难以扭转乾坤,但对缓解人口压力具有一定的作用。2016年全面放开两孩生育政策以来,中国多出生二孩数量达1000多万人,三孩政策有望进一步巩固既有政策成效,延缓中国人口达峰的进程。

另外,在"减轻养老负担"以及"缓解性别比例不平衡状况"方面,"三孩生育政策"能够增强家庭幸福感,为优化"老有所养"创造更多可能。经济学家、社会学家和心理学家一系列的交叉研究表明,子女数量对家庭长期行为模式和代际关系具有重要影响。综合来看,家庭规模与赡养意愿、赡养能力、赡养效能呈显著正相关,子女数量增加产生的"正面示范效应"往往大于"责任推卸效应",能够增加老人的物质获得和精神慰藉。此外,家庭规模与性别均衡正相关,子女数量增加会明显缓解性别失衡状况。2020年开展的第七次全国人口普查结果显示,我国总人口的性别比为105.07(以女性为100)。性别失衡问题会引发许多社会问题,而生育政策的持续放开能够起到平衡性别比的作用,有助于改善社会风气和代际关系,进而在长期范围内增进民生福祉。

二、“三孩生育政策”推行过程中可能会遇到的问题及产生问题的原因

在调研的过程中,我们也发现,如果“三孩生育政策”要进一步推行,可能会遇到的一些困难。如表7所示,选择“增加家庭养育负担”的高达91.53%,选择“加重女性生育负担”的高达85.31%,选择“阻碍女性群体的职业发展”的占64.97%,选择“增加社会竞争压力”的占62.15%。

表7 调查对象对“三孩生育政策”推行过程中可能遇到困难的看法

选项	小计(单位:人)	比例/%
增加家庭养育负担	162	91.53%
增加社会竞争压力	110	62.15%
分散父母的关注	60	33.9%
阻碍女性群体的职业发展	115	64.97%
增加孩子之间的矛盾	47	26.55%
加重女性生育负担	151	85.31%
其他	10	5.65%
本题有效填写人数	177	

根据调研结果发现,当代青年人认为,“三孩生育政策”在推行过程中可能遇到的最大困难是增加了家庭养育负担,其占比达到91.53%,养育成本不仅是金钱的支出,还包括需要投入的大量时间。新古典经济学中的“新家庭经济学”认为,儿童养育主要涉及两种成本。第一种成本涉及衣食住行、教育费用和医疗费用等,这些成本不仅会因为这些产品或服务价格的变动而增加,而且会因为家庭的需求增加而增加,这与家庭经济收入密切相关。当前,我国经济持续发展,各种费用的支出也随之加大。第二种成本是机会成本,假定妇女工作和养育孩子之间存在着普遍的不兼容性,这种不兼容性意味着女性会因为怀孕、生产和儿童养育减少工作机会,并导致未

来的收入减少，也意味着职业中断及职位升迁受阻等带来的收入减少，妇女养育孩子的机会成本增加，意味着家庭的养育成本增加。总而言之，儿童养育成本涉及三种不同的资源支出（时间、金钱和工作），多生一个孩子，意味着三种不同的资源支出要多一倍，因此，养育成本的加重是当代青年人不愿生三孩的一大原因。

根据调研发现，“加重女性生育负担”的选项高达85.31%，“阻碍女性群体的职业发展”的选项占64.97%，分列第二和第三。近年来，中国生育率下滑，女性生育意愿呈现出走低的趋势。确实，生育子女难免会对女性的身体和精神带来一定的影响。近年来，虽然显性的职场性别歧视得到一定程度的缓解，但“隐性职场性别歧视”依然存在。实施“三孩生育政策”，意味着女职工在其职业生涯中要经历三次生育，极有可能强化本就存在的职场性别歧视。另外，现代女性与传统女性的不同点在于社会环境发生了颠覆性的变化，女性已经开始接受了现代教育，掌握了更多的自然科学和人文社会科学知识，女性的功能不再被局限于生殖、繁衍，而是能够自由自主地决定生育行为，加上西方的个人主义文化以及女权主义渗透到中国，使得女性更想要实现自己的人生价值，更积极地反对向家庭和生育妥协。

三、推行“三孩生育政策”的建议与设想

开放“三孩生育政策”是我国在“单独二孩”和“全面两孩”政策之后第三次放宽生育政策，是在适度宽松型生育政策的道路上又向前迈进了一步。我们对2021年5月31日国家公布放开“三孩生育政策”后青年人对于该政策的态度进行了调查研究。从本次调研报告的结果出发，我们给出以下建议。

（一）完善与生育政策相匹配的配套设施

调研报告显示，在“三孩生育政策”的推行过程中可能遇到的最大的问题就是增加了家庭的养育负担，而这种负担不仅仅是提高家庭的收入就可以解决的。正如国家“十四五”规划纲要中提出的“减轻家庭生育、养育、教育负担”，要想进一步地推行“三孩生育政策”，就必须完善与生育政策相匹配的配套设施，缓解生育人群的生育和养育压力，才可以有效地增强育龄夫妻的生育意愿。生育政策要与相关经济社会政策配套相衔接，相关经济社会政策也应与支持生育的政策导向一致。

第一，推行教育资源的公平配置，以及加大优质教育资源的供给，适当减少家庭的生育和养育支出。

第二，建立关注“一老一少”的家庭发展支持政策体系。“一老”指的是要推动养老事业和养老产业协同发展，健全基本养老服务体系，支持家庭承担养老功能，实现老有所为、老有所养和老有所依。“一少”指的是要完善托儿幼儿机构及设施，并辅以产假、陪产假等相关休假制度，以及促进婴幼儿早期发展等规定。

第三，维护女性权益。生育的主体是女性，生育子女难免会对女性的身体、精神，以及生活和工作等多个方面带来影响。调查结果显示，多数人认为“三孩生育政策”的实行会“加重女性生育负担”“阻碍女性群体的职业发展”。近年来，中国生育率呈现出前所未有的下滑速度，远低于全球平均生育水平，女性生育意愿呈现出持续走低的趋势。所以，想要增强育龄女性的生育意愿，必须维护女性的权益，对生育政策以及婚假、产假、陪产假等方面的政策都要进行适当调整，如完善女职工生育保险制度、扩大生育保险覆盖范围、提高生育医疗津贴标准、建立生育保险的多层次制度，等等。

（二）构建与生育政策相适应的法律法规体系

任何政策的颁布和施行都需要辅以法律法规进行规范和保障。依法治国是我国的基本国策，构建和生育政策相适应的法律法规体系，必须在依法治国的前提下修订现行的人口和计划生育法律、法规和条例，积极落实党的十九大报告中要求的“促进生育政策和相关经济社会政策配套衔接”，以及党的二十大报告中要求的“建立生育支持政策体系，降低生育、养育、教育成本”。“三孩生育政策”的推行和实施离不开法律法规的规范和保证，完善的法律法规体系有利于“三孩生育政策”的实施。

（三）推行弹性包容的生育制度

随着我国社会经济的快速发展，人均受教育水平的不断提高，再加上受多元文化思想的影响，当代青年人的生育意愿趋于理性，少生优生成为主流，优生优育服务需求不断增长。与此同时，以前计划生育的宣传教育均以晚婚晚育、生得越少越好等为核心展开，相应的经济措施也是奖少罚多，这些做法在生育理念上都留下很深的惯性烙印。所以，推行“三孩生育政策”，与生育有关的舆论环境、文化环境、技术服务环境和人文关怀环境等都需要重新塑造，要形成一个有利于促进生育、安全生育和关怀生育的良好环境，同时必须尊重个人的生育意愿，而不是强制推行。

实施开放包容的生育政策,为育龄群体提供更多的生育机会,同时尊重每个家庭的生育意愿。国家要以改革创新的精神、包容审慎的态度,顺势而为、因时而变,不断推进生育政策的改革完善,提升人口服务管理水平,为有生育意愿的人群提供相应的完善的配套设施和制度保障,帮助群众实现生育行为,促进家庭和谐幸福。

国家允许生三孩,包括创造鼓励性条件,这是政策,而不是对家庭提出的具体要求和规定。生几个孩子的决定权完全属于每一个家庭,是大家充分自主自由的选择,三孩生育政策不具有任何强制性。我们全社会努力的意义在于,争取尽快改变老龄化逐渐加剧的趋势,而这是需要政策引导下的自然过程,是我们社会全体成员追求各自人生和家庭幸福的伴生结果。

(指导教师:西南大学马克思主义学院　潘顺照)

重庆市高校学生环保意识和环保行为调查报告

喻园园　姚松伯　宋毅　李彩霞　方贞丁[①]

摘要 生态环境是人类赖以生存的基础，建设“美丽中国”以及保护好“绿水青山”是中国长远发展的迫切需求。因此，每一个中国公民都有责任和义务去保护周围环境，而高校学生作为未来建设“美丽中国”的主力军，更应具备较强的环保意识，充分进行环保实践。但由于多方面原因，部分高校学生欠缺环保知识，存在知行不一的问题。加强高校学生环保意识的培养，增强高校学生的社会责任感，使之形成良好的环保的生活方式，为生态文明建设贡献力量，是新时代高校学生思想政治教育的重要内容和迫切任务。为了解高校学生的环保意识和行为现状，并探究其影响因素，我们对重庆市高校学生群体进行了问卷调查与访谈。通过调查发现，当前重庆市高校学生具有较强的环保意识，但是环保知识储备不足，同时环保意识和行为存在较大偏差。造成以上问题的主要原因包括：环保公益活动宣传力度不够，未能深入人心；学校环保氛围缺乏，校生联动基础薄弱；高校学生的环保认知薄弱，未能付诸行动；高校学生缺乏社会责任感，环保行为约束仅限于律己。因此，我们提出了促进高校学生环保意识与行为统一的对策：普及环保教育，开设环保课程；积极组织活动，营造校园环保氛围；加大宣传力度，探索有效宣传方式。

关键词 高校学生；环保意识；环保行为

① 喻园园、姚松伯、宋毅、李彩霞、方贞丁为西南大学资源环境学院2020级硕士研究生。

自党的十八大提出建设“美丽中国”、将生态文明纳入“五位一体”总体布局以来，习近平总书记多次提出要把生态环境保护放在突出位置，像保护眼睛一样保护生态环境，像对待生命一样对待生态环境。每一个中国公民作为社会的一分子，大家的环保行为对于环境问题的解决起着很重要的作用，而环境保护行为在很大程度上取决于环境保护意识。因此，有必要研究社会大众的环境保护意识以及其影响因素，以促进环境的改善。党的十九大报告提出，倡导简约适度、绿色低碳的生活方式，反对奢侈浪费和不合理消费，开展创建节约型机关、绿色家庭、绿色学校、绿色社区和绿色出行等行动。高校学生作为未来建设“美丽中国”的主力军，更应具备较强的环保意识，充分进行环保实践，但由于多方面原因，部分高校学生欠缺环保知识，存在知行不一的问题。加强高校学生环保意识的培养，增强高校学生的社会责任感，使之形成良好的环保的生活方式，为生态文明建设贡献力量，是新时期高校学生思想政治教育的重要内容和迫切任务。为了解高校学生的环保意识和行为现状，并探究其影响因素，我们对高校学生群体进行了问卷调查与访谈。通过对各个方面的调查，分析当代高校学生环保意识和行为存在偏差的原因，并为增强高校学生的环保意识，改进其环保行为提供意见。

本次调查主要围绕重庆市高校学生的环保意识和环保行为展开，主要对不同性别、不同学历的高校学生对基本环保知识和政策的了解程度、对自身环保意识的认识和环保行为的评测、对高校环保现状的看法，以及增强高校学生自身的环保意识和改进其环保行为的意见进行调查分析。本研究采用了问卷调查法和访谈法，以重庆市高校学生为调查对象，尽量涵盖不同年级、年龄、性别的学生，共收取有效问卷206份。其中男生104人，占比为50.49%；女生102人，占比为49.51%。学历方面，本科生106人，占比为51.46%；硕士研究生87人，占比为42.23%；博士研究生13人，占比为6.31%。

本次调查主要采用定量分析并适当结合定性分析。问卷通过问卷星生成，通过微信、QQ等途径随机发送给调查对象。问卷收集的数据由SPSS数据分析软件进行分析。

一、重庆市高校学生的环保意识和行为基本状况及问题

本研究通过对重庆市高校学生的环保知识储备、环保意识和环保行为进行调研，通过这三者的比对和综合分析，得出以下结论。

（一）环保知识储备不足

问卷首先调查了重庆市高校学生对基础环保知识的掌握程度。如图1所示，在所有基础环保知识的问答当中，关于“你知道世界环境日是哪一天吗？”这个最基础的环保知识，仅有54.69%的调查对象知晓世界环境日为6月5日。然后，我们对调查结果进行分类分析，如图2所示，男生的正确率和女生的正确率相近，分别为53.13%和54.55%，与整体正确率相近。这组数据说明，在对环保基础知识的认知上，男生和女生并无过大差异。然而，不同学历水平的女生群体在对基础环保知识的了解程度上呈现出部分差异，其中女性本科生的正确率（62.5%）和女性硕士研究生的正确率（41.18%）之间相差了21.32%，这就表明，研究生阶段的女生相对于本科阶段的女生，在基础环保知识储备程度上反而较弱。开展环保公益活动，可以增强民众的环保责任感和成就感，回馈社会，同时还可以提升民众的环保能力。随后，问卷还调查了高校学生对现在宣传力度较大的一些环保公益活动（如：地球一小时、百万森林、光盘行动、绿箱子等）的了解程度。从整体来看，超过90%的学生了解“地球一小时”和“光盘行动”，但是仅有接近一半的学生了解于2009年8月12日在北京正式启动的“百万森林”活动，同时仅有39.06%的学生知晓曾荣获我国环境保护领域最高的社会性奖励——“第四届中华宝钢环境优秀奖”的“绿箱子”活动。由此可推测，宣传对环保公益活动具有较大的影响。另外，结合性别和学历来看，不同性别和学历的学生对公益活动的了解情况基本一致。因此，可以推测公益活动对学生的影响并不随学历和性别的变化而变化，环保公益活动对不同性别和学历的人都有类似的影响。

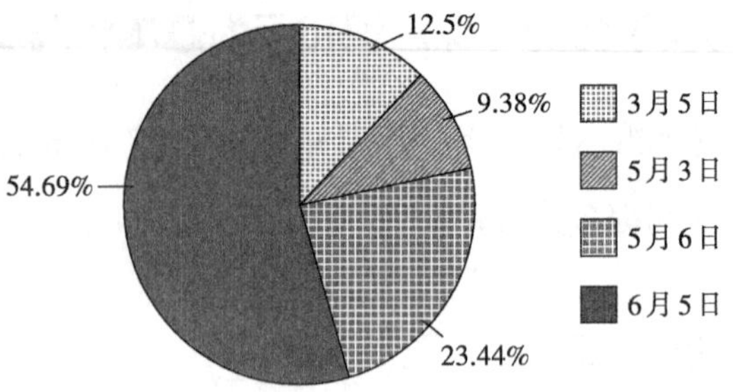

图1　对世界环境日的了解情况

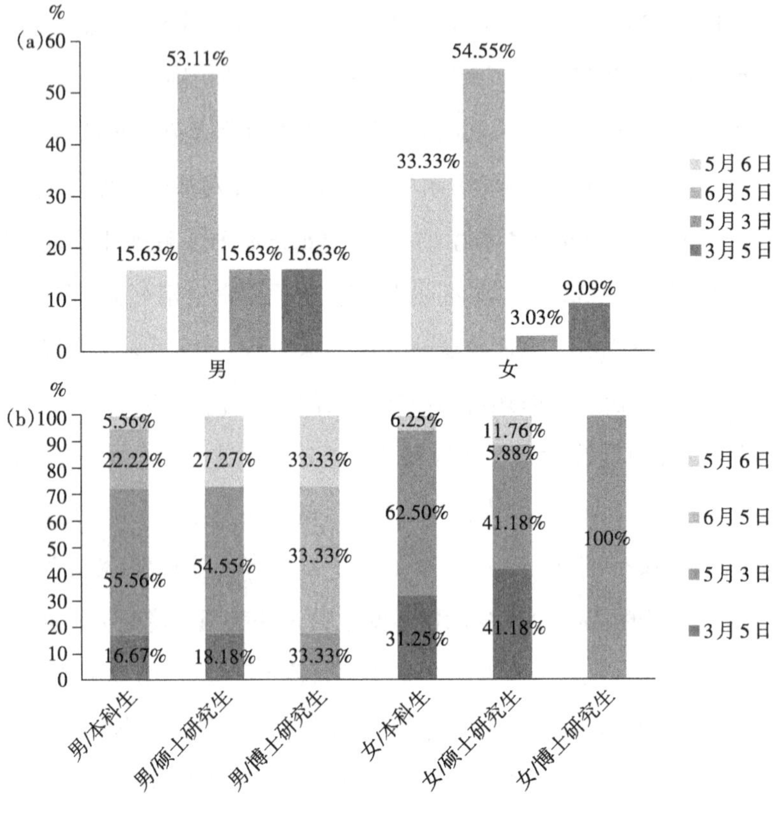

图2　不同性别、不同学历的学生对世界环境保护日的了解情况

(二)环保意识清晰

通过对高校学生环保意识的调查分析,发现目前重庆市高校学生普遍具有较强的环保意识,对目前环境问题具有较为统一的认识。85%以上的学生认为校园存在不同程度的污染。众所周知,水是人类赖以生存的宝贵资源,而我国是一个水资源短缺的国家,水资源的低效利用与大量浪费在现实中依然存在。节约用水是水资源

合理利用的关键所在，也是最快捷、最可行、最广泛、最有效的保护水资源的途径。调查显示（见图3），70%以上的学生认为学校存在严重的一次性用品使用过度和水电浪费等问题。高校是城市公共生活用水的大户之一，这是因为部分高校的学生可以享受免费用水或者费用较低，导致学生在用水过程中不知节约，造成大量水资源浪费。此外，虽然“限塑令”早已颁布，但对于多数追求方便快捷生活的学生来说，打包和外卖依然是他们热衷的选择。外卖包装主要是聚丙烯塑料或聚乙烯塑料、铝箔及纸塑，它们耐高温、耐摔、耐油，价格也低廉，所以是外卖包装的“主力”。这些外卖包装材料很难被生物降解，如果不进行回收处理，势必会污染土壤和水，也成为蚊蝇、病菌的繁殖场所。另外，也有超过60%的学生认为乱丢垃圾是校园存在的环境污染问题之一，这说明依然有部分学生比较缺乏环保意识和基本素质。这些数据反映出，大部分学生可以清楚地意识到现在身边存在的环境问题。

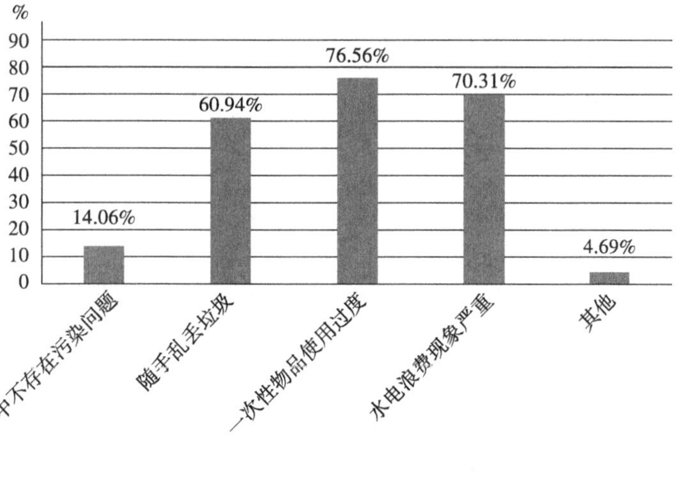

图3　校园污染自评情况分析图

本研究还就高校学生对垃圾分类和购买绿色产品的态度进行了调查，结果显示，所有的调查对象均表示支持垃圾分类，但是也有部分调查对象对现有技术和能力表示担心（见图4a）。这说明，高校学生群体十分清楚垃圾分类对环境保护的意义。此外，绝大多数调查对象支持购买绿色产品，这说明大多数高校学生在思想上是愿意为环保事业贡献自己的力量的（见图4b）。

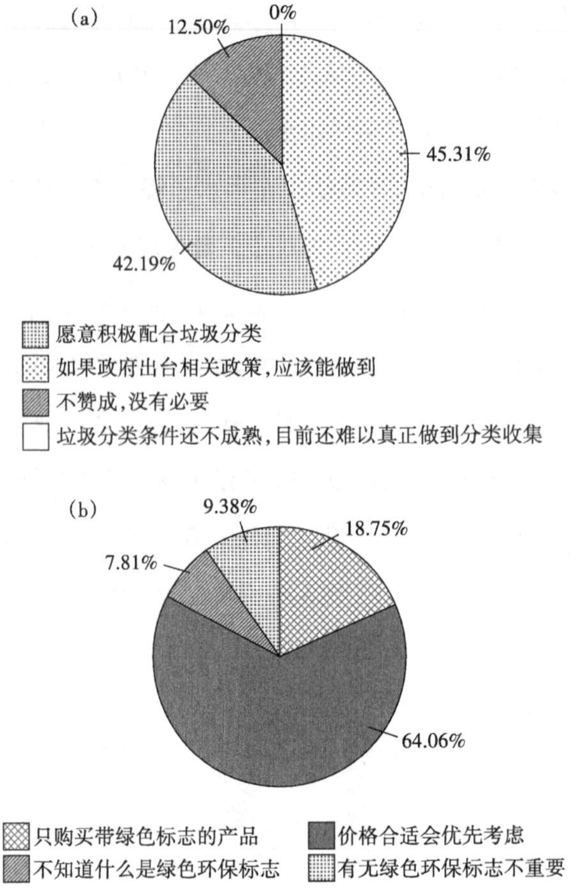

图4　对垃圾分类和购买绿色产品的态度

(三)环保意识与行为存在偏差

本次调查还对大家的环保意识进行了自评调查,其中,20.31%的学生认为自己的环保意识很强,40.63%的学生认为自己有较强的环保意识,其余学生均认为自己的环保意识一般。值得注意的是,没有一个调查对象承认自己的环保意识较弱甚至很差。然而,在问了一系列极具代表性的问题后,我们发现大部分学生的环保意识和环保行为存在较大偏差。在所有的调查对象中,有25%的学生至今从未参加过任何环保活动,64.06%的学生会将接到的传单随手扔掉,同时56.25%的学生会将塑料瓶直接丢弃。这些行为就直接暴露了部分高校学生在日常生活中并没有将环保意识转化为实际行动。同时,我们还对调查对象的节约意识和维护环境卫生的意识做了调查,结果表明54.79%的学生会在宿舍仅有一个人的情况下将全部的灯都打开。这些都表明,不少学生的实际环保意识较为淡薄,或者对自身环保意识水平存在误判。为进一步分析不同性别和学历调查对象的环保意识，我们对相关问题进行了交叉分析。如图5(a)所示，在认为自己有很强的环保意识的女生当中，仍然有14.29%的学生从未参加过任何环保活动，而在认为自己有较强的环保意识的调查对象中，分别有23.08%的男生和21.42%的女生从未参加过任何环保活动。这就说明，这些学生仅仅从思想上认为自己有较强的环保意识，而从未付出过行动。更能反映类似问题的是，无论是认为自己有很强的环保意识还是有较强环保意识的调查对象，都有50%以上的学生会将接到的传单直接丢掉而不会用作他用。更有16.67%、28.57%认为自己具有很强环保意识的男生、女生会经常在宿舍仅有一人的情况下将寝室的灯全部打开。这些均是明显的浪费资源的行为，但在调查对象中确实普遍存在。这说明多数人仅仅是将环保放在嘴上而却没有付诸行动，而这种环保意识和行动上的偏差，对节约资源和保护环境是十分不利的。

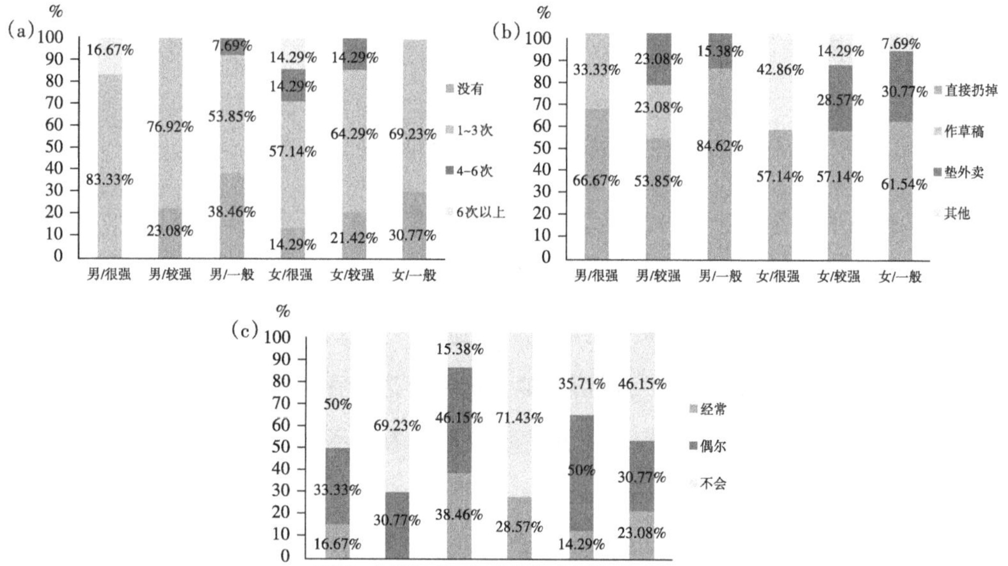

图5　不同性别学生的环保意识

(a)参加环保活动次数　(b)处理传单方式　(c)宿舍用灯情况

二、高校学生环保意识与行为存在偏差的原因

高校学生环保意识与行为存在偏差的原因主要是由外在环境与自身意识两方面构成的。

（一）环保公益活动宣传力度不够，未能深入人心

本调查了解了高校学生对现在宣传力度较大的一些环保公益活动（如地球一小时、百万森林、光盘行动、绿箱子等）的了解程度，从整体来看，超过90%的学生了解“地球一小时”和“光盘行动”，但是仅有接近一半的学生了解“百万森林”活动，而仅有39.06%的学生知晓“绿箱子”活动，这说明宣传的影响是巨大的。但是，高校学生对环保公益活动的了解和参与程度是不够的，即使参与了宣传力度较大的环保公益活动的学生，也很难在增强环保意识的同时，改进自我的环保行为。所以，加强环保公益活动的宣传力度是非常有必要的，因为公益活动能够带给参与者成就感，公益活动的互动性也能够满足人们的日常社交需求，弥补了公益小程序枯燥无味的缺点。生态环境作为热点话题，能让人们感知到自然环境所遭受的破坏，从而想要贡献力量；社会舆论对人们的环保行为影响不显著的主要原因是快节奏的生活已成为人们沟通的障碍，因而不能够有效地影响他人。

（二）高校环保氛围缺乏，校生联动基础薄弱

本调查收集了易于被学生接受的加强环保意识的几种方法，其中超过70%的学生认为开设环保相关课程、举办环保知识竞赛和利用网络媒体加大宣传力度可有效增强学生的环保意识，接近60%的学生认为邀请专业人士做讲座也能增强学生的环保意识。这说明大部分学生可以清楚地意识到身边所存在的环境问题，并愿努力改善并解决这些问题，但是高校环境保护政策宣传力度不够，组织环保实践活动的次数较少，环保课程开设不足，导致高校缺乏环保的氛围。同时，各院校基本上是由青年志愿者协会来组织一些环保活动，如“清理塑料垃圾”“光盘行动”等相关活动，这只是些临时性的活动，虽然无法避免流于形式，但是学生参与的积极性很高，这说明学生是有意愿去参加这些环保公益活动的，即使时间短暂也愿意参与其中。由于青年志愿者协会并不是专业致力于环保的组织，而很多高校也缺乏专业的学生环保组织，且学校在环保方面同学生的联系较弱且支持力度不够，造成校生联动困难。

（三）高校学生环保认知薄弱，未能付诸行动

本问卷对高校学生的环保意识进行了自评调查，所有调查对象的环保意识自评等级均在“很强”“较好”和“一般”的范围内，没有一个调查对象承认自己的环保意识

较弱甚至很差。但是，“自评”与“实践”之间往往存在着较大的差距，例如：在所有的调查对象中，有25%的学生从未参加过任何形式的环保活动，64.06%的学生会将接到的传单随手扔掉，同时56.25%的学生会将塑料瓶直接丢弃。这些都是环保认知薄弱的体现，然而绝大多数高校学生对此却不以为意，这不仅说明高校学生对生态环保缺乏全面、合理的认识，同时也反映出其环保意识薄弱，环保认知程度不够。同时，环保意识是环保行为的基础，良好的环保意识能够促使人们产生自发的、积极的环保行为，所以，薄弱的环保认知导致高校学生难以形成较好的环保行为。

（四）高校学生缺乏社会责任感，环保行为约束仅限于律己

本问卷也对高校学生对待“垃圾”的态度进行了详细的调查，对待自己丢的垃圾，绝大多数调查对象的态度一致，而对待别人乱丢的垃圾，不同人的态度却存在较大偏差。调查表明，自认为环保意识很强的学生，有30%~40%的会自己将垃圾捡起，但也有14%~17%的学生会不理会别人乱丢的垃圾。绝大多数学生在面对熟人时，会对其乱丢垃圾的行为进行劝阻，但在面对陌生人时，仅有极少数学生愿意前去劝阻。这从侧面说明整个社会并没有较强的环保意识，也说明多数调查对象并没有足够的勇气来劝阻不文明现象，其环保行为约束仅限于律己。

三、促进高校学生环保意识与行为统一的举措

本次调查以问卷的形式从性别和学历两个维度对重庆市高校学生的环保意识和环保行为做了调查研究。从数据分析来看，超过70%的重庆市高校学生在思想上愿意为环保事业做贡献并且平时也会付诸一些行动，但是就实际行动来说，还是比较欠缺的。换言之，就是现在重庆市高校学生的环保还多数停留在思想上而未能真正付诸行动，不能在细节上注意环保，而是流于形式。同时，还存在的问题是，部分学生对自身环保意识的判断存在偏差，对环保的理解存在误解。不同性别和学历学生的环保意识和环保行为，从总体上来说，并无过大差别，但在部分问题上还存在偏差。

针对问卷调查中发现的高校学生对具体环保行为的认同度高，实践度却较低，以及访谈研究中发现的高校学生对环保的重视程度不够，相关资源和信心不足等现象，若要进一步增强高校学生的环保意识，改进其环保行为，应着力从以下几个方面入手。

(一)普及环保教育,开设环保课程

各高校除了环境类专业,其他专业的学生大多数没有接触过系统的环保知识教育,这导致大多数学生无法构建全面的环保知识结构,在知识的理解和接受上存在障碍,自然难以形成良好的环保意识。高校应当将环保教育贯穿于各科教育、教学中,专门安排出一定时间开设环境教育选修课或必修课,使学生从各种渠道获得的不成系统的环境知识,通过开设的环境类专门课程而得到系统的充实和整合,使他们对环境知识和环境教育有一个整体和全面的认识。正确认识人类与环境的相互关系,认识环境问题及其产生的原因,认识节约与合理开发利用资源及发展循环经济、生态经济等的重要性,让学生真正树立生态文明理念。同时,积极培养高校学生的环保行为习惯,从日常生活入手,让学生对垃圾进行分类,要求学生不能乱扔垃圾、不能随意踩踏草坪,并鼓励学生及时关灯、关电扇、关水龙头、及时拔充电器等,让学生养成良好的环保行为习惯。环保教育,应该不分学历和知识水平,在各个年级都开设环保课程,使得不同学历的学生都能接受环保教育,使环保理念深入人心。

(二)积极组织活动,营造校园环保氛围

校园环保文化氛围对学生的环保态度、环保观念、环保习惯的形成,具有持续而强有力的影响。充分利用自然资源进行环保教育,让学生正确认识自然资源的价值和我们面临的生态状况,引导学生形成保护自然资源的意识,在日常生活中积极保护森林、草原、水、煤炭等自然资源。同时,在重视利用课堂教学对学生进行环境教育的同时,必须加强非课堂教学方式的实践活动,如结合世界环境日、世界地球日、世界无烟日等有关环境的纪念日和纪念主题,采用讲座、研讨会、征文、展览等各种形式开展活动。各院系也可以开展生态环境保护知识竞赛,或与当地一些环保组织联系,组织学生积极参与环保活动,营造浓厚的校园环保文化氛围,培养学生的环保意识和环保素养。特别是要加强环保公益活动的开展,通过丰富有趣的环保公益活动增强高校学生的环保意识,引导高校学生养成环保习惯,并以此带动相关群众参与环保,从而带动整个社会共同参与环保,共同关爱我们的地球家园。高校学生应从我做起,从身边做起,抵制环境污染,节约能源,爱护绿色环境。学校应向高校学生广泛宣传节能减排、生态环保理念和知识,引导高校学生从小事做起、从自身做起;增强高校学生爱护环境、爱护生态的自觉性;号召大家一起节能减排,一起爱护

环境，同时推动建立、健全生态环境保护机制，深入开展爱护环境宣传教育；增强当代高校学生的使命感和责任感，唤醒人们爱护环境的意识，让环保的思想理念深入每一个人的心中。

（三）加大宣传力度，探索有效宣传方式

环保宣传有利于增强高校学生节约资源和保护环境的意识，逐步规范高校学生的行为，指导其科学理性消费，鼓励高校学生购买和使用“绿色产品”，逐步将保护环境、改善生态、合理利用与节约各种资源的意识和行动渗透到日常生活之中。而且，环保宣传也有利于促进公众参与，及时了解公众的环境意识状况及其变化趋势。此外，环保宣传可以为高校学生参与重大环境项目决策的监督和咨询提供必要的条件，引导高校学生积极参与环保公益活动，为保护环境做好事、做实事，从现在做起，从自己做起，从身边做起。因此，针对环保意识不强的学生，要扩大他们的环保知识面，保证宣传的连续性和持续性，采用学生们乐于接受的方式，通过新兴网络媒体来建立生态环境保护教育的宣传阵地，如利用贴吧、论坛、微博等方式吸引更多的学生参与其中，鼓励学生自己利用不同新媒体进行环保宣传等。同时，运用充足的教育资源和多样化的教育方式，拓宽环保教育途径，积极加强生态文化建设，比如：通过校报、校园广播等加强对环境保护的宣传，以此增强学生的环保意识；积极开展环保实践活动，强化学生的环保行为，培养学生良好的环保习惯。

人生活在地球上，自然环境是人类生存的基本条件，是发展生产、繁荣经济的物质基础。如果没有地球上丰富的自然资源、良好的自然环境，人类是不可能生存和繁衍的。所以，维护生态平衡、保护环境是关系人类生存、社会发展的根本性问题。现如今，环境问题已经成为影响世界经济和社会发展的重要因素之一，环境保护刻不容缓。国家“十四五”规划指出，“十四五”时期，生态文明建设实现新进步，生态环境持续改善。增强高校学生的环保意识，改善高校环保现状，有助于环境问题的解决。高校学生拥有良好的环保意识，能够为其他社会群体做出榜样，推动我国环境保护工作向善向好发展，从而促进我国生态文明建设。大学校园是高校学生获得知识、完善自我的地方，学校的教育会对在校学生产生极大的影响。因而，高校在进行环保知识教育时，可考虑采用多种形式相结合的方式进行，可制定相应的奖惩制度促进高校学生的实际行动，还应大力宣传环保文化，在易污染的地方设置警示标

语，以便形成良好的校园环保文化，还可以开设环保方面的选修课或必修课，教导学生正确认识到环境保护的重要性。在教育中，要切实关注环保知识的系统性、学生的易接受性，让环保理念深入人心，并最终能体现到实际行动之中。加强高校学生环保意识的培养，增强高校学生的社会责任感，使之形成良好的环保生活方式，为生态文明建设贡献力量，是新时期高校学生思想政治教育的重要内容和迫切任务。

（指导教师：西南大学马克思主义学院　史君）

重庆市北碚区××村和××村等城郊型乡村生活垃圾治理调查报告

吴小东　万媛媛　覃如霞[①]　郭维[②]　李婉怡[③]

摘要 城郊型乡村主要是指地处城市郊区的农村，它们往往有着经济条件较好，公共设施和基础设施较为完善，交通便捷，农业集约化、规模化经营水平较高，土地产出率高，农民收入水平相对较高等特点。在城镇化的快速推进过程中，城郊型乡村由于地处城乡过渡区，其生活垃圾的治理却没有跟上经济发展的脚步，造成了不容忽视的生态环境问题。本文运用问卷调查法和实地观察法等方法，对北碚区××村和××村等典型的城郊型乡村生活垃圾治理的现状进行了调查。调查表明：当前，村民环保意识整体淡薄，基础设施承载能力不足，政府宣传和监管力度不够，可回收资源浪费严重等。存在上述问题的原因包括：治理的政策规范尚未健全，政府对整治工作重视不足，垃圾收集处理技术落后，环卫专项资金投入短缺，农村居民参与意识薄弱。因此，解决措施包括：通过拦截污染物品，消除污染源头；合理布局设施，减少环境污染；集中无害化处理，促进资源再利用；提高重视程度，落实治理工作；加大宣传力度，强化村民意识。

关键词 北碚区；城郊型乡村；生活垃圾治理

① 吴小东、万媛媛、覃如霞为西南大学农学与生物科技学院2020级硕士研究生。

② 郭维为西南大学新闻传媒学院2020级硕士研究生。

③ 李婉怡为西南大学经济管理学院2020级硕士研究生。

生活垃圾一直是农村建设良好村容村貌的一大难题,农村地区的基础设施薄弱,很难达到城市生活垃圾无害化处理的标准,环保问题尤为突出。城郊型乡村主要是指地处城市郊区的农村,它们往往有着经济条件较好,公共设施和基础设施较为完善,交通便捷,农业集约化、规模化经营水平较高,土地产出率高,农民收入水平相对较高等特点。城郊型乡村地处城乡过渡区,随着城镇化的快速推进,其生活垃圾的治理却没有跟上经济发展的脚步,造成了不容忽视的生态环境问题。随着生态文明建设和乡村振兴的推进,改善村容村貌已提上日程,人们开始意识到只有改善生态环境,才能保证自身的生活质量。各地政府大力投入财力、物力开展环境综合整治,力图彻底改变农村地区"脏、乱、差"的现象,但农村地区发展相对滞后,农村环境问题还没有得到彻底解决。因此,对农村生活垃圾问题及其解决办法进行探索和研究,有着重要的意义。

本次调研基于城郊型乡村生活垃圾治理的视角,结合生态文明建设背景,探究城郊型乡村居民生活垃圾的处理方式、治理现状、主要影响因素及村民对所处村庄环境现状的看法和建议。本研究采用了问卷调查法和实地观察法,以北碚区××村和××村村民为主要调查对象,收回有效线下问卷63份。

本次调查采用了定量与定性相结合的方法。其中,观察法通过实地走访调查村庄获得直观的一手资料,对于调查问题有了定性认识。问卷调查则作为定量研究手段,在线下问卷调查中,采取分层抽样和简单随机抽样相结合,先从××村和××村各抽取5个调研小组,再从调研小组中随机抽取70名村民作为调查对象(有效调查人数为63人)。最后,利用Excel、Stata对样本数据进行描述统计和回归分析,从而得到准确的结果。

一、城郊型乡村生活垃圾治理基本状况分析

(一)村庄经济高速发展,生活垃圾问题突出

××村和××村都隶属于重庆市北碚区,因地处城郊,具备交通区位和资源优势,全村均大力发展微型企业。这些企业促进了这两个村经济的高速发展,村民的生活水平显著提高,但由此带来的环境问题也与日俱增,尤其是垃圾处理问题日渐紧迫。党的十九大提出要大力度推进生态文明建设,实施乡村振兴战略和可持续发展战略。通过建设“让居民望得见山,看得见水,记得住乡愁”的生态宜居美丽乡村,助推乡村振兴。[①]在北碚区委的领导、街道党工委的指导、村委干部的部署下,××村和××村的环境得到了很大的改善,工业和农业污染得到了有效控制,目前问题主要集中于村民生活污染。村庄的生活垃圾污染问题尤为突出,居住环境“脏、乱、差”问题普遍存在。

我们了解到村民对居住地环境的评价情况(见图1)。在所调查的63位村民中,有8人认为环境没有受到污染,占比12.7%;有43人认为环境受到污染,但对生活影响不大,所占比例为68.25%;有10人认为环境受到污染,并影响日常生活,所占比例为15.87%;有2人认为环境受到污染,并严重影响生活及健康,所占比例为3.18%。由此可见,大多数村民已经意识到村庄存在一定的污染,但是,由于未影响到生活,故没有引起重视。

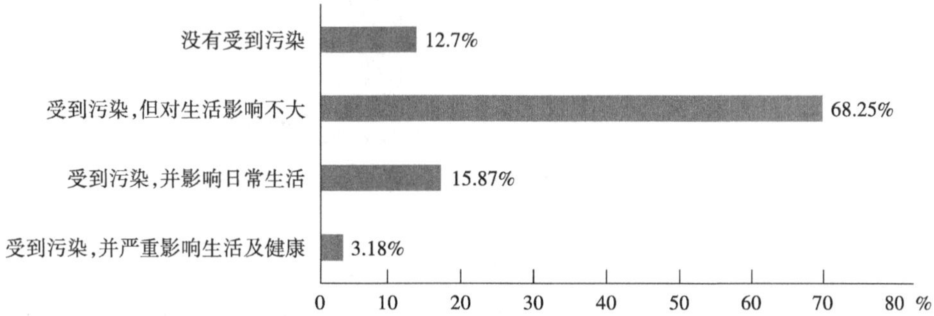

图1　村民对居住地环境的评价

由图1可知,仍有接近20%的村民认为自己的生活环境受到了较大的污染,由于村庄不同的生活环境存在着差异性,村民对其生活环境污染程度的判断主要基于以下几个方面。

① 高吉喜,孙勤芳,朱琳.加强生态环境保护 谱写美丽乡村建设新篇章[J].环境保护,2018,46(7):11.

1.固定垃圾堆放站点

政府大力投放的垃圾箱有效地规范了村民的日常垃圾投放行为，极大地改善了周围环境，但村民投放垃圾不自觉、部分垃圾箱安置地点不合理，以及少量露天垃圾站的存在，也对村民的生活环境产生了恶劣影响。

部分垃圾箱离住宅很近，加之个别居民未将垃圾倒入箱内，堆积已久的垃圾产生了恶臭气味，并引起蚊虫滋生，严重影响到附近居民的日常生活(见图2)。

图2　垃圾箱外仍有一些生活垃圾

部分居民将塑料袋、砖瓦、渣土、电器包装等垃圾堆放在排水沟里，导致水沟被垃圾堵塞(见图3)。

图3　被生活垃圾堵塞的水沟

露天垃圾池的存在使得垃圾的污染程度加重(见图4)，久而久之，会对周围居民的健康产生影响。

图4　露天垃圾池

2.微型企业的生产污染

据村民们反映，影响他们日常生活环境的另一个原因是养殖场排放的粪便，如：××村一些村民组的上游养殖场有畜禽粪便顺水沟向下游排放（见图5），沿途住户受粪便的异味影响很大。

图5　养殖场排放的粪便顺流而下

另外，在一些偏离公路的地方，由于房子周围有空地和杂草丛，有些村民就直接将生活垃圾随意丢弃在附近（见图6），影响环境美观以及造成空气、土壤污染问题。

图6　随意丢弃的垃圾

(二)多样化处理生活垃圾,循环利用意识凸显

针对不同的生活垃圾,村民有不同的处理方式,包括集中丢在固定的垃圾箱里(占比78.79%)、回收进行废物利用(占比38.38%)等主要方式(见图7)。由此可见,大部分村民养成了统一丢弃垃圾到垃圾箱的习惯,也有部分村民倾向于将生活垃圾进行一些回收,比如将瓜果皮、蔬菜叶子用来喂养鸡、鸭、狗、猪等。

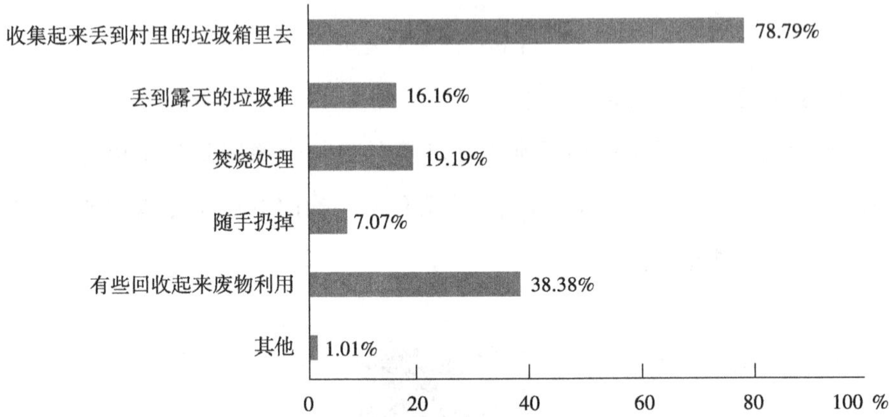

图7　村民对于生活垃圾的不同处理方式

针对"回收垃圾进行废物利用"这一项,我们又以村民对"使用完的瓶子(饮料瓶、洗洁精瓶等)的处理方式"为例展开了详细调查,结果表明(见图8),有30人选择将瓶子攒起来卖钱,所占比例为47.62%;有28人选择用完丢进垃圾箱里,占比为44.44%。

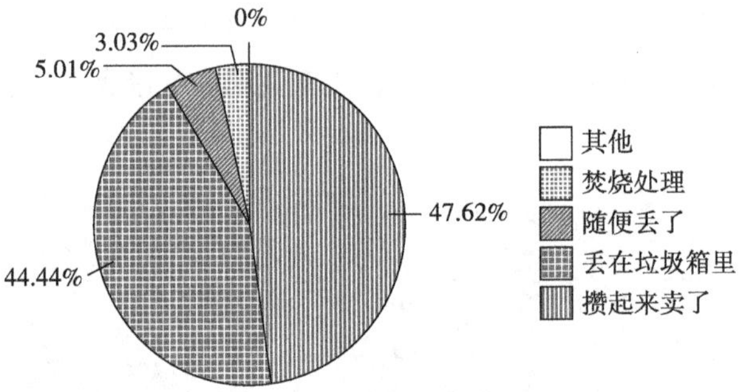

图8　使用完的瓶子(饮料瓶、洗洁精瓶等)的处理方式

(三)政府主导垃圾清理,推进垃圾分类宣传

在解决如何处理生活垃圾这一问题上,政府也实施了诸多举措。其一,政府在每个村庄的公路旁均安置了固定垃圾箱以便于村民们丢弃垃圾,并且保持着一周三次的清理频率,以保证垃圾箱的清洁。其二,政府也组织基层干部积极入户宣传垃圾分类知识,力求增强村民的环保意识。

在对村庄垃圾点的清理上(见图9),被调查的63位村民中有34位(占比53.97%)认为政府定期派人清理,有21位(占比33.33%)认为清理频率低,有5位村民(占比7.94%)反映无人清理,但仅有3位(占比4.16%)自发清理。大部分村民习惯于依靠政府安排的专人清理,村民自行清理的意识较为淡薄,比较被动。同时,政府确实会按期派人清理,但是清理的频率不高,因此,在加强村民自我环境保护意识的同时,还应该提高政府对城郊乡村垃圾清理的管理水平和清理的频率。

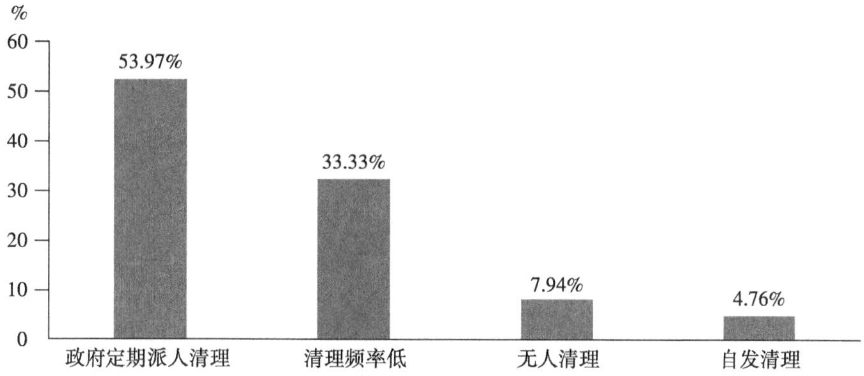

图9　村庄垃圾点的清理状况

村民们对于政府进行的垃圾分类宣传,只有16个人非常清楚,仅占总数的25.4%;有24个人知道但不了解,占总数的38.1%;有23个人不知道这个宣传,占总数的36.5%(见图10)。

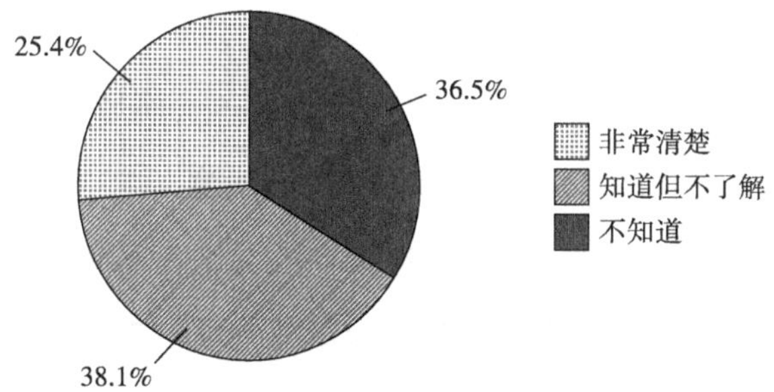

图10　村庄垃圾分类宣传情况

以上说明只有少部分人了解垃圾分类宣传，更多的人并不了解，除了自身的不重视之外，也反映出政府的宣传工作不到位，没有落实到家家户户。因此，政府应当积极向公众宣传参与环境保护的重要性和必要性，大力营造公众参与环境保护的社会氛围和舆论环境，[①]提高村民们参与环保的积极性，做到人人知晓，人人参与，人人动手。

二、城郊型乡村生活垃圾治理存在的问题

在生态文明建设思想的指导下，近年来，我国城郊型乡村的居住环境得到了极大的改善，垃圾处理方式更加科学合理，垃圾分类、废旧物品回收利用等理念逐渐融入广大乡村居民的生活中，生活垃圾导致的乡村环境污染已得到有效治理。然而，在此次北碚区××村和××村的调查中发现，目前仍存在村民环保意识整体薄弱、基础设施承载能力不足、政府宣传和监管力度不够、可回收资源浪费严重等问题。这也间接反映出我国城郊型乡村生活垃圾治理仍存在许多亟待解决的问题，要根治乡村生活垃圾问题还需各方长期的共同努力，生态文明建设任重而道远。

（一）村民环保意识整体薄弱

随着经济的飞速发展，城镇不断吸引着农村青壮年劳动力进城务工，农村的常住居民多为儿童与老人，人口老龄化严重。在此次调查的对象中，50.79%的受访者是年龄50岁以上的中老年人，61.90%的受访者为农民。老年人群体普遍受教育程度低，文化水平不高，接受和吸纳新思想、新事物的能力不足，更多固守传统思想和习惯。他们大多是从事农业生产的普通农民，没有接受过现代文化教育，很难及时接受垃圾处理的新理念和新政策。村民尚未构建起环保知识体系，不了解、不相信生活垃圾带来的环境污染及更严重的后果，认为乡村垃圾问题已是多年来的固有问题，其造成的环境污染并不严重，不会对生活造成影响，而垃圾分类麻烦且没有必要，个人的行为不会对环境造成危害，环保意识整体淡薄。

在村民对垃圾处理方式的选择中，有18.18%的受访者表示仅偶尔或顺路往垃圾箱放垃圾，有3.03%的受访者从来不将生活垃圾放到政府指定的垃圾箱（见图11），

① 程开元.环境保护重在参与，贵在行动[J].环境教育，2007(7):75.

超过42%的村民对部分垃圾的处理采取丢弃到露天垃圾堆、焚烧或随手扔掉等不合理方式(见前面图7)。这些行为选择暴露出部分村民环保意识薄弱,忽视了个人不理性行为可能对环境造成的伤害,仅考虑到自己的便利,缺乏对环境问题的关心和重视。

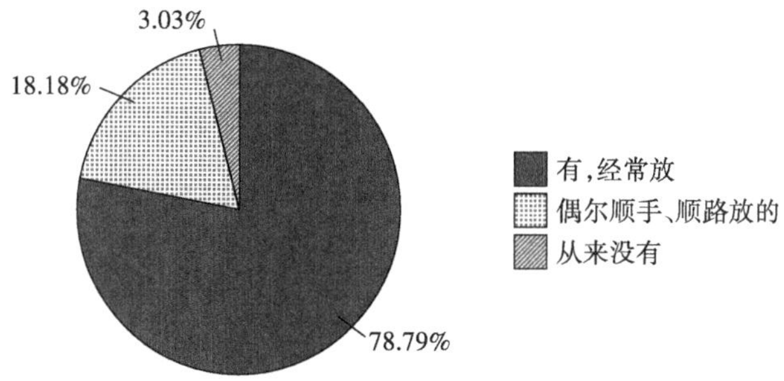

图11　村民将生活垃圾放入政府指定垃圾箱的情况

垃圾分类是生活垃圾治理的有效举措,垃圾的正确分类有助于实现废物回收利用,提高资源利用效率。农作物秸秆、可回收固体废弃物(如塑料瓶)等都是可再次有效利用的资源。目前,乡村居民对农作物秸秆的处理以焚烧或堆弃为主,塑料瓶等固体废弃物则被大量丢弃,造成了严重的资源浪费。如果村民熟知垃圾分类知识,人人践行垃圾分类,那么将对乡村生活垃圾治理产生重要作用。村民对垃圾分类的意愿可以反映出农村环保意识的实际情况。本次调查中反映,部分村民对垃圾分类有所了解,却没有付诸行动的意愿,有少部分人完全不知道垃圾分类,可见部分村民尚未真正认识到垃圾分类的现实意义和必要性,责任意识较差(见图12)。

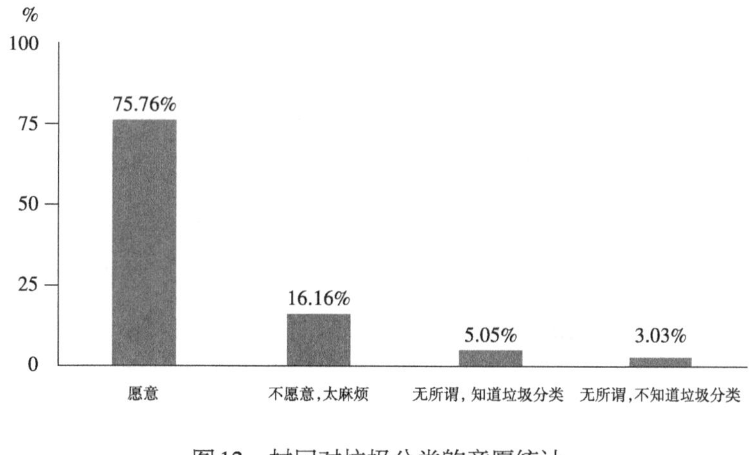

图12　村民对垃圾分类的意愿统计

根据文献阅读基础，我们对假定的8个自变量采取二元Logistics模型进行分析，发现居民年龄、对垃圾分类必要性的认识、垃圾收集设施距离与村民的垃圾分类意愿呈负相关；对垃圾分类知识的掌握程度、垃圾分类宣传与村民的垃圾分类意愿呈正相关；性别、文化程度与村民的垃圾分类意愿不相关。

表1　农户垃圾分类意愿影响因素回归分析

变量	B	S.E.	Wals	Sig.	Exp(B)
年龄	-.310	.201	5.993	.021	.697
性别	-.075	.311	.131	.745	.913
文化程度	.133	.210	.037	.858	.987
对垃圾分类必要性的认识	-1.421	.173	69.778	.000	.252
对垃圾分类知识的掌握程度	.529	.321	2.996	.079	1.814
垃圾收集设施距离	-.299	.131	6.598	.009	.690
村庄垃圾收集方式	.431	.281	2.401	.119	1.489
村庄有无垃圾分类宣传	.713	.288	4.980	.019	2.004

（二）基础设施承载能力不足

基础设施是乡村生活垃圾治理的硬件支撑，配套设施的位置、数量、更新影响着村民的主体行为。我国乡村基础设施建设迟缓，缺乏必要的后备资金及严格的监督机制，基础设施整体承载能力严重不足。垃圾箱数量少且分布不均匀，多设置在交通便利的转运点，居民住宅的周围缺少垃圾桶，在一些偏远区域方圆100米内都没有垃圾投放设施，许多村民垃圾堆满后几天才去倒一次，也有村民索性随处乱丢。另外，垃圾桶破损、老旧却未能及时更换，垃圾被随处丢弃，由此导致的空气、土壤、水污染影响居民生活。基础设施承载能力不足已经成为乡村生活垃圾治理的障碍。

在“居民家与垃圾分类设施的距离”这项调查中，47.48%村民的家与垃圾分类设施的距离在50米及以上，几乎占到一半；距离在11~50米的占比为32.32%，仅有12位村民的家与垃圾分类设施的距离在10米及以下，占总数的20.2%。（见图13）

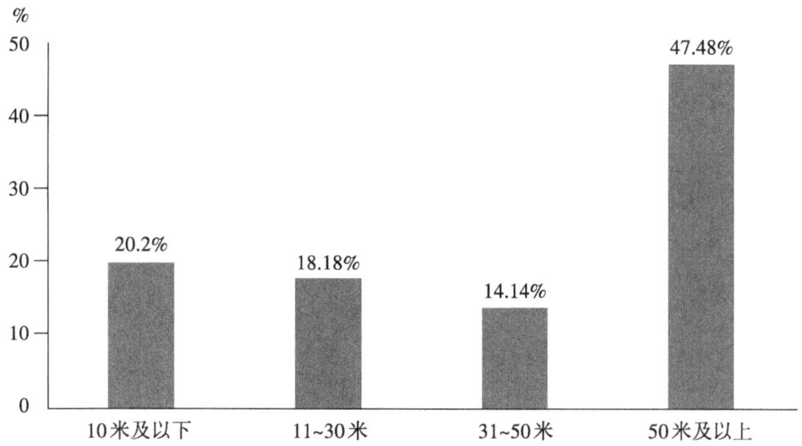

图13 居民家与垃圾分类设施的距离

(三)政府宣传和监管力度不够

作为农村垃圾治理政策的制定者,政府应充分发挥引领作用,协调垃圾治理的相关责任部门,引导多元主体参与,组织监管及环保等部门分工合作,明确其职责,建立协同机制以提高垃圾治理效率,推动垃圾治理政策落实。①政府作为农村垃圾治理的引导者,肩负着政策宣传、管理监督的责任。而现实情况是一些政府部门的政策宣传涉及范围小,宣传人员工作懈怠,没有入户落实到人,也很少开展政策集中宣讲,忽视了带头示范作用。尤其是对垃圾分类的重视不够,既很少宣讲垃圾分类知识,也没有设置分类垃圾桶,实际执行力度小。而对村民的垃圾处理行为又缺少严格有效的监管,垃圾集中处理的频率低、效果差,部分相关人员的工作敷衍了事,缺少一套行之有效的管理监督体制,相关规章制度不健全,治理能力有待提升。乡村环境污染的一大来源是工厂、养殖场等污染源,由于一些地方政府疏于监管,这些单位将废水、废渣和粪便直接堆弃或排入河水,引发重金属污染、空气污染、土壤污染、水污染等,危害居民的身体健康。

在“村民不愿意将垃圾扔进垃圾箱的原因”和“引发村庄生活垃圾污染现象的原因”两项调查中,均有近50%的村民选择政府重视不够、缺乏宣传,村民对政府工作的评价说明政府的宣传和管理还需进一步加强,以便更好地发挥引导作用。在一次性用品使用频率的调查中,仍有63.64%的受访者经常使用塑料袋等一次性用品,超过了总数的一半(见图14)。垃圾分类知识宣传效果不佳,垃圾点和垃圾箱清理频率低,可见政府

① 梅冬丽.农村生活垃圾治理政策执行困境及优化路径研究[J].农业与技术,2021,41(8):102-105.

对相关政策的宣传力度不到位，监督管理工作实际效果差，重视程度不够。

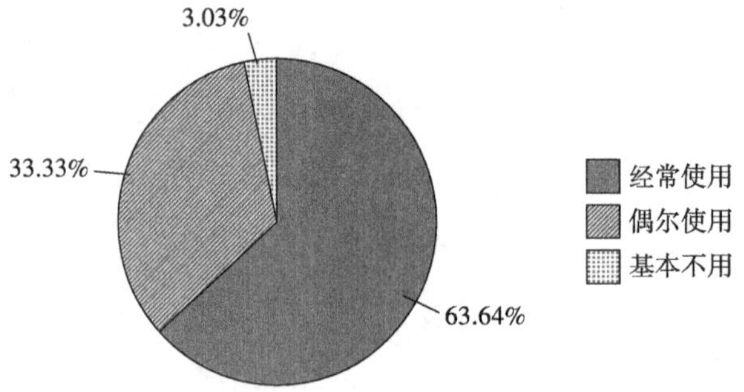

图14　塑料袋等一次性用品的使用情况

政府环保部门一定要经常走进乡村，与居民进行交流，以增强居民的生活垃圾污染防治意识。[①]

（四）可回收资源浪费严重

将问题聚焦于垃圾分类上，垃圾可简单分为可回收垃圾与不可回收垃圾。可回收垃圾指一些可以通过合理处理后变废为宝，成为二次利用的资源的垃圾，例如作物秸秆、动物粪便、塑料瓶罐等。这些可回收资源是有限资源的替代资源，合理利用可回收资源对节约有限资源、实现效率最大化具有重要意义。而我国城郊型乡村中的垃圾配套设施大多并未明确区别可回收与不可回收标志，村民往往将垃圾集中丢弃，由垃圾处理者重新分拣可回收物，工作繁重，效率低下。多数村民将塑料制品直接丢弃，回收利用少，作物秸秆、动物粪便本是重要的肥料和燃料，却被废弃于田间或直接焚烧，造成了资源的极大浪费。如今，乡村生活垃圾种类繁多，数量庞大，随着科学技术的进步，可回收利用的资源也越来越多，传统的集中处理垃圾方式已经不再适应新时代的需要，必须转变观念，倡行垃圾分类，弥补资源有限的缺陷，实现有限资源的最大效用。

三、造成城郊型乡村生活垃圾治理问题的原因

（一）治理政策规范尚未健全

政策规范是生活垃圾治理的根本制度保障，它对于垃圾的收集、处理和利用等

① 赵雅琦.张家口市农村生活垃圾污染原因及治理对策[J].农村经济与科技，2021，32(5)：265-266.

有着规范指导作用。当前，从中央到地方都有与农村生活垃圾处理相关的政策文件，但在调研中发现，很多现有政策文件的可操作性和约束力不强。比如，对于城郊型乡村居民乱丢垃圾的习惯无法有效遏制，因为大部分临时环卫员工没有独立执法的权力。同时，限于城郊型乡村当下的环卫基础、环保资金，部分政策文件的标准过于严格，政策很难落地。比如，在某一政策文件中，要求每50户需要配有1名环卫人员，但环卫人员的薪资、垃圾清运费、后续设备维修和更换等常年持续投入会给村镇财政增加负担。政策制定得不合理和实施得不顺利，无法发挥长效作用。

（二）政府对整治工作重视不够

政府是公共事务管理的第一责任单位，也应是城郊型乡村生活垃圾治理的牵头单位。人居环境是人类利用自然并且改造自然的主要场所，包括居民对环境、设施等的需求。随着城郊型乡村居民对环境卫生的要求不断提高，生态环境质量的提升需要跟上时代发展的步伐，但重经济发展和社会事务、轻生态宜居和环境卫生的思想仍根深蒂固。目前，垃圾分类管理尚未形成统一规范的体系，在实际运作过程中缺乏监督机制，城郊型乡村的环境卫生治理主要靠基层人员推进。但是，由于农村环境治理工作烦琐，涉及多方主体，比如，垃圾设施配置及垃圾运输、处理等都需要乡镇政府和村委会共同协作，这就容易导致基层人员的参与积极性不高，管理不到位。

（三）垃圾收集处理技术落后

我国农村地区普遍存在生活垃圾前端的收集装备和终端的处理技术落后的问题。在前端收集上，垃圾收集的基础设施数量少，无处入箱的垃圾便被随意堆放在村庄荒地或者沟渠里；已有的收集设施也以混合收集为主，缺乏垃圾分类。在终端处理上，焚烧或填埋往往是农村地区环卫企业的选择。垃圾前端收集和终端处理技术直接影响着垃圾的回收利用率，技术上的落后必然导致严重的资源浪费，同时也会加剧处理地附近的土地、空气等污染。

（四）环保专项资金投入短缺

资金和设施是治理乡村生活垃圾的重要条件，环保专项资金投入短缺，直接导致农村环保设施配置难以满足农村生活垃圾治理需求。具体表现在：不能满足每家每户都拥有一个垃圾桶的需求，而且村庄所属乡镇也未配备或共建污水处理点、大型垃圾处理站等，垃圾治理压力巨大；同时，垃圾治理工作的市场化程度不高，这就要求每个环节都离不开政府的支持，而乡镇资金整体较紧张，因此导致配套设施不齐全，垃圾基础设施覆盖率不足。除了现有问题外，后续管理费用对乡镇财政来说也是一笔不小的开支。垃圾处理人员薪资、垃圾清运费用、设备更换等也需要耗费大量资金，单靠乡镇政府财力支持是难以为继的。调研中发现，整个××村仅有一辆1.8 吨的小型垃圾车，该车要负责包括××村及附近另外2个村庄的垃圾转运工作，村庄距离垃圾处理站平均约13 千米，一天只能完成两个村的垃圾转运工作，经常出现外运垃圾不及时的情况，在一定程度上导致部分村民等不及环卫工人处理垃圾，就靠填埋、焚烧等传统方式解决，破坏了村庄环境。

(五)农村居民参与力度欠缺

城市居民往往能较大程度地参与到社区生活垃圾治理中，但由于农村居民存在生活垃圾“自己产生，自己处理”的传统观念，城郊型乡村的垃圾治理参与保障制度也不健全，导致村民的参与度普遍欠缺。缺乏村庄公共事务全民参与的机构保障，如村民议事会、村民自我管理组织等，容易导致村民参与生活垃圾治理工作的力量薄弱，进而削弱了村级自治组织的凝聚力与公信力，抑制了村民参与生活垃圾治理的积极性。在田野调查中，有居民谈道：“当前，我们村有很多村民在生活垃圾治理上还是比较积极的，想为村里垃圾治理工作的推行建言献策，可是目前并没有足够的途径或者制度加以保障。”

四、解决城郊型乡村生活垃圾治理的举措

(一)拦截污染物品，消除污染源头

解决农村生活垃圾污染问题首先要消除污染源，切断传播路径，达到从根源上解决问题的目的。首先，要切断传播途径，防止污染河道。要定期进行清淤工作，在洪涝来临时排泄通畅，可增加河道自身的滞蓄能力，减少污染物。未经处理的污染物，对河道水质的损害是致命的，可通过污水统一排放或经过污水处理厂处理后进行排放，采用雨水与污水进行分流处理等措施，达到阻断传播途径的目的。其次，消

除部分工厂对村民生活环境的污染。应将集中连片的污染企业排放的废水污水统一收集后再送到污水处理厂进行处理。例如,工厂与村委会共同建造污水废水收集池,将工厂生产中产生的废水污水排入池中,再运送到污水处理厂处理。最后,以点带面,先重点治理污染严重地区,在垃圾问题严重处设立警示牌,督促村民爱护环境,促进资源环境保护[①],再对重点地区(如养殖场、鱼塘、小河沟、工厂等地区)周边展开走访调查、入户宣传,强化村民的环保意识。

(二)合理布局设施,减少环境污染

完善农村生活垃圾设施建设,合理布局垃圾桶(箱)的位置,能够在一定程度上约束村民的行为,减少乱丢垃圾造成的环境污染。针对村庄的垃圾桶(箱)摆放位置不当而导致村民处理垃圾不便,以及部分垃圾桶(箱)距离村民家太近导致臭味太大等问题,可在不改变垃圾桶(箱)数量的前提下对垃圾桶(箱)的位置进行相应调整。首先,垃圾桶(箱)可以沿着村庄的公路均匀摆放,保证垃圾桶(箱)与村庄农户的合适距离。其次,调整垃圾桶(箱)的摆放位置。由于垃圾桶(箱)数量有限,难以达到一户一处,可改为多户共用一处的方式,并约定大家轮流清理。最后,还可根据道路状况进行垃圾桶(箱)的布局安排,例如路况好的区域采用带轮的垃圾桶(箱),路况较差的区域采用手提式垃圾桶(箱),并适当缩小垃圾桶(箱)的体积以便倾倒。同时,村里垃圾桶(箱)或者垃圾点的分布位置应该根据村民清理垃圾的习惯进行摆放,在一定程度上可减少因村民不良习惯而造成的垃圾污染问题。

(三)集中无害处理,促进资源利用

对种类繁多的农村生活垃圾进行集中无害化处理和再利用是一项重要的垃圾治理工作,可促进资源的回收利用和环境保护,实现生态可持续发展。针对塑料袋等一次性塑料制品的污染问题,可采取以下措施。首先,村委会需加大塑料制品危害性的宣传力度,使村民认识到塑料制品填埋和焚烧对土壤以及空气的危害,从而愿意开展无害化处理。其次,村委会可设置废旧塑料制品回收点,定期或不定期回收村民手中的塑料袋等旧塑料制品。最后,将回收的旧塑料制品统一集中送去处理。除此之外,提倡将作物的秸秆收集起来进行机械处理后用来代替肥料以及饲

---

① 彭文英,单吉堃,符素华,等.资源环境保护与可持续发展:首都生态文明建设考察[M].北京:中国人民大学出版社,2015:242.

料，在减少秸秆焚烧等带来的污染的同时又能将秸秆有效利用，为村民带来实际的经济收益。

（四）提高重视程度，落实治理工作

村委会等基层部门在垃圾治理工作中扮演着重要角色，村委会应提高对垃圾治理的重视程度，以身作则，促进垃圾分类有效实施。以村为单位对生活垃圾进行初步收集，首先，在“减量化、无害化、资源化”的基础上定点设置收集装置，吸取城市垃圾分类处理中的经验和教训，建立起适合农村实际的垃圾分类方式。垃圾按“户分类—村收集—镇转运—县处理”模式处理，实行源头分类，可减少垃圾、降低成本、保障资源利用最大化。其次，村委会可以将生活垃圾处理承包到户并对承包人的工作进行监管，承包人对生活垃圾进行定时定点的收集和清理，对生活垃圾中的废旧塑料瓶、废纸、废旧金属进行分拣和回收，在实现变废为宝的同时还能获得额外的收入；对蔬菜、瓜果皮等无害生活垃圾则采用堆肥的方式，得到的有机肥可以直接还田，既能节约肥料成本又能避免二次污染。最后，建设农村环境综合整治目标责任体系和干部政绩考核体系，层层负责，层层落实，注重实效，要求村“两委”干部实地调查垃圾处理以及环境污染的情况。

（五）加大宣传力度，强化村民意识

加大环境保护的宣传力度，可正确引导村民处理垃圾的行为，增强村民环保意识，推动村庄的垃圾治理工作。针对部分村民环保意识较差、受教育程度较低，村“两委”环保宣传工作不到位等问题，需要从多方面增强村民的环境保护意识。第一，村“两委”应做好环保宣传，包括亲子环保读本的发放、垃圾箱上的宣传标语等，并设置环保标识牌。第二，村“两委”可组织开展以“环保乡村，爱我家乡”为主题的活动，如联欢晚会、环保周、环保游园等种类多样、形式丰富的活动。第三，面向广大群众征集治理方案，收集相关意见，将乡村卫生环保与村民实际利益紧密联系起来。第四，建议在村民生活区域划分垃圾清理责任区，即每户自行负责[①]。第五，村里可每月收取少量环保费，并公开其支出用途，解决村庄道路垃圾污染问题。

---

① 中国再生资源回收利用协会．共享绿色世界：两网融合与垃圾治理探索[M]．北京：人民邮电出版社，2018：352.

良好的生态环境是乡村宜居的重要保障和农村发展的资源依托。近年来,随着农村经济的快速发展及村民生活水平的提高,农村生活垃圾的数量持续增加。城郊型乡村是城镇化推进过程中城市与农村的过渡区域,它们兼具城镇经济快速发展与农村基础设施薄弱的特点,所以环境污染问题更为凸显。因此,对城郊型乡村的生活垃圾治理现状进行调查,结合城郊型乡村实际情况,探索城郊型乡村环境治理的有效模式,以全面提升城郊型乡村垃圾治理水平极具现实意义。在本次调查中,我们发现了城郊型乡村的村庄经济快速发展、生活垃圾问题突出,多样化处理生活垃圾、循环利用意识凸显,政府主导垃圾清理、推进垃圾分类宣传等特点,并且发现居民年龄、对垃圾分类的认知、村庄垃圾收集设施与村民家的距离、垃圾分类宣传对城郊型乡村居民生活垃圾分类意愿均有显著影响。同时,当前城郊型乡村的生活垃圾治理也存在村民环保意识整体薄弱、基础设施承载能力不足、政府宣传和监管力度不够、可回收资源浪费严重等问题。这主要是因为治理政策规范尚未健全,政府对整治工作重视不够,垃圾收集处理技术落后,环保专项资金投入短缺,农村居民参与力度欠缺。还需要从拦截污染物品、消除污染源头,合理布局设施、减少环境污染,集中无害处理、促进资源利用,提高重视程度、落实治理工作,加大宣传力度、强化村民意识等多方面入手来推动城郊型乡村生活垃圾治理工作的改善。本文在一定程度上丰富了农村生活垃圾治理的研究内容,我们希望通过对典型城郊型乡村生态治理现状和问题的研究为其他乡村的生态治理提供借鉴思路,为城郊型乡村生态治理困境探索新的突破路径。

（指导教师：西南大学马克思主义学院　车放）

重庆市高校学生垃圾分类问题调查报告

——以西南大学为例

杨婷　唐楚溢　吕敏　蔡开桂　庹敏捷[①]

摘要 随着社会的快速发展，在人们生活水平不断提高的同时，垃圾数量也在急剧上升，不论是城市还是乡村都面临着“垃圾围城”“垃圾围村”的困境。以往对垃圾的处理多是采用填埋或焚烧的方式，虽然垃圾得到了处理，却严重破坏了土壤、地下水和空气等的质量。人人都希望生活在绿水青山、碧海蓝天的自然环境中，为达到这一理想状态，并提高资源的再利用率，垃圾分类工作已刻不容缓。本文通过问卷调查法、访谈法，揭示了高校学生在垃圾分类上所存在的问题。在现有媒体报道与研究资料的基础上，发现当前高校学生在垃圾分类上主要存在三大问题，即学生的垃圾分类基本知识欠缺、学生的垃圾分类意识淡薄、学生的垃圾分类参与行动不够。造成这些问题的原因主要是学生易受周边环境影响而随大流、学校对垃圾分类的相关宣传力度不够或宣传效果不佳、缺乏相应规定及奖惩机制、分类垃圾桶设置存在问题、学校垃圾分类回收不合理，都在一定程度上产生了影响。由于垃圾分类工作需要全社会共同发力，高校的垃圾分类工作更需要多元主体共同发挥能动性，因此，高校学生应该意识到垃圾分类的重要性，主动提高自己对垃圾分类相关知识的掌握度；高校要充分发挥作用，加大宣传力度，完善相应规章制度及垃圾分类的后续工作；社会要注意到城乡差异，当前的工作重点之一是在农村加大垃圾分类的宣传并完善相关设施。

关键词 高校学生；垃圾分类；垃圾回收

① 杨婷、唐楚溢、吕敏、蔡开桂、庹敏捷为西南大学国家治理学院2020级硕士研究生。

垃圾分类是我国社会治理系统中的重要命题，目的是在垃圾的源头上减量和属于可再生资源的垃圾的回收利用。近年来，随着国家生态文明建设这一战略构想的提出与推进，实现垃圾分类与回收利用已成为建设资源节约型、环境友好型社会以及实现循环经济模式的必要举措。2017年3月国务院办公厅转发国家发展改革委、住房城乡建设部制定的《生活垃圾分类制度实施方案》，就明确了全国生活垃圾分类工作的总目标，即到2020年年底，基本建立垃圾分类相关法律法规和标准体系，形成可复制、可推广的生活垃圾分类模式。《重庆市生活垃圾管理条例》在2019年就已纳入市人大、市政府2020年立法预备项目。重庆作为住房城乡建设部明确的全国46个垃圾分类重点城市之一，将推动建立生活垃圾分类管理制度，实现生活垃圾减量化、资源化和无害化的管理目标，有必要制定相应的地方性法规，为生活垃圾管理工作提供法治保障。垃圾分类关系全人类，社会中的每一个集体和每一个个体都应承担起这一责任，而大学校园作为知识密集型社区，人群文化程度普遍较高，人口基数大，在学习和推广新鲜事物方面的可塑性较强，在一定程度上可以为垃圾分类工作的顺利开展提供相应支持。因此，本研究试图通过了解高校学生在垃圾分类上存在的问题，从中深入挖掘影响高校垃圾分类问题存在的主要因素，进而有针对性地提出相关措施以便解决高校在垃圾分类上所存在的问题，在对这些内容进行研究的基础上，以期改变高校垃圾分类工作的现状，提升垃圾管理水平，改善环境，促进生态文明和社会进步。

本次调查主要探讨高校学生在垃圾分类上存在的问题，包括学生对垃圾分类基本知识的了解程度、学生垃圾分类的意识与行为、学校垃圾分类工作的实施情况等。本研究采用问卷调查法和访谈法，以西南大学学生为调查对象，共发放问卷390份，收回有效问卷382份。在调查对象的性别分布上，女生占比63.4%，男生占比36.6%；在年级方面，大一132人（占比34.55%），大二54人（占比14.14%），大三30人（占比7.85%），大四40人（占比10.47%），硕士生120人（占比31.41%），博士生6人（占比1.58%）；在家庭常住地方面，农村占比44%，城市占比56%。

此次调查采用定量和定性相结合的研究方法，本研究首先借助互联网查询国家针对垃圾分类工作所制定的相关法规与政策，以更好地了解课题内容和相关背景。在定量研究方面，主要采用线上与线下问卷调查相结合的方式，通过问卷星、QQ等渠道收集相关数据。访谈法作为定性研究主要弥补定量研究的不足，即通过一对一的访谈收集资料。通过定性与定量相结合的研究方法，深入了解学生在垃圾分类上存在的问题以及学生所反映的学校垃圾分类工作存在的不足。运用SPSS对收回问卷的数据资料进行可靠性系数和因子分析，将没有达到信度与效度的问卷剔除，保留有效问卷，进行后续分析。

一、高校学生垃圾分类存在的问题

（一）垃圾分类基本知识欠缺

本研究通过量表了解到学生对垃圾分类基本知识的掌握度，量表涉及垃圾名称与类别，被调查者自行对各个垃圾进行分类选择，共包含13个题目，每道题目均设有正确答案，答对计1分，答错不得分，总分为13分。通过统计数据可以得知（见图1），所有调查对象在垃圾分类基本知识上的平均得分为8.48分；得分为10分的人数最多，占总人数的20.42%；得分为3和4的人数最少，占比为2.09%；得分最高为12，占比6.81%，但无人得到满分。在具体类别选择方面，具体调查统计数据如下。选择碎玻璃和破镜子的类型时，正确选择的人数有170人，占比为44.5%；选择“其他垃圾”的人数为164人，占比为42.93%。对于卫生纸和纸巾的辨别，仅有146人选择“其他垃圾”这一正确选项，占比为38.22%，大部分人选择“可回收垃圾”这一选项。对于油漆桶类型的选择，有138人选择“可回收垃圾”，占比为36.13%；选择“有害垃圾”这一正确选项的人数为176人，占比为46.07%。对于过期化妆品类型的选择正确率是最高的，有262人选择了“有害垃圾”这一正确选项，占比为68.59%；选择“其他垃圾”的人数为108人，占比为28.27%。

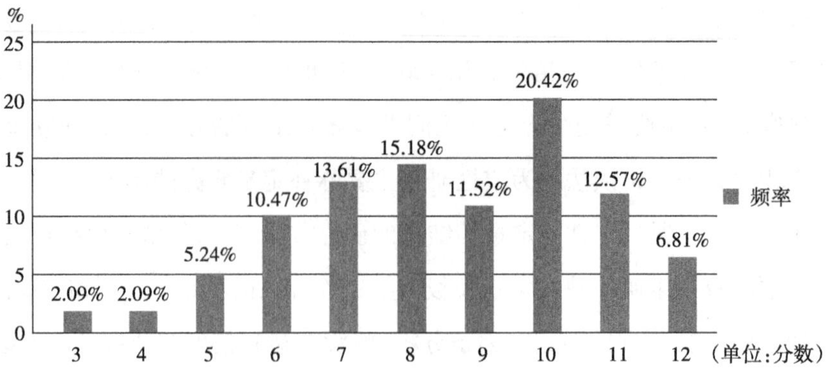

图1　垃圾分类基本知识得分情况

通过比较学生对各类垃圾准确识别的得分可以发现,对于一些日常垃圾,高校学生并不能准确识别,而对于一些不常见的垃圾,学生更是无法准确识别。正确识别不同的垃圾类型是对垃圾进行分类收集和处置的前提条件,也是实现垃圾减量化、资源化和无害化的重要途径,而一旦无法准确识别各种垃圾类型,就直接影响正确分类投放垃圾。

(二)垃圾分类意识淡薄

在了解了高校学生对垃圾分类基本知识掌握程度的基础上,本研究又通过调查高校学生对垃圾分类的看法与态度来进一步了解高校学生的垃圾分类意识,主要从"你对垃圾分类的关注度如何?""你认为进行垃圾分类有必要吗?""你觉得分类垃圾桶对你投放垃圾有何影响?"三方面进行调查。调查结果(见图2)显示,调查对象中"特别关注"垃圾分类的人数为42人,占比11%;"偶尔关注"的人数最多,共208人,占比54.45%;而"很少关注"与"从不关注"的人数共132人。高校学生对信息的获取理应是便捷与简单的,作为新时代青年,他们理应主动关注惠及民生的政策与举措,而调查数据却显示高校学生关注垃圾分类相关信息的主动性不强,即使主动关注也仅仅是偶尔关注,更有学生很少关注甚至从不关注,因此垃圾分类工作的顺利开展,任重而道远。

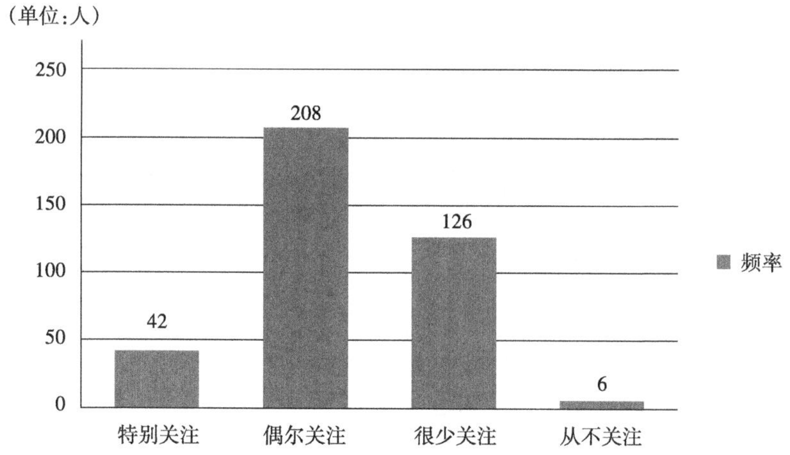

图2　对垃圾分类的关注度

对"你认为进行垃圾分类有必要吗?"的调查数据分析发现(见图3),高校学生对垃圾分类的必要性认识的情况整体比较乐观,这表明大家认可垃圾分类,也认识到垃圾分类所带来的积极影响。在所调查的学生中,绝大部分学生选择"十分必要""有必要"这两个选项,只有极少部分学生认为"没有必要"和"无所谓"。可以看出,在意识层面,高校学生对垃圾分类必要性的认识是值得肯定的。

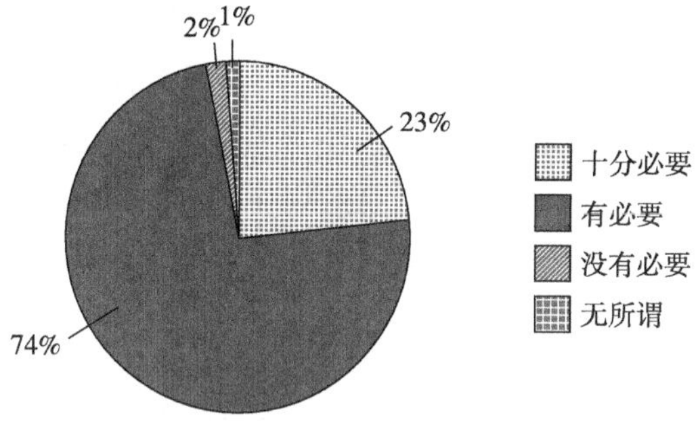

图3　对垃圾分类的必要性认识

对于"你觉得分类垃圾桶对你投放垃圾有何影响?"这一问题,有69.11%的学生表示可以方便更好地分类投放垃圾,也有一部分学生认为垃圾桶上的说明需要花时间看清楚,浪费时间(见图4)。由此可见,即使大部分学生认可分类垃圾桶带来的积极影响,但也依旧存在一部分学生并没有考虑到分类垃圾桶所带来的积极效应,反而只注意到分类垃圾桶对自己投放垃圾产生的消极影响。

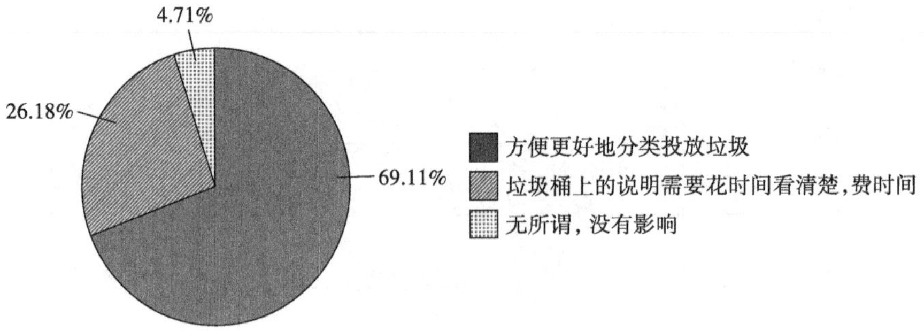

图4　分类垃圾桶对投放垃圾的影响

综上可以看出，虽然绝大部分学生对垃圾分类持支持态度，具备一定的垃圾分类意识，但是在关注垃圾分类方面仍有很大的进步空间，对分类垃圾桶的正确认识仍需加强。总体而言，学生的垃圾分类意识不是很理想，因此必须进一步增强垃圾分类意识，为大规模实施垃圾分类奠定基础。

(三)垃圾分类参与行动不够

在了解高校学生垃圾分类意识之后，为进一步了解高校学生参与垃圾分类的具体行动，就“当走在校园里需要丢垃圾，而周围没有垃圾桶时，你会怎么做?”和“对于寝室内的生活垃圾，你一般怎么处理?”两个问题进行了调查。分析结果显示(见图5)，当遇到走在校园里需要丢垃圾而周围没有垃圾桶这一情况时，约77%的学生会在找到垃圾桶后就把垃圾扔进去，约3%的学生选择“不会特意去找垃圾桶，随手就把垃圾处理

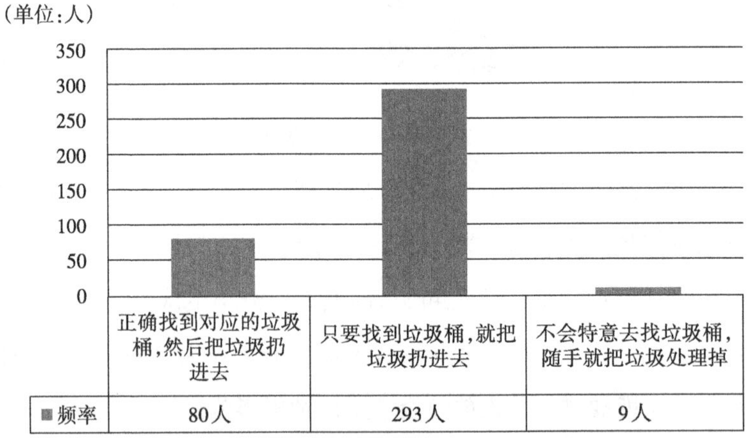

图5　需要丢垃圾而周围没有垃圾桶时的行为选择

掉”。但是,我们通过实地考察,发现在校园道路、草坪、花园等公共场所很少有随手扔垃圾的行为,说明即使没有强烈的垃圾分类意识,但在行为上,学生很少会乱丢垃圾,有爱护环境的意识。另外,仅有约20%的学生会“正确找到对应的垃圾桶,然后把垃圾扔进去”,这说明,有垃圾分类意识并在日常学习生活中真正做到垃圾分类投放的学生只占少数,就整个学校而言,学生的垃圾分类参与情况不容乐观。

如图6所示,对于寝室内生活垃圾的处理方式,近60%的学生会“全部投放到一个垃圾桶”,“分类收集并投放到分类垃圾桶”的学生只有18.32%;“变废为宝,自己创意再利用”的学生仅占4.19%。通过实地观察,虽然学校在宿舍楼下设有分类垃圾桶,但是真正做到将垃圾分类投放的学生只占少数。由此可见,在日常生活中,学生的垃圾分类投放行为是比较缺乏的。

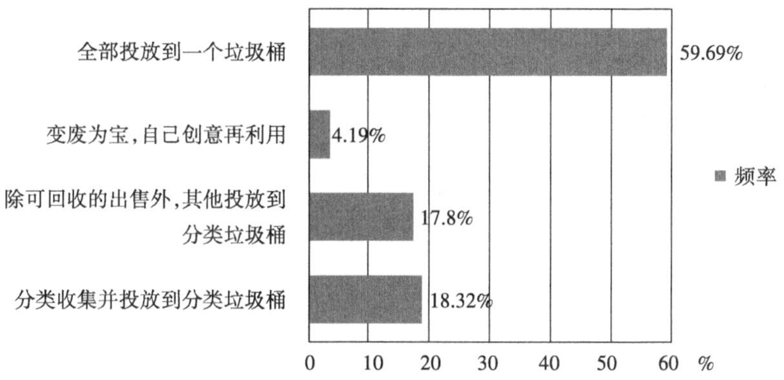

图6　对于寝室内的生活垃圾的处理方式

二、高校学生在垃圾分类上存在问题的原因

(一)当代高校学生易受周边环境影响而随大流

据访谈对象讲,当他们看到周围同学没有进行垃圾分类投放时,他们也不会进行分类投放。如果自己坚持分类投放就会显得很另类,并且觉得个人的力量过于微小,没有实质性的意义,现状仍然无法改变,再加上学生们的懒惰心理作祟,搞清楚垃圾桶上的标识,正确判断手中垃圾的类别比较耗费时间,所以大多选择放弃这一行为而随意进行垃圾投放。因此,如果周围的同学在垃圾分类上不积极主动,必然会对那些定力较差、缺乏自主意识的学生产生较大的负面影响。

（二）学校对垃圾分类的宣传力度不够或宣传效果不佳

解决垃圾治理的难题，需要全社会共同努力。与此同时，我们应该意识到，垃圾分类不单单是环保问题，在很大程度上也是一种人文精神的彰显。高校在很大程度上来说是产生文明、传承和传播文明的关键场所，其主要组成人员是教师和学生，组织体系相对比较单纯，在推行垃圾分类工作上具有很强的可操作性，是拓展学生垃圾分类知识、增强学生垃圾分类意识的重要阵地，更是体现学校服务育人、环保育人的途径。在高校开展垃圾分类，可以让学生了解垃圾分类的相关知识，在潜移默化中增强垃圾分类的意识，切身感受垃圾分类带来的好处，因此，高校有责任在垃圾分类工作上发挥更大的作用，做好垃圾分类工作。然而，我们通过访谈与观察，发现学校在垃圾分类宣传方面的力度不够或宣传效果有限。学校曾联合北碚区、璧山区和渝北区开展环保活动，组织师生到耐德环保科普基地学习环保知识特别是垃圾分类知识，并进入社区宣传、推广垃圾分类。除此之外，学校还在学生宿舍楼下张贴垃圾分类专题墙报进行垃圾分类的宣传与普及。但是，学校的这一系列举措并未在实际上对于错误的垃圾分类行为加以纠正，加之形式的单一化以及活动力度不强，使得大部分学生并没有真正参与到垃圾分类这一行动中来。

（三）相应规定及奖惩机制缺乏

俗话说，没有规矩，不成方圆。国家有相关法律，地方有相关法规，企业有相关制度，家庭也会有相关家规，而作为正式的社会组织，学校条例的规范性越强，学生的行为就会越规范。为保证学校的正常运行，规范学生行为，学校必须制定相关规章制度，若没有相关规定，缺乏垃圾分类意识或者自觉性较差的学生不会意识到垃圾分类的重要性，更不会主动进行垃圾分类，最终便会导致学校垃圾分类实施效果不佳。调查显示，当被问及学校实行垃圾分类效果不好的原因时，大部分学生表示是因为学校没有强制进行垃圾分类的要求，因此可以看出，学校缺乏垃圾分类的相关规定会直接影响到学生的垃圾分类行为，从而影响整个学校垃圾分类工作的实施情况。根据心理学中的“奖惩效应”，适当的表扬、鼓励和信任能激发一个人的自尊心和上进心，而必要的惩罚则对不恰当的行为有着控制作用。在垃圾分类这一工作上，学校建立奖惩机制，对主动进行垃圾分类的学生加以奖励，可以对他们的行为产生积极的强化作用，而对没有进行垃圾分类的学生加以惩罚，在很大程度上可以纠正这一行为。在调查中，有300名学生表示，如果垃圾分类能够带来反馈与奖励，他们会主动进行垃圾分类。从学生表达的意愿可以看出，学校在奖惩机制的设计上是缺乏的，这一工作的缺失会使学生产生“即使我主动进行垃圾分类也得不到相关回馈，而没有进行垃圾分类也没有什么惩罚，所以并没多大意义”的错误意识，这一意识反作用于他们的行为，最终形成不乐观的垃圾分类实施情况。

（四）分类垃圾桶的设置存在问题

自垃圾分类政策实施以来，许多地方都已开始在小区楼下安放多色分类垃圾桶，以便居民对生活垃圾进行分类投放。但值得注意的是，很多老旧小区及学校，都因为实施成本太高而暂时没有设置多色分类垃圾桶，仅有可回收垃圾和不可回收垃圾桶两类。在此次调研中发现，该校无论是学生宿舍楼下还是食堂、教学楼，都缺乏多色分类垃圾桶，因此大多数学生也没有按照垃圾分类的要求进行分类投放。对于“学校实行垃圾分类效果不好的原因”这一问题，有一半以上的学生认为，学校里分类垃圾桶少是导致学生垃圾分类意识不强的重要原因之一。因此，从学校的层面来看，学校完善相关垃圾分类设施是增强学生垃圾分类意识、强化学生垃圾分类行为的重要举措。

（五）学校垃圾分类回收工作不合理

据中国城市环境卫生协会统计，我国每年产生近10亿吨垃圾，其中生活垃圾约4亿吨，占垃圾产生总量的4成，而生活垃圾的主要来源是学校和家庭。因此，从学校层面完善垃圾分类设施、推动形成良好的垃圾分类氛围，对于推进我国垃圾分类的实施、促进城市绿色循环发展具有重要作用。但现实情况不容乐观。据调查发现，该校一栋近千人入住的宿舍楼下只有五六个垃圾桶，所有垃圾混装，而学校环卫工人在回收垃圾时多采用“一车装”和“一桶装”的方式。因此，在访谈中许多学生表示，本来每次扔垃圾的时候都注意进行分类的，但看到环卫工人们回收垃圾时每次都是“一车装”，分类不分类也没有什么意义了，索性就不分类了。学校垃圾分类回收作为垃圾分类过程中的重要一环，起着关键作用，如果在这一环节不重视，不仅会使已经分类的垃圾又重新“回到起点”，还会对学生产生错误的引导，他们慢慢地也不重视垃圾分类了。

（六）家庭居住地及家庭的影响

人作为社会成员，与社会环境之间有着密不可分的关系。从社会环境与人的行为之间的交互影响分析，社会环境在一定程度上影响个体的行为，而社区（村）作为个人以及家庭的居住地，对人的影响甚大。目前，在我国城乡发展不平衡的现实情况下，我国城乡的发展在各个方面均存在差异，其中就包括垃圾分类的实施。这次接受调查的学生，来自农村的有168人，来自城市的有214人，他们不论是在问卷调查结果还是在访谈结果上，都存在一定的差异。为了详细了解家庭常住地不同的学生在垃圾分类方面存在的具体差异，对"家庭常住地"与"我平时关注垃圾污染以及环境污染问题""当设置有标识清楚的垃圾桶时，我会主动进行垃圾分类投放""当分类垃圾桶内垃圾已经混放时，我依旧会分类投放垃圾"这四个方面进行了相关性分析（见表1）。首先，在问卷的设置中，我们将对垃圾污染以及环境污染问题的关注度分为了5个维度，即非常符合、符合、基本符合、不符合以及非常不符合。其中，有200名调查对象选择了"基本符合"，70人选择"不符合"，50人选择"非常不符合"，在选择"不符合"和"非常不符合"的人群中，绝大部分是家庭常住地在农村的学生。这其实不难理解，即使目前城乡差距在缩小，但是在许多方面，城市与农村之间依然存在着较大的差距。由于受地理位置以及周围环境的影响，在农村，关于垃圾分类的宣传少之又少，很多村民垃圾分类的意识也比较欠缺，相应地，对垃圾分类的关注也不多。其次是"家庭常住地"与"当设置有标识清楚的垃圾桶时，我会主动进行垃圾分类投放"之间的相关性，相关性分析后的结果显示，二者的相关系数为0.681，显著性水平为0.000，也就是说，受家庭常住地的影响，农村与城市的学生在"当设置有标识清楚的垃圾桶时，我会主动进行垃圾分类投放"方面存在差异。最后是"家庭常住地"与"当分类垃圾桶内垃圾已经混放时，我依旧会分类投放垃圾"之间的相关性，相关性分析后的结果显示，二者的相关系数为0.875，显著性水平为0.000，说明家庭常住地会对学生"当分类垃圾桶内垃圾已经混放时，我依旧会分类投放垃圾"这一行为产生影响，并且，就这一题目，选择"不符合"的学生中，有将近70%的学生来自农村。同时，在访谈中，有农村的学生谈到，自己在上大学之前根本没有接触过垃圾分类，家庭所在地属于散居式农村社区，村委会离家很远，平时也没有上门开展宣传垃圾分类等工作的相关人员，村民对垃圾分类不了解，更别谈主动进行垃圾分类了。自己在家中也只是将塑料瓶、纸壳等收集起来拿去卖，对于其余垃圾都是"一袋装"，然后进行填埋或焚烧。也有部分学生表示，进入大学之后，看到宿舍楼下有分类垃圾桶，但是自己对于垃圾分类的标准根本不了解，加上看见同学们几乎都是随意投放，自己也会选择乱投乱放。这都很好地说明了家庭常住地会对学生的垃圾分类投放行为产生影响。

因此，我们可以认为，在农村，受传统垃圾处理方式的影响，居民对垃圾分类了解较少，通常对垃圾的处理采取“一车装”的方式，对垃圾分类的关注度以及了解有所欠缺；并且由于居民忙于劳作，较少参与村委会所开展的垃圾分类宣传活动，甚至在部分地区，村委会并未宣传过垃圾分类。受以上因素的影响，身处农村的人们不论是垃圾分类的意识，还是对垃圾分类相关知识的了解，都是相对欠缺的。而在城市，已有许多城市针对垃圾分类出台了相关的政策，构建了居民奖惩机制，居民对垃圾分类也相应地有更多的关注度，参与也相对广泛。在校学生作为家庭的一分子，自然受到家庭的影响，进而在一定程度上产生相应的垃圾分类习惯。

表1　家庭常住地与垃圾分类投放行为之间的相关性分析表

		家庭常住地	我平时关注垃圾污染以及环境污染问题	当设置有标识清楚的垃圾桶时，我会主动进行垃圾分类投放	当分类垃圾桶内垃圾已经混放时，我依旧会分类投放垃圾
家庭常住地	Pearson相关性	1	0.761*	0.681*	0.875
	显著性（双尾）		0.000	0.000	0.000
	N	382	382	382	382
我平时关注垃圾污染以及环境污染问题	Pearson相关性	0.761*	1	0.529**	0.551**
	显著性（双尾）	0.000		0.000	0.000
	N	382	382	382	382
当设置有标识清楚的垃圾桶时，我会主动进行垃圾分类投放	Pearson相关性	0.681*	0.529**	1	0.633**
	显著性（双尾）	0.000	0.000		0.000
	N	382	382	382	382

续表

		家庭常住地	我平时关注垃圾污染以及环境污染问题	当设置有标识清楚的垃圾桶时，我会主动进行垃圾分类投放	当分类垃圾桶内垃圾已经混放时，我依旧会分类投放垃圾
当分类垃圾桶内垃圾已经混放时，我依旧会分类投放垃圾	Pearson相关性	0.875	0.551**	0.633**	1
	显著性（双尾）	0.000	0.000	0.000	
	N	382	382	382	382
*. 在置信度(双测)为0.05时，相关性是显著的。					
**. 在置信度(双测)为0.01时，相关性是显著的。					

三、解决高校学生垃圾分类存在问题的举措

(一)学生自身增强意识，强化垃圾分类习惯

辩证唯物主义认为，物质决定意识，意识反作用于物质。同样，垃圾分类行为作为一种客观存在，它也会受到人们意识和潜意识的影响，即会受到人们对垃圾分类必要性的认识影响，也就是说高校学生对垃圾分类知识的掌握情况、对垃圾分类的必要性认识都会在一定程度上影响他们是否做出垃圾分类的行为。为了证实垃圾分类意识和行为之间的这种关联性，以及两者关联性的大小、正负，我们对这两者进行了相关性分析，结果如表2、表3所示。

通过分析数据可以发现，调查对象的垃圾分类基本知识得分与主动进行垃圾分类投放这一行为之间存在相关性，除此之外，调查对象对垃圾分类的关注度与垃圾分类投放行为之间也存在相关性且均为正向影响。因此，高校学生应增强学习垃圾分类相关知识的主动性与积极性，主动强化垃圾分类意识，在日常生活中严格要求自己，充分认识到垃圾分类的重要性，将该意识内化于心、外显于行，养成良好的行为习惯，真正做到分类投放垃圾。

表2　对垃圾分类必要性的认识与垃圾分类投放行为之间的相关性分析表

		对垃圾分类必要性的认识	当设置有标识清楚的垃圾桶时，我会主动进行垃圾分类投放	当分类垃圾桶内垃圾已经混放时，我依旧会分类投放垃圾
对垃圾分类的必要性认识	Pearson 相关性	1	0.898	0.785
	显著性（双尾）		0.000	0.000
	N	382	382	382
当设置有标识清楚的垃圾桶时，我会主动进行垃圾分类投放	Pearson 相关性	0.898	1	0.633**
	显著性（双尾）	0.000		0.000
	N	382	382	382
当分类垃圾桶内垃圾已经混放时，我依旧会分类投放垃圾	Pearson 相关性	0.785	0.633**	1
	显著性（双尾）	0.000	0.000	
	N	382	382	382
**. 在置信度（双测）为 0.01 时，相关性是显著的。				

表3　对垃圾分类的关注度与垃圾分类投放行为之间的相关性分析表

		对垃圾分类的关注度	当设置有标识清楚的垃圾桶时，我会主动进行垃圾分类投放	当分类垃圾桶内垃圾已经混放时，我依旧会分类投放垃圾
对垃圾分类的关注度	Pearson 相关性	1	0.529**	0.551**
	显著性（双尾）		0.000	0.000
	N	382	382	382
当设置有标识清楚的垃圾桶时，我会主动进行垃圾分类投放	Pearson 相关性	0.529**	1	0.633**
	显著性（双尾）	0.000		0.000
	N	382	382	382
当分类垃圾桶内垃圾已经混放时，我依旧会分类投放垃圾	Pearson 相关性	0.551**	0.633**	1
	显著性（双尾）	0.000	0.000	
	N	382	382	382
**. 在置信度（双测）为 0.01 时，相关性是显著的。				

（二）学校充分发挥优势，引导学生垃圾分类

1.加强垃圾分类知识的宣传

校方应重视线上和线下的环境营造，线上主要是通过微信公众号等网络平台的信息推送来进行垃圾分类知识的传播；线下除了在一些公共的宣传栏上张贴有关的海报之外，可以印发一些关于垃圾分类的手册，让学生在闲暇时间随意翻阅学习，也可以定期在不同专业开展垃圾分类知识的讲座，或者在学校社团中成立环境保护协会，动员学生参与，还可以举办垃圾分类的征文活动、绘画比赛、辩论比赛等，将垃圾分类知识的普及、渗透到学生生活的各个方面。

2.建立垃圾分类行为奖惩制度和责任制

为激起学生们的行动，学校需要将垃圾分类和学生关心的事物联系起来，比如可以实施积分制，将可回收垃圾积攒起来，到宿舍楼管处就可获得积分，积分可以兑换宿舍的水电或者垃圾袋等，持续进行垃圾分类到一定的时间可以在评优评先时加分；相反，发现有乱扔垃圾的行为，则对其所在班级进行通报批评或进行相应的惩罚等。责任制则是可以先让班级内的班干部带头负责某一区域的分类垃圾桶，后续的处理则是由学校专人负责，将整个垃圾分类和处理过程严格管控。同时，为了帮助学生正确进行垃圾分类，还可以利用互联网技术，例如：学校可以向寝室提供不同垃圾种类对应的垃圾袋，在垃圾袋上印二维码，学生可以通过扫码了解不同的垃圾种类和分类标准，学校的垃圾分类管理者也可以通过扫码的方式了解学生垃圾分类的情况。

3.完善垃圾后续处理的制度安排

前文提到的校内垃圾分类混乱还有一个原因就是对于垃圾的处理不够仔细，对此，学校可以联系校内外的垃圾回收站，双方共同建立垃圾回收的合作机制，完善垃圾后续处理制度。同时，为增强校内师生的参与感和提升其积极性，可以面向所有师生征集垃圾回收的建议，两者结合，制定出一套具有可操作性的垃圾回收实施制度。

4.设置足够的多色分类垃圾桶

硬件设备是影响垃圾分类行为的一个很重要的因素。在访谈过程中有调查对象反映，学校的分类垃圾桶数量比较少，尤其是宿舍楼下的垃圾桶数量不够，在扔垃圾的时候会遇到垃圾桶全是满的这一情况，因此，宿舍作为生活垃圾最多的地方，需

要设置更多的垃圾桶。并且，在征求调查对象的建议时，不少学生表示，即使宿舍楼下的分类垃圾桶上有分类标识，但是同一颜色的垃圾桶并不利于垃圾的分类投放，所以，不仅在宿舍，在学校里一些人流量大的地方，如图书馆、公共教学楼等地，也应设置多个多颜色的分类垃圾桶。需要注意的是，后勤人员回收垃圾的次数也应增加，避免垃圾桶满了时学生随意投放垃圾的情况发生。

（三）社会全面协同治理，落实垃圾分类工作

1.加大社会宣传力度，营造良好的垃圾分类氛围

通过前期的调查可以发现，来自城市和农村的学生在垃圾分类的知识储备和行为方面存在明显的差异，除了学生个人因素外，更主要的原因在于社会宣传方面。因此，社会应该发挥农村地区这一熟人社会的优势，推进垃圾分类治理工作，改善村容村貌，促进乡村振兴工作的顺利推进。也可以充分利用电视、报纸、微信公众号等渠道向公众进行垃圾分类教育。同时，村委会可以组织各种形式的垃圾分类活动，如知识竞赛、宣传讲座、情景模拟赛等，还可以将垃圾分类知识编成歌谣、口诀等，强化垃圾分类在人们心中的印象。

2.完善政策法规，强化执行力度

为改变当前垃圾分类工作呈现的“政府热情，民众冷淡”的局面，必须进一步完善相应的制度、法规。建立长效机制，将垃圾分类的实施效果与社区（村）经费、工作人员的工资等直接挂钩。上级政府也可以推广典型社区（村）的做法，形成示范效应，同时也要曝光做得不好的社区（村），从而让其他社区（村）也有危机意识。通过加大对社区（村）的监督检查，实施严格的奖惩制度，让社区（村）自觉加强对垃圾分类行为的督促检查，形成一种争先创优的氛围。

实行垃圾分类关系广大人民群众生活环境，关系节约使用资源，也是社会文明水平的一个重要体现。近年来，我国垃圾分类工作成效显著，据报道，2021年北京全民垃圾分类参与率已达到90%，并且计划新建和改造升级600座垃圾分类驿站；上海垃圾分类达标率逐年提高；安徽、浙江、江苏、广东、河南、重庆等地的垃圾分类工作也在稳步推进，全民参与垃圾分类的局面正在逐步形成。高校学生作为新时代中国青年，理应肩负重任。如果高校学生都没有垃圾分类的意识，高校也没有很好地发挥在推行垃圾分类工作上所具有的优势，那么垃圾分类工作的全民参与愿景便很难

实现。因此,对高校学生垃圾分类所存在的问题进行调查极具现实意义。在本次调查中,我们发现高校学生在垃圾分类工作中存在学生垃圾分类基本知识欠缺、学生的垃圾分类意识淡薄、学生的垃圾分类参与行动不够等问题,造成这些问题的原因主要是学生易受周围环境影响而随大流、学校对垃圾分类的相关宣传力度不够、缺乏相应规章制度及奖惩机制、分类垃圾桶设置存在问题、学校垃圾分类回收不合理等,为解决这些问题,需要从学生个体、学校和社会等多方面入手,提出相应举措,以改善目前的状况。本文在一定程度上丰富了高校学生垃圾分类的研究内容,希望通过此研究激发高校学生关注垃圾分类的相关信息,在日常学习和生活中践行垃圾分类,同时引起社会各界及学校对垃圾分类工作的重视,以期全民参与垃圾分类,为改善环境作出贡献,打好垃圾分类这场全民持久战。

(指导教师:西南大学马克思主义学院　刘心一)

重庆市高校学生入党动机调查报告

胥愿　陈艳云①

摘要 2021年建党百年之际，习近平总书记号召全党同志“学党史，悟思想，办实事，开新局”，自2月20日党史学习教育动员大会在北京召开以来，各地均陆续召开了党史学习教育动员大会。高校中的学生党员作为新时代社会主义事业的接班人，在同龄人中本来就是优秀的代表，在学风、班风和校风等方面的建设中均发挥着重要的作用。为了解在“党史学习教育”大背景下高校学生的入党动机及其影响因素，我们围绕“高校学生入党动机调查”这个主题，综合运用问卷调查法、访谈法和文献分析等方法，揭示各个年龄段和不同政治面貌的重庆市高校学生的入党动机及影响入党动机形成的多种因素。根据本次调研结果和综合分析，发现重庆市高校学生的入党动机以端正型入党动机为主，但也有相当一部分高校学生的入党动机有待端正，包括随波逐流型、就业指导型和爱慕虚荣型。调研表明，影响入党动机形成的因素十分复杂，以社会因素、家庭因素、学校因素、同辈因素及个人因素为主。本调研还为端正新时代高校学生的入党动机提出三项举措，以期为加强高校党建工作，引导学生党员坚定理想信念，树立正确的入党动机提供一定的帮助。

关键词 重庆市高校学生；入党动机；党史学习教育

① 胥愿、陈艳云为西南大学生命科学学院2020级硕士研究生。

当前，高校学生中兴起入党热潮，越来越多的高校学生争先恐后地想要入党。各高校作为培养新青年党员后备军的重要阵地，要在培养和造就专业本领过硬的青年高素质人才的同时，教育和端正他们的理想信念，为壮大党的组织、实现党的最高理想源源不断地输送新鲜血液[①]。高校学生党员的入党动机端正与否决定了党员的质量[①]，党员质量则会对中国共产党这个组织的建设产生重要的影响[②]。正确、积极的入党动机能够推动个人正向发展，有助于为党组织补充新鲜血液，进而推动党组织的发展和进步。然而，不正确的入党动机会使人走向歧途，有这样入党动机的人若进入党组织，会使党内腐败，进而阻碍党组织的发展和进步。我们必须正视高校学生入党动机不端正的现象。

通过文献阅读发现，高校学生的入党动机存在多样化[③]或异质化特点[④]。大多数高校的学生是由正确思想指引的，能够坚定不移跟党走，愿意加入党组织，为实现共产主义奋斗终身[⑤]，这类学生拥有的入党动机是最为端正的，是有良好的思想指引的，这是第一类入党动机。第二类入党动机则是引人深思的功利性入党动机。有这种动机的高校学生主要从自身利益出发，他们在提出入党申请的同时或许已经为自己做好规划，认为入党能够带来一定的便利，在被问及入党动机时的回答通常是“为了找到好的工作”，这种入党动机的形成与当下的社会环境密不可分，许多招聘岗位确实会将政治面貌一项纳入考核标准[⑤⑥⑦]。第三类入党动机主要是虚荣被动型。有此类入党动机的高校学生可能认为加入共产党是一种荣耀，通过入党来满足自身的虚荣心，体现自我价值，也可能是由于受传统观念的影响，认为优秀的学生就应该或必须入党，从而被动入

① 王强.大学生入党动机调查与分析[J].山东省青年管理干部学院学报,2005(2):49-51.
② 周燕.高校学生入党动机的研究及端正大学生入党动机的思考[J].长江丛刊,2021(6):157-158.
③ 张媛媛.对高校入党积极分子培养模式改革的思考[J].扬州大学学报(高教研究版),2010,14(3):90-93.
④ 李韫伟.大学生入党动机异质化的影响因素及其应对[J].学校党建与思想教育,2021(10):36-37.
⑤ 齐卫平,杨帆,陈晓晨,等.当代大学生入党动机问题的研究[J].思想理论教育,2007(17):56-62.
⑥ 庞赫然.引导大学生树立正确的入党动机[J].辽宁行政学院学报,2008(6):78-79.
⑦ 江本武,曹迅飞,左辉,等.当代大学生入党动机偏差及解决途径[J].武汉工程大学学报,2010,32(2):40-44,64.

党。持有此类入党动机的学生，对于党组织对党员的要求、党员的责任和义务通常不甚清楚，思想觉悟也不够成熟，极度缺乏自主精神和内在积极性①。第四类则是表现最明显的，多为个人意愿最弱的跟风入党，随波逐流是该类入党动机持有者的典型特征，跟风入党的学生由于自我因素最弱，其入党动机受周围环境的影响较大，周围同学都提交了入党申请书，于是自己也跟着提交，一旦周围人入党情绪不再高涨或低落，自己也会跟着放弃入党，始终缺乏认真严肃的态度，没有坚定的理想信念②。

根据以上四类入党动机，我们提出以下问题进行探究。根据家中是否有党员、身边同学的入党意愿及数量、身边党员的表现及其带头作用发挥情况探究周围环境对高校学生入党动机的影响。根据参与调查的学生的入党积极性、入党态度、对党组织的认识、对入党条件的认知、个人职业规划等探究高校学生自身情况对入党动机形成的潜在影响。

本次调研采用线上问卷、线下问卷以及访谈三种形式。我们共发放纸质问卷100份，回收问卷72份，网络问卷163份，总共有效问卷235份；访谈涉及党员24位，非党员20位，主要用Excel进行数据分析。

一、重庆市高校学生入党动机的基本状况分析

如图1所示，在此次调查问卷中，98.3%的学生都能保证如实填写问卷；参与填写问卷的人中，硕士占了35%，其次是大四学生，占比为21.4%。从学生的政治面貌角度分析，提交过入党申请书的人员（包括中共党员、中共预备党员、入党积极分子、提交过入党申请书的群众）占受调查人员的66.5%（见图2）。该结果说明此次调查结果具有较高的可靠性。

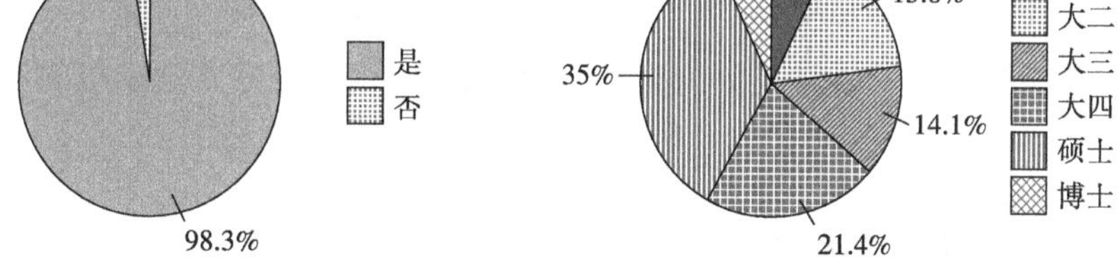

图1　关于参与问卷调查学生如实参调情况及年级分布分析

① 孔文军，李金明.关于高校学生党员再教育的思考[J].教育理论与实践，2013，33(3)：30-32.

② 包丽颖.新形势下的大学生入党动机问题研究[J].中国青年研究，2010(5)：100-102.

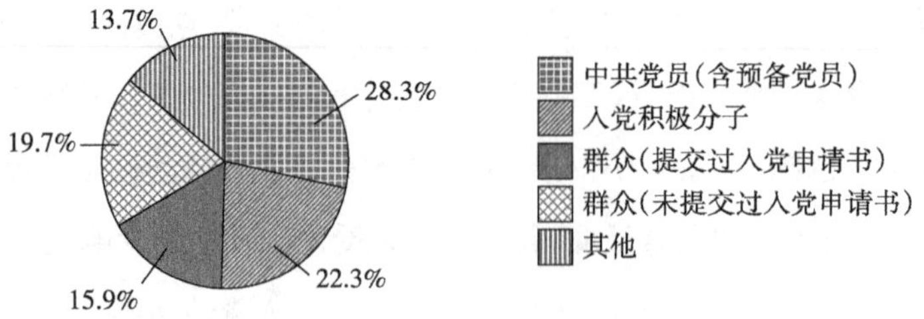

图2　参与调查学生的政治面貌

另外,通过此次调查我们发现,目前高校学生的入党动机所受影响因素有很多,主要有社会因素、家庭因素、学校因素、同辈因素及个人因素(见图3)。

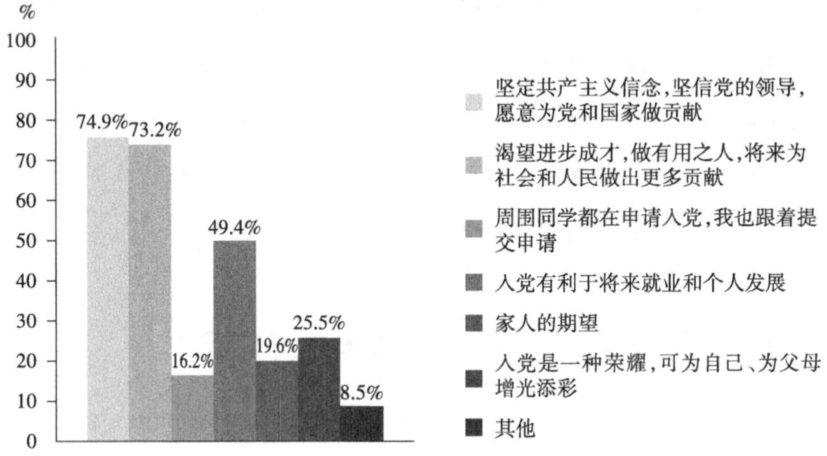

图3　高校学生主要的入党动机类型

(一)入党动机受一定的环境影响

综合考虑家庭因素和同辈因素,我们发现那些家庭或者朋友中有党员的人,受他人的鼓励,在上学期间入党意向更为明确且较积极。这可能是由于这些党员对他们的积极引导作用,他们志愿加入中国共产党。这与访谈结果(见表1)相一致,近三分之一的党员同志表示入党是因为家里有党员,这对他们良好入党动机的形成有积极的作用。

表1　家庭成员中有无党员和入党意愿相关性分析

子问题	很积极	比较积极	一般	无所谓	没考虑过
有	38人(50.0%)	36人(45.6%)	23人(44.2%)	3人(23.1%)	5人(38.5%)
无	38人(50.0%)	45人(54.4%)	28人(53.8%)	9人(69.2%)	7人(53.8%)

有数据也显示(见表2),学生中存在跟风入党的情况。例如,当某学生周围有较多人有入党意愿时,则该生也会表现出强烈的入党意愿;若某学生周围人群中积极入党的人较少,则该生本人的入党积极性就较为一般,甚至没有明显的入党意愿。

表2　周围党员数量与学生入党意愿相关性分析

子问题	很多	不多	一般	没有
很积极	53人(50.5%)	5人(15.6%)	17人(18.5%)	1人(33.3%)
比较积极	33人(31.4%)	14人(43.8%)	32人(34.8%)	0人(0.0%)
一般	14人(13.3%)	5人(15.6%)	32人(34.8%)	1人(33.3%)
无所谓	0人(0.0%)	6人(18.8%)	6人(6.5%)	1人(33.3%)
没考虑过	5人(4.8%)	2人(6.3%)	5人(5.4%)	0人(0.0%)

(二)入党动机与学生个人发展有一定关系

社会因素主要体现在学生求职方面,当学生为了满足求职中存在的"党员"优先录用的条件时,他们倾向于将入党作为找到好工作的跳板。结果显示(见表3),当涉及职业规划时,若职业规划中的工作岗位对入党有要求,则积极入党的会占较大比例。同样地,访谈结果也显示,有一半的非党员学生会因为就业需要而选择入党。遗憾的是,当职业规划与入党冲突时,不管入党和职业要求是否有直接联系,多数人会在入党和就职间持观望态度;对于部分学生而言,若就业需求和入党存在冲突,他们会直接选择放弃入党,矛盾的部分原因是他们认为入党会对出国深造或者进入外企工作造成影响(见图4)。

表3　职业规划与入党意愿相关性分析

子问题	很积极	比较积极	一般	无所谓	没考虑过
有,且直接相关	23人(30.3%)	7人(8.9%)	6人(11.5%)	2人(15.4%)	1人(7.7%)
有,但关系不大	41人(53.9%)	61人(77.2%)	30人(57.7%)	4人(30.8%)	5人(38.5%)
没有关系	12人(15.8%)	11人(13.9%)	16人(30.8%)	6人(46.2%)	6人(46.2%)

子问题	有，且直接相关	有，但关系不大	没有关系
放弃入党	14人(35.9%)	20人(14.2%)	13人(25.5%)
放弃职业	3人(7.7%)	20人(14.2%)	5人(9.8%)
有待考虑	22人(56.4%)	101人(71.6%)	33人(64.7%)

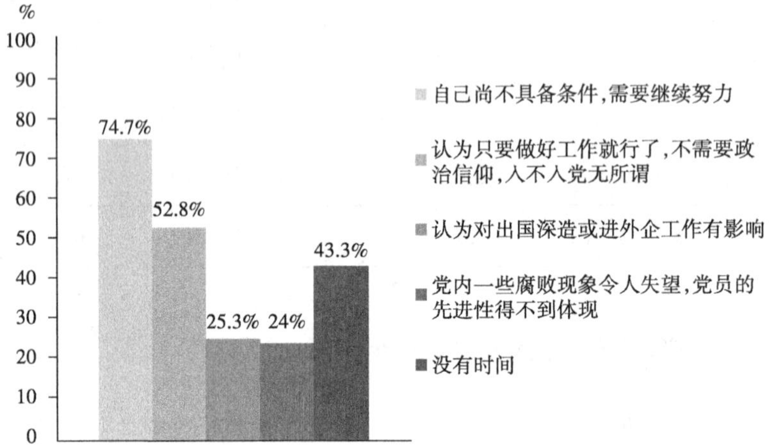

图4　高校学生不愿加入党组织的主要原因分析

(三)学生自身因素的作用不可忽视

调查发现(见表4)，无论是否知道入党需要什么条件，学生中的多数人都认为思想上入党、责任心强和工作能力强是一名合格党员应具备的条件，其中多数人认为周围党员同学起到了党员的模范表率作用。同时，受访的95%的非党员学生表示，身边党员的模范带头作用对于他们树立端正的入党动机有积极的作用。但同时，多数学生认为要求思想上入党、责任心强和工作能力强等条件同时具备是较为严苛的，这也是他们认为对自己入党造成极大难度的几大问题。

表4　入党条件及所需能力与入党意愿相关性分析

子问题	清楚	比较清楚	不清楚
思想上入党	88人(95.7%)	96人(96.0%)	29人(74.4%)
工作能力强	75人(81.5%)	85人(85.0%)	19人(48.7%)
交际能力强	58人(63.0%)	56人(56.0%)	16人(41.0%)
和周围同学关系好	56人(60.9%)	55人(55.0%)	17人(43.6%)
责任心强	79人(85.9%)	89人(89.0%)	31人(79.5%)

子问题	很大	较大	一般	较小	很小	没有
思想上入党	30人(90.9%)	77人(92.8%)	83人(94.3%)	13人(76.5%)	5人(71.4%)	5人(83.3%)
工作能力强	24人(72.7%)	71人(85.5%)	64人(72.7%)	12人(70.6%)	4人(57.1%)	4人(66.7%)
交际能力强	21人(63.6%)	44人(53.0%)	45人(51.1%)	12人(70.6%)	4人(57.1%)	4人(66.7%)
和周围同学关系好	24人(72.7%)	47人(56.6%)	39人(44.3%)	11人(64.7%)	6人(85.7%)	2人(33.3%)
责任心强	25人(75.8%)	75人(90.4%)	78人(88.6%)	14人(82.4%)	6人(85.7%)	2人(33.3%)

在多数情况下，越是积极考虑入党的学生群体，他们理解的入党难度也越大，他们经常与身边党员同志探讨交流自己关于党组织的认识和看法；相反，若学生对入党表示无所谓，甚至是未曾考虑申请入党，他就会认为入党难度较小，这是由于他不清楚或者只是较少了解入党条件(见表5)。

表5　入党难度与入党意愿相关性分析

子问题	很大	较大	一般	较小	很小	没有
很积极	10人(30.3%)	27人(32.5%)	31人(35.2%)	5人(29.4%)	0人(0.0%)	3人(50.0%)
比较积极	8人(24.2%)	32人(38.6%)	27人(30.7%)	7人(41.2%)	5人(71.4%)	0人(0.0%)
一般	10人(30.3%)	20人(24.1%)	19人(21.6%)	3人(17.6%)	0人(0.0%)	0人(0.0%)
无所谓	4人(12.1%)	1人(1.2%)	5人(5.7%)	2人(11.8%)	1人(14.3%)	0人(0.0%)
没考虑过	1人(3.0%)	3人(3.6%)	6人(6.8%)	0人(0.0%)	1人(14.3%)	2人(33.3%)

如表6所示，越是积极申请入党的学生，他们愿意投入时间参加党组织的活动意愿越是强烈，而无入党意愿或入党意愿不强的学生，他们不愿意花时间参加相关活动。但是，不愿意参加或者参加意愿一般的学生，他们不愿意参加此类活动的原因多数是由于没有足够时间，或者是对活动本身不感兴趣，究其原因主要还是因为他们本身的入党意愿就不强烈，因此对于党组织的活动并无强烈投入感和兴趣感。

表6　志愿参加党组织活动与入党意愿相关性分析

子问题	非常愿意	一般	不是很愿意	不愿意
很积极	56人(57.7%)	18人(16.7%)	1人(5.9%)	1人(10.0%)
比较积极	30人(30.9%)	43人(39.8%)	5人(29.4%)	1人(10.0%)
一般	10人(10.3%)	35人(32.4%)	4人(23.5%)	3人(30.0%)
无所谓	0人(0.0%)	7人(6.5%)	4人(23.5%)	2人(20.0%)
没考虑过	1人(1.0%)	5人(4.6%)	3人(17.6%)	3人(30.0%)

关于大学期间入党对个人的影响，多数学生认为自己入党后有明显进步，且越积极入党的人进步越明显。而对于入党无所谓或者是未曾考虑过入党的学生，其进步较为不明显，甚至出现小部分思想退化的情况，这在一定程度上反映出积极入党的学生在入党后或者处于积极入党状态中是向良好方向发展的，是在提升自我，积极向党组织靠拢。

综合调查问卷及访谈结果(见表7)，在多数自认为取得进步的学生群体中，他们的入党动机和意愿多为：坚定共产主义信念，坚信党的领导，愿意为党和国家做贡献；渴望进步成才，做有用之人，将来为社会和人民做出更多贡献。这在一定程度上反映了进步思想和正确入党动机以及持续接受党性教育对于学生在入党后的良性发展有着直接相关的作用。而相反的是，越是对入党持随意态度的人，他们对自己入党的要求和认知也会低很多，而越是持有随意态度，不去思考提升个人能力和提升自我，他们能够入党的概率也就越来越低，由此形成一个恶性循环并最终放弃入党。

表7　入党后进步程度与入党动机相关性分析

子问题	有明显的进步	有些许进步	没有进步	有所退步	未入党
很积极	44人(60.3%)	24人(30.4%)	1人(3.4%)	2人(66.7%)	5人(10.2%)
比较积极	23人(31.5%)	37人(46.8%)	7人(24.1%)	0人(0.0%)	12人(24.5%)
一般	5人(6.8%)	13人(16.5%)	13人(44.8%)	0人(0.0%)	21人(42.9%)
无所谓	0人(0.0%)	3人(3.8%)	5人(17.2%)	1人(33.3%)	4人(8.2%)
没考虑过	1人(1.4%)	2人(2.5%)	3人(10.3%)	0人(0.0%)	7人(14.3%)

子问题	有明显的进步	有些许进步	没有进步	有所很步	未入党
坚定共产主义信念，坚信党的领导，愿意为党和国家做贡献	70人(95.9%)	61人(77.2%)	16人(55. 2%)	1人(33.3%)	28人(57.1%)
渴望进步成才，做有用之人，将来为社会和人民做出更多贡献	62人(84.9%)	60人(75.9%)	19人(65. 5%)	2人(66.7%)	29人(59.2%)
周围同学都在申请入党，我也跟着提交申请	9人(12.3%)	14人(17.7%)	7人(24.1%)	1人(33.3%)	7人(14.3%)
入党有利于将来就业和个人发展	30人(41.1%)	48人(60.8%)	15人(51.1%)	2人(66.7%)	21人(42 9%)
家人的期望	14人(19.2%)	20人(25.3%)	6人(20.7%)	0人(0.0%)	6人(12.2%)
入党是一种荣耀，可为自己、为父母增光添彩	19人(26%)	20人(25.3%)	12人(41.4%)	0人(0.0%)	8人(16.3%)
其他	2人(2.7%)	1人(1.3%)	1人(3.4%)	0人(0.0%)	15人(30.6%)

二、新时代高校学生入党动机偏差性分析

调查发现，当代高校学生的入党动机受学校和同辈的影响比较大，在学校的党课培训中大多数的高校学生能够树立比较正确的入党动机，然而我们也发现有一部分高校学生的入党动机有偏差，具体表现在以下方面。

（一）随波逐流型

社会心理学家认为，同辈群体之间在心理、志趣上有较强的示范和感染作用，在行为选择上会出现从众附和、跟风随流的倾向，所以随着高校学生入党的人数越来越多，这一部分群体的行为就会影响周边同学的想法。这些学生看到那么多人入党，自己也抱着试一试的态度申请加入党组织。他们对党员的义务与责任没有深刻的理解，对党组织没有一个深入的了解。在现实生活中，持有这种入党动机的学生也不太热衷于公益活动和集体生活。

（二）就业指导型

当下社会，高校学生就业难是确实存在的一大问题，就很多单位的招聘信息来看，他们的要求包括各种奖学金、各种学生工作经历，以及各种荣誉，而在这诸多条件中，有的单位就有要求必须是中共党员（包括中共预备党员）一项。很多高校学生认为入党对自己的就业有一定的帮助，他们认为现在大多数的职业看重高校学生的政治素养，所以他们萌生出想要入党的想法，希望通过入党为自己的就业提供便利。他们在日常生活中积极向上，追求个性化发展，不断地完善自我，兼顾个人利益和集体利益。但是，他们对于党的根本宗旨不一定把握得透，他们更看重个人利益，因而在党的利益与个人利益有一定冲突的时候就会放弃入党或者作为一名中共党员却毫不作为。

（三）爱慕虚荣型

这一类型的入党动机主要是为了"面子"或"不服输"而申请入党。拥有这一类入党动机的学生，或许本身就是比较优秀的，但是，长期以"荣誉"为目标的思维导致他们不会去思考入党究竟是为了什么，而仅仅是通过别人口中或眼中的认可来定义自己的优秀和价值，所以当他们看到越来越多的高校学生入党时，他们就会认为自己不入党就是比别人差，落后于他人。在他们眼里，入党就是一件有面子的事情，但是他们对党的理论知识知之甚少，对党员的责任与义务了解不多，这也是一种不端正的入党动机。

三、新时代高校学生入党动机存在问题的原因

影响高校学生入党动机的因素有很多，主要有社会因素、家庭因素、学校因素、同辈因素及个人因素。根据以上调研数据分析，影响学生群体入党意愿的因素的确存在多种，但所处环境无疑是对他们影响最大的因素，其影响程度不亚于他们自身的思想因素。这主要表现在以下三个方面。

第一个方面主要是学生周围环境，这主要包括学习和生活的环境。若家人或朋友、同学中存在较多党员同志或者是较多有强烈入党意愿者时，该生会被强烈影响，同时具有较为积极的入党态度和意愿。首先，这类学生可能受到上述接触者的正向鼓励，以期入党接受正向引导而得到进步。其次，周围的党员同志起到的模范作用，对该生端正入党动机和树立正确理想信念起到了正确示范，比如在问卷中问学生身边党员是否有发挥了模范带头作用时，74.2%的学生表示身边党员同志确实发挥了党员的带头作用。最后，可能是由于党员同志的积极正面宣传，问卷中对入党条件的认知的调查，大多数人都选择了思想上入党、责任心强和工作能力强，也就是说身边党员在一定程度上的以身作则，并向周围的人宣传党员先进事迹，对学生群体起到了潜移默化的教育作用。

第二个方面主要源自学生所面对的社会环境。党的十九大报告指出，就业是最大的民生。随着高校学生人数的持续增加，学生就业压力日渐增大。社会对于刚入职的高校学生的选择是一直存在的，即便不提当下各高校普遍存在的内卷现象，高校学生也会因为社会职业的要求、社会竞争的压力而更加努力地提升自己的各项能力、增加自己的闪光点。而当学生群体的职业规划与入党直接相关时，学生的入党意愿就明显更加强烈。在被问及为什么会选择加入中国共产党时，有49.4%的学生认为入党有利于将来就业和个人发展，综合我们对44位学生的访谈可以看出，不论入党动机端正与否，大部分受访学生都承认入党会对就业和个人发展有一定的积极作用。例如，就以后进入机关事业单位等工作而言，一些岗位的报考条件要求必须是党员或预备党员，部分学生就会因为职业规划而选择入党。而当学生群体的职业规划与入党存在矛盾和冲突时，多数学生则会持观望态度，在权衡利弊后做出最合适自己的选择，例如期望将来出国深造或者进入外企工作的学生群体，则会更倾向于选择职业而非入党，这对于树立正确入党动机存在一定的错误引导性。

第三个方面是学生自身的思想和意志。调研结果显示，学生群体中“跟风入党”

现象较为严重，这是由于这类学生自己并没有较高的思想觉悟，至少在他们提交入党申请书时，本身并不持有坚定的入党态度，受身边人入党意愿影响较多，常常有攀比心理，仅根据他人的入党行为积极与否决定自己是否入党。除此之外，在访谈中我们了解到，少部分高校党组织存在一些不规范的党员发展流程，而这就造成部分有积极入党意愿的学生错失入党机会，导致党组织在其心中形成了不良印象，变得消极入党甚至不入党。若是学生本身思想态度端正，意志坚定，那么当他们以正确的观念以及较为先进的思想等被党组织吸纳以后，他们会一直保持较为进步的状态。例如，“以坚定的共产主义信念，坚信党的领导，愿意为党和国家做贡献”和“渴望进步成才，做有用之人，将来为社会和人民做出更多贡献”为目标的学生群体，他们的入党意愿普遍较为强烈，且在入党后进步更为明显，在党组织组织的活动中更为积极主动，且工作能力会得到提升，责任心会得到增强，思想政治素养也会一直保持在较为先进的水平。

四、新时代端正高校学生入党动机的举措

“你为什么加入中国共产党?”这是对入党动机最基本的提问。入党动机就是要求明确自己入党的基本目的和主要出发点。入党动机是一种内在的社会思想政治动力，它支配着每一个想要加入党组织的人的思想和政治行为的基本发展方向。大部分学生胸怀理想与担当，他们的入党动机能够体现始终牢记“全心全意为人民服务”的根本宗旨，牢记“不惜牺牲个人一切，为共产主义奋斗终身”。但也有部分学生将入党与求职应聘加分项画上等号，或受家庭影响，视入党与荣誉等价。总的来说，高校学生的入党动机，主流是积极健康的，呈多样化特征，仅有少部分学生存在以“功利性”为主的其他因素。党组织要在新的历史条件下始终保持先进性和纯洁性，持续发挥强有力的核心领导作用，就要严格把好入党第一道关口，要从加强对入党积极分子的培养和教育上入手，对入党动机不纯正的学生加强引导和教育，并思考和分析该类入党动机的形成因素，从社会、家庭、学校、同辈及个人因素等各个方面找到切入点端正他们的入党动机，由此我们提出以下三个方面的措施。

（一）学校党政教育为主，教师和学生党员模范带头作用为辅，积极引导学生树立正确的入党动机

对于当下高校学生了解党的方式及途径，大多数学生表示主要通过学校和网络了解党组织，学校和网络各自占比85.9%、79.5%，电视占比57.3%，书籍占比53%，朋友和父母则各自占比42.3%和32.5%。由此可以看出，学校在党的知识普及方面承担着主要的作用。因此，学校要积极地做好党的宣传工作，向学生群体大力宣传党的正面形象，做好党史学习教育、爱党爱国教育。有很多受访党员提到，自己对党的认识也是在入党之后逐步深刻明晰的。党组织可以多以近年来党带领人民取得的诸多成就作为实例，以此为主要内容开展教育，通过把学生身边实实在在发生的事情与党政国事有机融合，引导学生树立对党的正确认识，坚定理想信念，培养勇于担当和奉献的进步精神。

党员同志的模范带头作用对于引导青年学生端正入党动机也有着重要影响。他们在工作上的负责、思想上的成熟、学习上的进步、生活上的乐于助人等，都在很大程度上体现了共产党员的标准和要求。我们常说共产党员要全心全意为人民服务，只有每一位党员都积极主动地从为人民服务的角度出发，干实事，有担当，身边的同学才会更加切身地感受到党组织的魅力，加深对党组织的认识，对入党一事也才会有更进一步的思考。因此，引导高校学生树立正确的入党动机需要着重从营造浓厚的入党氛围，以及适度提高入党的思想政治要求等方面着手。

（二）深刻剖析学生的入党动机，纠正学生错误的入党动机

首先，高校学生的入党动机呈现多样化的特征，我们应该及时纠正学生不正确、不端正的入党动机，例如对于本调研中出现的“功利型”入党动机，可以根据功利程度，判断端正其入党动机的概率，对其谈话教育，再进一步考察。其次，党员同志要在学生群体中发挥积极模范带头作用，树立党员正面形象，鼓励学生群体中的进步者积极入党，并对其做好思想教育引导工作，促进其进步成长，向合格的党员标准迈进。

（三）持续开展党史学习教育，注重培养学生的思想和意志

党组织要针对所有党员和发展中的入党积极分子开展持续性的党史学习教育，

若是入党后再教育，那就为时已晚。树立一个人的精神，端正一个人的品德，完善一个人的品格，净化一个人的心灵的教育，这是治本。然后，不断加强思想教育，多进行党员之间的交流，定期举办一些党组织活动，让学生不断参与实践。实践是检验真理的标准，只有在实践中才能加深对党的认识，明白自己的价值所在，这有助于每一位学生思想上和行为上的进步，从而进一步端正入党动机。

习近平总书记强调，我们党历来重视党史学习教育，注重用党的奋斗历程和伟大成就鼓舞斗志、明确方向，用党的光荣传统和优良作风坚定信念、凝聚力量，用党的实践创造和历史经验启迪智慧、砥砺品格。因此，在全面建设社会主义现代化国家新征程上，我们要牢记我国的教育就是要培养“德智体美劳”全面发展的社会主义建设者和接班人，广大青年要肩负历史使命，坚定前进信心，立大志、明大德、成大才、担大任，努力成为堪当民族复兴重任的时代新人，让青春在为祖国、为民族、为人民、为人类的不懈奋斗中绽放绚丽之花。站在新的历史起点，端正新青年们的入党动机，正当其时，十分必要。

（指导教师：西南大学生命科学学院　蒋寒）

重庆市高校学生中国共产党党史学习教育现状调查报告

徐珏瑶　胥冬梅　刘红美　钟雯　耿文昭　曹登波[①]

摘要 中国共产党是一个善于总结历史经验和具有治史传统的马克思主义执政党。研究、学习和宣传党史，发挥党史的育人等功能，是我们党和国家的一项重要工作。对当代高校学生的党史认知情况进行调查，有利于我们了解当代高校学生群体的党史认知情况，以便在此基础之上开展党史学习教育，积极地促进党史学习教育走进学生之中，培养高校学生对党和国家的热爱之情。为了较全面地了解和掌握重庆市高校学生学习掌握党史的现状，研究探索高校党史学习教育的新途径和新方法，我们对重庆市高校学生学习掌握中国共产党党史的现状进行了调查，本次调查主要采用了问卷调查法，辅之访谈调查法和文献研究法。研究表明：当前高校学生对中国共产党的认识还不够深入。究其原因主要是：高校学生自身对党史知识学习兴趣不高，高校对党史的宣传形式缺乏多元性且宣传力度不够，社会组织未充分和有效地利用党史资源进行宣传。因此，当前的党史学习教育要注重发挥思想政治理论课的主渠道作用；丰富党史学习教育方法，提高高校学生学习党史知识的兴趣；加大党史宣传教育，多渠道、全方位地传播党的历史；结合区位优势，挖掘利用当地红色资源进行宣传。

关键词 重庆市高校学生；党史学习教育；现状调查

① 徐珏瑶、胥冬梅、刘红美、钟雯、耿文昭、曹登波为西南大学历史文化学院 民族学院2020级硕士研究生。

研究、学习和宣传党史，发挥党史的育人等功能，是我们党和国家的一项重要工作。对当代高校学生的党史认知情况进行调查，有利于我们了解当代高校学生群体的党史认知情况，以便在此基础之上开展各种各样的党史学习教育，积极地促进党史学习教育走进学生之中，培养高校学生对党和国家的热爱之情。

为了较全面地了解和掌握重庆市高校学生学习掌握党史的现状，研究探索高校党史学习教育的新途径和新方法，提高高校学生对党史学习教育的认识度、对党史的掌握度，我们对重庆市高校学生学习掌握中国共产党党史的现状进行了调查，本次调查主要采用了问卷调查法，辅以访谈调查法和文献研究法。问卷调查分为16个问题，主要有三个部分：第一个部分是被访者的个人基本信息，包括性别、学生身份（本科生、硕士研究生、博士研究生）、政治面貌；第二部分是询问被访者党史学习教育的经历、获取党史知识的渠道等；第三部分则是通过一些具体的党史知识来考查被调查者的掌握情况。

本次共405人参与了调查，其中男生149人、女生256人，本科生142人、研究生263人，理工科164人、人文社科241人，群众22人、共青团员194、入党积极分子102人、中共党员（含预备党员）87人。所有问卷均为有效问卷。

一、重庆市高校学生党史掌握状况分析

（一）政治面貌影响高校学生对党史的掌握程度

根据问卷中几个关于党史问题回答的正确率来看，党员（含预备党员）和入党积极分子的正确率分别为90%、80%左右，其他政治面貌学生群体的正确率为50%左右（见图1）。由此可以看出党员（含预备党员）和入党积极分子由于学习过党章和参加过学校的党校培训，他们对党史知识有了一定的了解和掌握。而共青团员和其他

政治面貌学生群体往往缺少相关的学习机会和经历，影响了他们对党史知识的掌握。究其原因，可能与在高校思政课中党史学习教育的地位不够突出，特别是相关课程的教学地位弱化和课程内容定位不够清晰有密切关系。重庆市各高校虽然开设了思政课，但是对党史知识的涉及较少，而教师对党史内容扩展也较少，从而导致了学生对党史知识的脉络把握不够清晰。而且，学校针对共青团员和其他政治面貌的学生群体在党史宣传和教育上力度不够，这也是一个重要的影响因素。

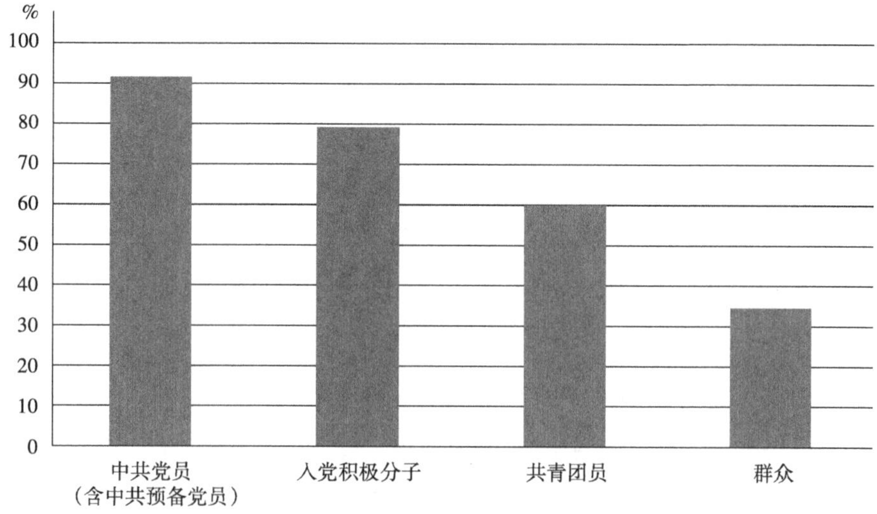

图1　调查对象回答党史知识问题的正确率

（二）个人兴趣影响高校学生对党史知识的掌握程度

调查结果显示，经常在课外主动了解党史知识的学生人数较少，占比仅为10.37%（见图2），经常参与学校开展的党史学习教育活动的学生也较少，占比仅为35.83%（见图3）。通过后台控制因变量，即对在课外较多主动了解党史知识的学生这一特定群体的分析，发现这些学生参加学校党史学习教育的比例高达85.4%，他们是参加学校党史学习教育的主力军；在课外很少或从未主动了解党史知识的学生人数较多，占64.44%，而这部分学生参加党史学习教育相关活动也是相对较少的。这在一定程度上反映了大部分学生对党史学习教育的兴趣与党史学习教育的参加频率呈正相关。

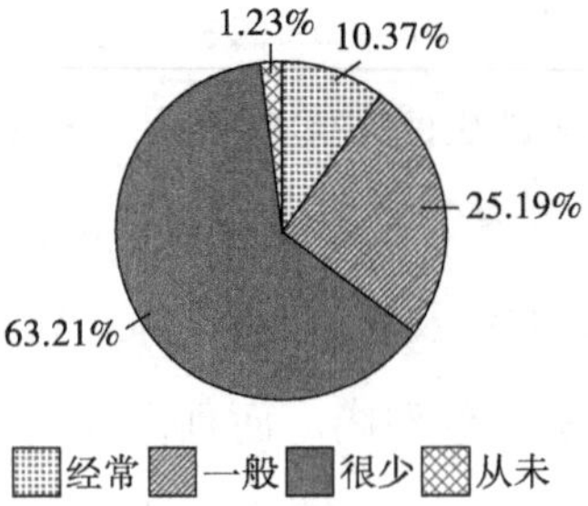

图2　调查对象课外主动了解党史知识的频率

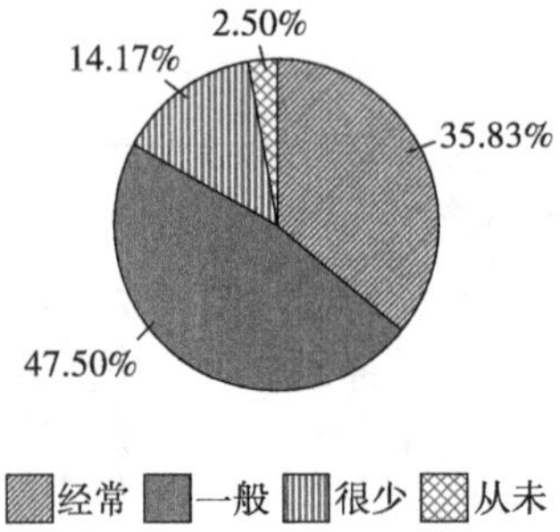

图3　调查对象参加党史学习教育情况

兴趣是促进个体学习的内驱力，而传统的党史学习教育模式影响了高校学生学习党史的兴趣。学生从小对党史形成了刻板印象，认为党史枯燥无聊，以至于学生对党史的发展脉络并不清楚。而且，传统教育模式是说教式、封闭式、灌输式的教育，这种模式曾经在高校思政教育中发挥过巨大作用，但是，由于现代信息传媒技术快速发展与多元文化的冲击，单一的、缺乏感染力和渗透力的传统党史学习教育模式难以得到高校学生的认可。

（三）传播途径影响高校学生对党史知识的掌握程度

通过对党史传播途径的调查可以发现（见图4），重庆市高校学生通过互联网手段了解党史的人数占比高达近87%；“青年大学习”也是现在高校学生了解党史的一个重要途径，有85%的学生通过“青年大学习”来增进对党史知识的了解；影视作品也在党史宣传中起到了较大的作用，占比为72.5%；另外，有50.53%、65%的学生是通过学校课程和学校党史宣传了解党史。其实，学校课程和学校党史宣传对学生对相关知识的掌握也起到了一定作用，但仍然可以看出学校的课程和党史宣传的作用相对于互联网宣传来说还是较弱的。究其原因，一是因为相比于学校设置的思政课，网络对党史知识的传播更具有特色和吸引力;二是就传播手段而言,学校的党史学习教育具有一定的时空限制,而网络传播则更加便捷,不受时空的限制,方便学生随时随地学习党史知识。

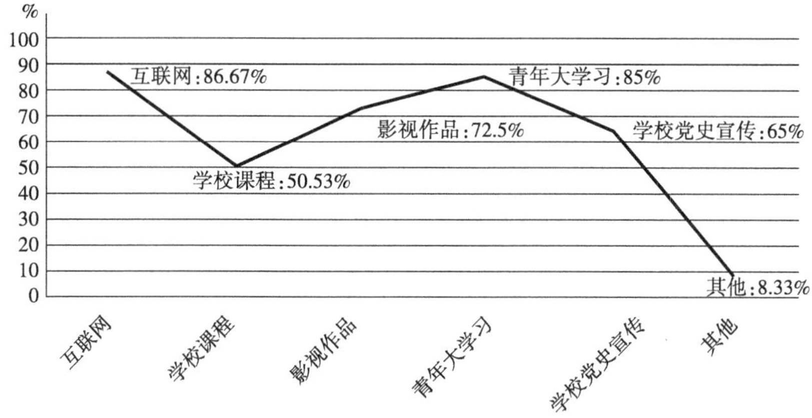

图4　调查对象了解党史途径

(四)对中国共产党的认识还不够深入

针对问卷中的开放性问题,我们设置了题为"在建党100周年之际,你对党的继续发展有何建议?"的问题。在统计数据并进行分析后,我们可以总结出如下两个方面的结论。一方面,出现最多的词汇为"中国共产党""祝福建党百年""祖国万岁"等,占总体数据的90%;其次是"初心使命""中华民族""国家""永葆本色"等词汇,占总体数据的6%;最后是"青春""接棒""传承""复兴""使命"等词汇,占总体数据的4%。基于不同感情色彩的词汇及词汇所承载的表意与内涵,我们可以得出这样的结论:百年大党的历史自豪感与政治意识已经在高校学生心中牢牢扎根。无论是从对建党100周年的美好祝愿,还是对党的认知态度,都可以看出,当代青年对自身作为社会主义建设者和接班人的历史使命和历史认同没有变,对中国共产党的历史地位和不朽业绩极为认可。而且,重庆市高校学生在对党的历史使命具有清晰认识的同时,也具备一定的忧患意识。另一方面,"致远""加油""青春"等词体现出高校学生对党的美好祝愿,但也反映出部分高校学生对党的认识还是比较浅薄,提不出切实性的、建设性的建议。

二、影响重庆市高校学生学习掌握党史状况的原因

重庆市高校学生学习和掌握党史情况存在问题的原因有多方面，情况也比较复杂，但是归纳起来主要有以下几点原因。

（一）高校学生自身对党史知识学习兴趣不高

一方面，重庆市高校学生自身对党史学习的兴趣不高，影响其后续的对相关党史的学习和掌握；另一方面，自身在从小的党史学习教育中形成了对党史的刻板印象，认为党史是枯燥无味的，对党史的学习提不起兴趣，兴趣是促进个体学习的内驱力，而传统的党史学习教育模式影响了高校学生学习党史的兴趣。

（二）高校对党史的宣传形式缺乏多元性且宣传力度不够

首先，学校在思政课中对党史知识的涉及较少，而教师对党史内容的扩展也较少，导致了学生对党史知识的脉络把握不够清晰。其次，学校在党史活动宣传方面，在重要年份的活动形式较多，但是在普通年份的活动形式较为单一，运用新媒体宣传较少，宣传上达不到预期的效果。

通过调查得知（见图5），在重要年份，学校组织党史宣传活动的形式是多样的，有班会活动或讲座、趣味活动或比赛、参观红色革命基地等。但是，根据走访调查分析，在普通年份，学校举行相关党史宣传活动的频率较低、活动形式也较单一。这一方面体现了重庆市高校在建党100周年之际对宣传党史的重视程度；另一方面也反映了在普通年份高校对于党史宣传的重视程度不够。尽管党史的宣传形式种类较多，但重庆市高校更多是采用班会活动或讲座来宣传党史相关知识，而像趣味活动或比赛、参观红色革命基地等其他党史宣传形式的开展频率则普遍低于班会或讲座。

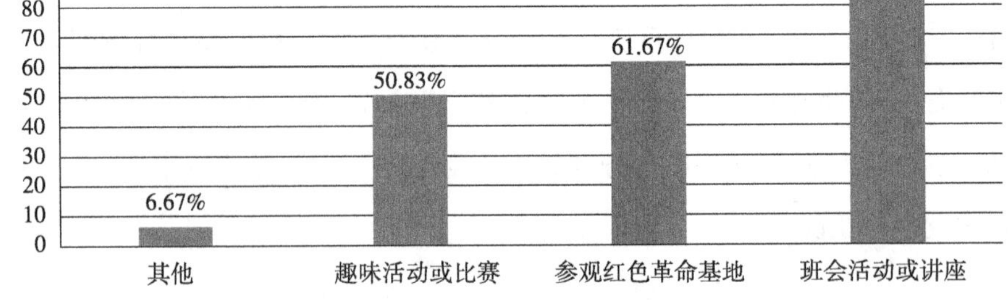

图5 学校宣传党史活动形式图

（三）社会组织未充分和有效地利用党史资源进行宣传

在互联网时代，高校学生的学习不局限于学校，更多党史知识的获取是通过互联网，包括新闻、影视作品和相关推送等。但大多数社会组织运用红色资源的程度低，未能充分挖掘较好的题材，宣传能力较弱，社会各组织应充分利用好红色资源进行有效的党史宣传。

当下，高校学生大多是1995年后出生，生活和成长在新的时代，受到网络上各种思想的影响，具有比较强烈的自我意识，因此，传统的说教对他们效果不够好，他们更注重通过自我感受获得的体验感。因此，有必要改变传统的党史学习教育模式，拓展一些更有吸引力、更有体验感的教育方式。

三、改进重庆市高校学生学习掌握党史状况的建议

（一）注重发挥思政课的主渠道作用

基于党员（含预备党员）和入党积极分子学习和掌握党史比共青团员和其他政治面貌的学生群体更好的情况，针对高校学生这个特殊群体，可以发挥高校思政课的主渠道作用。我们应从以下四个方面进行改进。

第一，高度重视思政课中的党史学习教育，适当增加党史学习教育内容和授课学时。同时，加强该学科建设，确保党史学习教育拥有优秀师资力量。

第二，学校在开展党史学习教育时应根据学生情况设置不同的教学侧重点。对于一般学生应让他们对党史基础知识及党的发展脉络加强了解，而对于党员（含预备党员）和入党积极分子，应要求他们注重理论和实践相结合，深化其对党的认识。

第三，进一步拓宽党史学习教育的实施主体范围。党史学习教育的实施主体不仅仅是高校思政课教师，还要充分挖掘和利用社会资源，邀请党史专家、革命军人，以及各行各业的先进模范开展党史学习教育。

第四，教师在上课时需要创设情景课堂，让学生参与到课堂教学中，在思政课上围绕党史知识举行知识竞答、情景剧等活动并进行评奖，以此来激发学生学习党史的主动性。

（二）丰富党史学习教育方法，提高高校学生学习党史知识的兴趣

针对调查中高校学生普遍反映的学习方式被动、积极性不高、学习内容单调的问题，可从以下四个方面着手提高高校学生学习党史知识的兴趣。

第一，红色经典影视作品是开展党史学习教育的有效素材。调查结果显示，红色经典影视作品是学生了解党史知识的重要渠道。国家相关部门要整合资源，创作更多弘扬正能量的优秀党史影视作品。高校要重视党史影视的放映工作，要投入一定的人力、物力和财力，定期播放与党史相关的优秀影视作品，激发学生党史学习教育的兴趣。

第二，把握时间节点，开展教育活动。把法定节假日、传统节日以及重大历史事件的纪念日充分利用起来，利用其中可以跟党史学习教育相结合的地方，积极引导学生进行思考，学习其中所蕴含的民族精神和革命精神，这样可以增强学生的爱党爱国情怀，起到双重教育的作用。

第三，扶持社团开展工作。积极扶持由学生自愿组织和参加的各种学习型社团，思政课教师要积极去做这些社团的指导老师，引导学生学习党史、研究党史，并在重要时间节点开展系列活动，使之成为高校学生自我教育的重要阵地。

第四，综合教育，激发兴趣。调查中发现“青年大学习”在党史宣传教育中起到较大作用，故可利用“青年大学习”“雨课堂”“学习云”和“学习通”等智慧教学工具向学生推送有关党史的内容、纪录片和高质量的党史影视作品，督促学生利用碎片化时间学习，提高对党史的兴趣。

（三）加大党史宣传教育，多渠道、全方位地传播党的历史

随着现代信息技术的运用，党史传播手段更加多元化。因此，应特别注重新媒体在传播党史中的作用，无论是重要年份还是普通年份都要积极做好党史的宣传教育工作。为拓宽党史传播途径，我们应从以下五个方面着手。

第一，充分挖掘当地与党史相关的历史题材、人物故事以及英雄人物传记，将这些资源通过新的媒体形式做成影视资源上传到网络，在最大程度上促进这些党史资源的传播，让全国各地想要了解党史的人可以尽情观看，在最大程度上提高党史宣传教育的能力。

第二，充分利用当下的热门社交软件，建立党史学习教育相关论坛，为党史爱好

者和普通群众提供党史学习教育素材，并积极引导用户进行交流，扩大论坛的影响力。还可以依托论坛组织党史知识竞赛、“云”瞻仰革命遗址等活动。

第三，利用当下人们喜欢碎片化阅读的习惯，把党史学习教育素材做成内容经典、体量小的短视频，在各大平台上对用户进行推送，从而引发用户的思考，以引导用户进一步地了解党史。还可以采用动画艺术形式开发一批质量高的党史学习教育素材。时代在变化，党史学习教育的手段也应该与时俱进。

第四，开通数字电视党史频道，根据真实历史事件制作一批艺术感染力强、观赏价值高的影视剧、纪录片，在黄金时段播出，进一步巩固党史宣传阵地。

第五，学校在通过校报、校刊、校内广播、宣传画廊等传统方式宣传党史知识的同时，应充分利用现代化手段，通过学校官网、微博、公众号、短视频等新媒体传播党史，搭建党史学习教育新平台。

总之，学校应加强党史教育“软硬件”设施建设，在课堂之外，充分发挥教室、图书馆、宿舍等学习、生活场所的优势，进行党史知识的进一步宣传和普及，也可以建立党员示范岗，提供专门化服务。

(四)结合区位优势，挖掘利用当地红色资源进行宣传

习近平总书记指出：“革命博物馆、纪念馆、党史馆、烈士陵园等是党和国家红色基因库。要讲好党的故事、革命的故事、根据地的故事、英雄和烈士的故事，加强革命传统教育、爱国主义教育、青少年思想道德教育，把红色基因传承好，确保红色江山永不变色。”①因此，我们要充分发挥重庆红色革命教育基地的教育功能。重庆的红色文化资源类型丰富，可以为重庆各大高校的思想政治教育提供大量的学生能直接感知的物质和精神资源，拓宽了教育的实践载体。

在调查中显示，重庆部分高校已经利用重庆得天独厚的红色资源优势进行了党史的宣传教育，但是相比较于其他教育方式，总体利用率还是普遍偏低。所以，在针对高校学生进行党史学习教育时需要更多地利用好本地的红色资源。学校、学院或者一些相关的社团可以有意识地组织学生去参观一些红色基地或者遗址遗迹，例如中共中央南方局暨八路军重庆办事处、白公馆、渣滓洞等，也可以举办相关的散文、诗歌、绘画等文学艺术作品征集活动，进一步深化学生对党史的认知和理解。大量

---

① 习近平在河南考察时强调：坚定信心埋头苦干奋勇争先　谱写新时代中原更加出彩的绚丽篇章[N].人民日报，2019-09-19(1).

而丰富的历史图片、文字简介、生动鲜活的场景等可以让高校学生反响热烈、收获丰富，但重庆不少高校碍于安全因素或是经费原因，未能全员覆盖。因此，需要破解实践教育全员参与的难题，使实践教育落到实处。

着力利用好革命文化遗址资源，挖掘其教育潜力。开辟教育培训基地，推广革命资源。有关部门可以为高校学生提供便利和优惠，比如：制定持学生证半价政策或者开展免费参观活动，也可以因地制宜地定期举办相关系列活动，如情景剧、纪念仪式、主题展览活动等。若高校学生身临其境，产生了与环境相关联的情感反应，则更有利于高校学生对党史知识的掌握。

（指导老师：马克思主义学院　潘顺照）

硕士研究生"中国特色社会主义理论与实践研究"课程学习投入状况调查报告

——以西南大学硕士研究生为例

周洪竹　蒋莹莹　闫娇　何青青[①]

摘要 当今世界，各种思想文化相互激荡，对高校学生产生了不可低估的影响。而高校学生在拥有思想活跃、独立等优点的同时，还存在着理想信念不坚定、是非辨别能力有限等不足。尤其是伴随市场经济的发展、信息时代的来临和西方思潮的影响，高校马克思主义理论教育工作面临考验与挑战，少部分学生出现了信仰缺失、理想迷茫和价值观扭曲等问题。"中国特色社会主义理论与实践研究"课程作为硕士研究生的必修课，学生学习投入的总体现状如何？哪些因素影响了学生的学习投入？不同性别、年级和专业的高校学生是否会呈现不同的学习投入特征？以上问题都值得我们去思考、去研究。为了较客观地反映上述问题，我们从行为投入、情感投入和认知投入三个维度对西南大学硕士研究生"中国特色社会主义理论与实践研究"课程学习投入的状况进行了调查。调查表明，西南大学硕士研究生对该课程的课堂行为投入总体不高，其中学生课堂情感投入普遍较高，但学生的课堂认知投入相对较低；学生在课程学习过程中认知差异化明显，行为投入与情感投入未成正比，受惯性思维影响大。我们认为需要通过硕士研究生自觉发挥主体性、强化导师及任课教师的引导作用、发挥学校统筹"学"与"教"的全局作用等方式改进硕士研究生"中国特色社会主义理论与实践研究"课程学习的投入状况。

关键词 硕士研究生；"中国特色社会主义理论与实践研究"课程；学习投入

① 周洪竹、蒋莹莹、闫娇、何青青为西南大学马克思主义学院2019级硕士研究生。

高校思想政治理论课是对高校学生进行思想政治教育的主渠道。“中国特色社会主义理论与实践研究”课程作为硕士研究生的必修课，学生学习投入的总体现状如何？哪些因素影响了学生的学习投入？不同性别、年级和专业的硕士研究生是否呈现出不同的学习投入特征？围绕以上问题，我们进行了相关的调查研究。本研究采用了问卷调查法，以重庆市西南大学研究生为调查对象，尽量涵盖到不同年级、年龄和性别的硕士研究生，共发放问卷170份，回收165份，问卷回收率97.06%，其中有效问卷为160份。

本次调查采用了线上与线下相结合的方式，线下发放纸质问卷，线上通过问卷星发放电子问卷，回收问卷后先进行无效数据剔除，而后将剩余问卷运用统计学的相关知识和研究方法进行问卷分析，通过Excel进行数据录入和有效数据的筛选，又将有效数据导入SPSS22.0进行变量建立、单变量分析、交叉分析（双变量分析）等一系列分析处理的工作。

一、硕士研究生“中国特色社会主义理论与实践研究”课程学习投入基本状况

本次调查从硕士研究生学习“中国特色社会主义理论与实践研究”课程的行为投入、情感投入和认知投入三个方面，分析西南大学硕士研究生在该门课程中的学习现状。

（一）学生的课堂行为投入总体不高

我们从“中国特色社会主义理论与实践研究”的课堂出勤情况、课前准备情况、课堂学习状态、参与课堂学习程度、完成作业情况及时间投入等方面对学生的行为投入进行调查，行为投入折射出的是学生在实践方面对“中国特色社会主义理论与

实践研究”课的投入情况。数据显示西南大学硕士研究生总体上课堂行为投入不高，在各方面还存在许多问题。

学生的课堂出勤情况良好，绝大多数学生都能做到按时出勤，只有少部分学生对该门课程不够重视，存在迟到、旷课现象（见图1）。

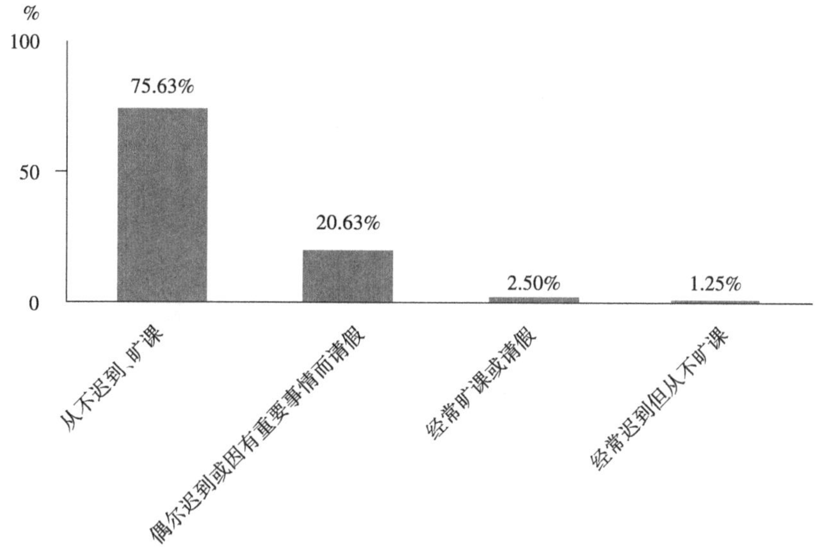

图1　课堂出勤情况

学生在课堂预习和当堂学习状态方面存在很多问题。38.75%的学生只针对自己感兴趣的部分进行了解，如历史、文化等；35%的学生能充分地做好课前预习；还有25%的学生从不做相关的课前准备（见图2）。在课堂学习状态上，很大一部分学生注意力不够集中，只能在部分时段做到认真听课，且笔记多以PPT展示内容为主，对老师额外讲授的重要内容缺乏关注（见图3）。

学生在课堂上的互动缺乏主动性，其积极程度在外部力量的正强化下会明显提升，因为很多学生在实行成绩的激励机制时会主动参与课堂讨论，但同样也有部分学生对课堂讨论无动于衷（见图4）。作业完成方面情况相对良好，只有极少数学生常常敷衍了事，甚至不完成作业，或者以无所谓的态度对待（见图5）。

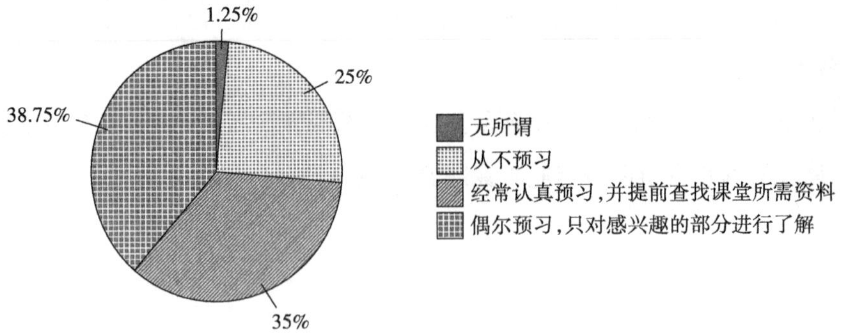

图2　课前准备情况

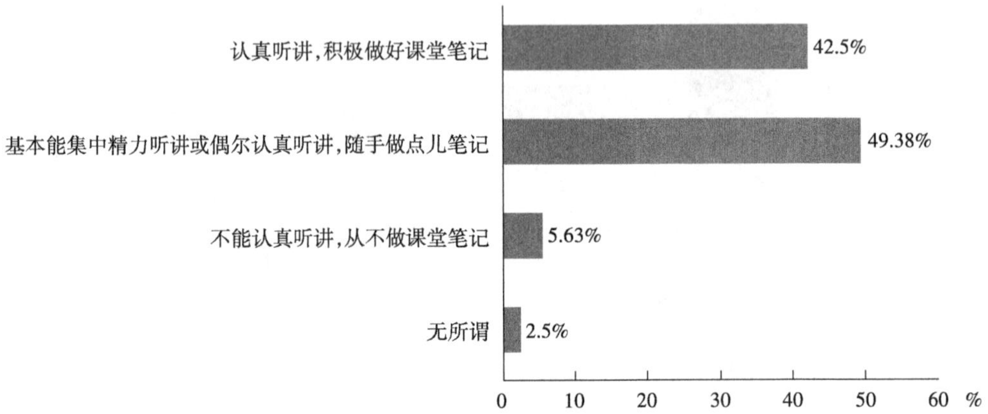

图3　课堂学习状态

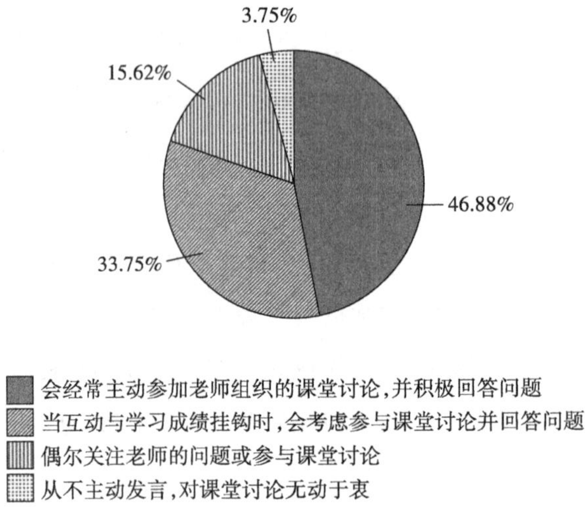

图4　课堂讨论状况

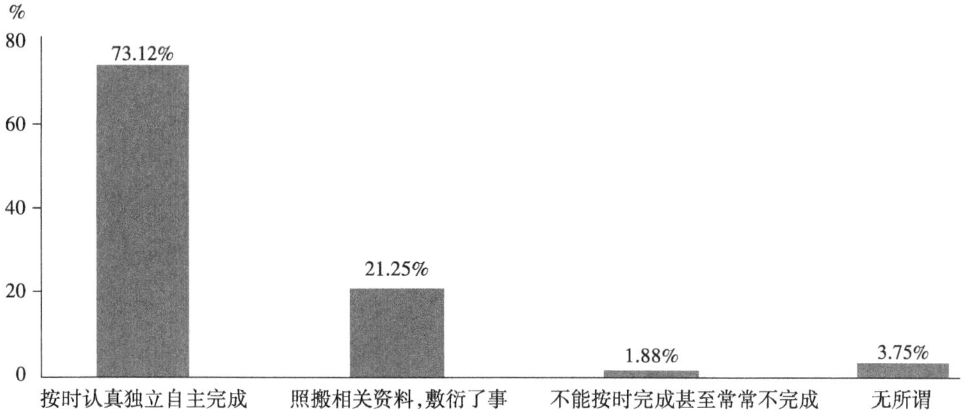

图5　课后作业和期末考核完成情况

从图6可以看出，学生对中国化马克思主义理论知识的学习大都来自公共课程的学习。而本门课程的授课时长每周一般在2~3小时，因此有相当一部分的学生在上课之余基本不会主动去学习和理解相关知识。原因主要是其他课程学习安排较多，以及学生本身对思想政治理论类的课程不太感兴趣。

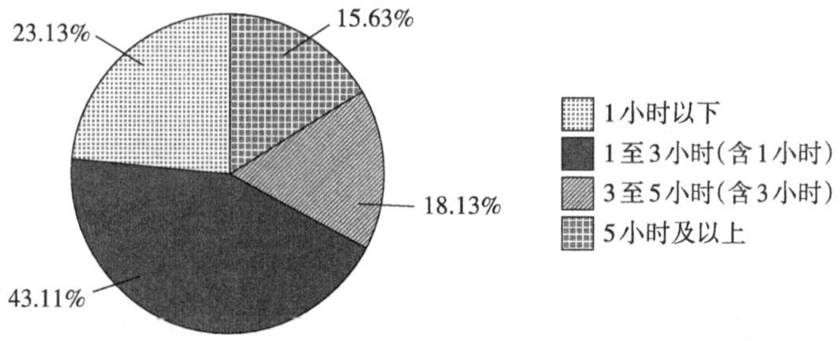

图6　课程学习时间投入情况

（二）学生课堂情感投入普遍较高

情感投入包括学生在课堂学习活动中的积极情感、遵守规范和消极情感三个基本方面。这一部分主要以课堂学习活动中的情感体验这一主题进行调查，涉及学生在“中国特色社会主义理论与实践研究”课堂上的情感状态、学习态度和课堂学习效果满意度。调查结果显示，总体上学生在课堂学习过程中的心理融入和所伴随着的积极情感体验占比高于消极情感。

感觉在课上比较愉快并有收获的学生占据大部分比例，但仍有少部分学生在课上的情感状态不太积极（见图7）。

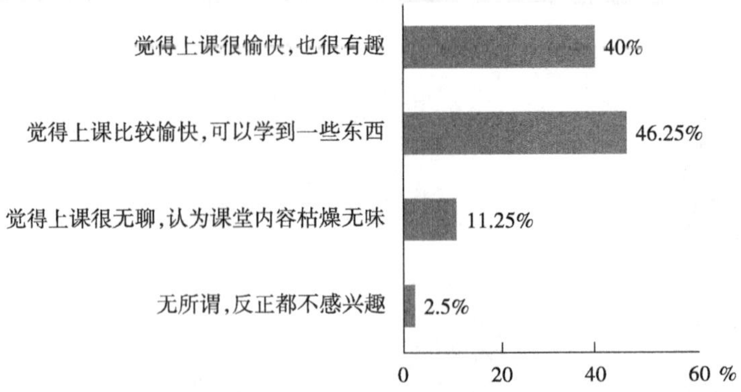

图7 课堂情感状态情况

大部分学生对课堂的学习态度比较积极(见图8)。在调查中我们也了解到，大部分非文史类学生感兴趣的原因主要是喜欢课程中涉及历史(党史、抗战史、新中国发展史等)和时事热点的部分。

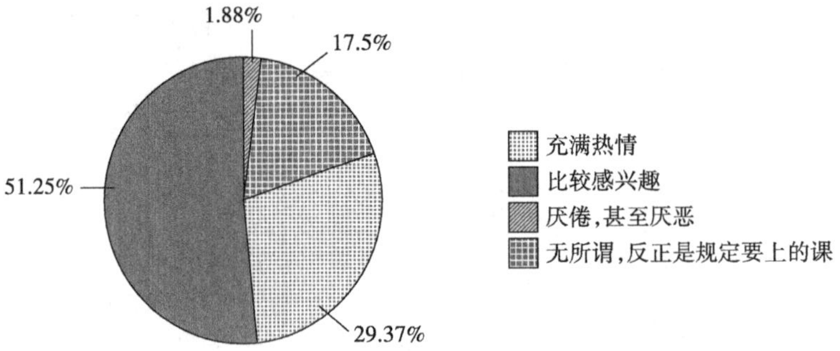

图8 课堂学习态度情况

如图9所示，多数学生认为课堂学习的效果比较好，但不可忽视分别有21.25%和2.5%的学生认为"效果一般""效果很差"，其学习效率有待提高，原因还有待进一步探究。

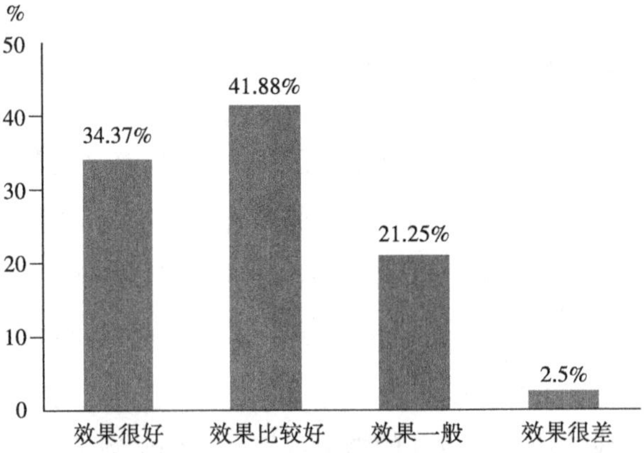

图9 课堂学习效果满意度

(三)学生的课堂认知投入相对较低

认知投入是指学生在课堂学习过程中对所使用学习策略的主观认识,我们主要从学生对"中国特色社会主义理论与实践研究"课程的了解及影响其积极主动学习该课程的主要因素展开调查。

如图10所示,总体看来,在遇到困难或不理解的内容时,大部分学生还是比较消极,缺乏学习的主动性,不会主动寻求解决办法。有60%的学生不会主动想办法解决,也不会向老师寻求帮助。

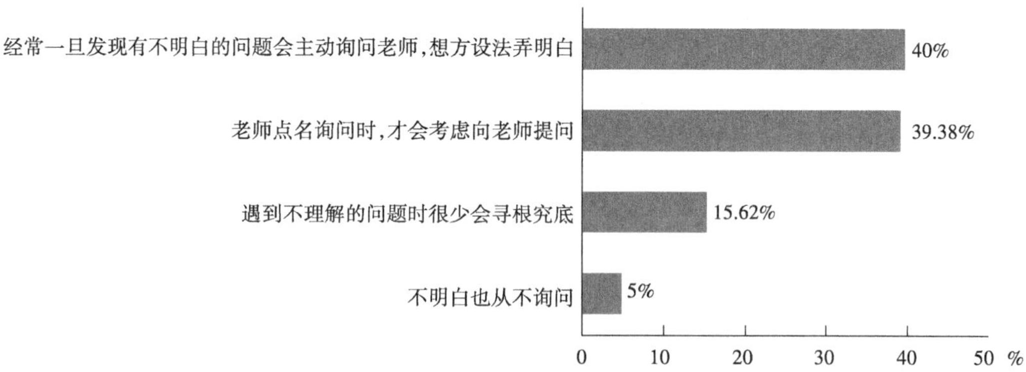

图10　课堂问题解决意识情况

调查数据显示(见图11)学生课堂所学内容的实际运用情况较好,41.25%的学生能够经常把课堂所学知识与已有知识和经验相联系。但也不容忽视的是,仅停留于课本知识,没能与实际生活相联系,还有从未考虑将其运用,也不在意的学生占相当一部分。对于课堂学习内容的运用和实践还有待加强。

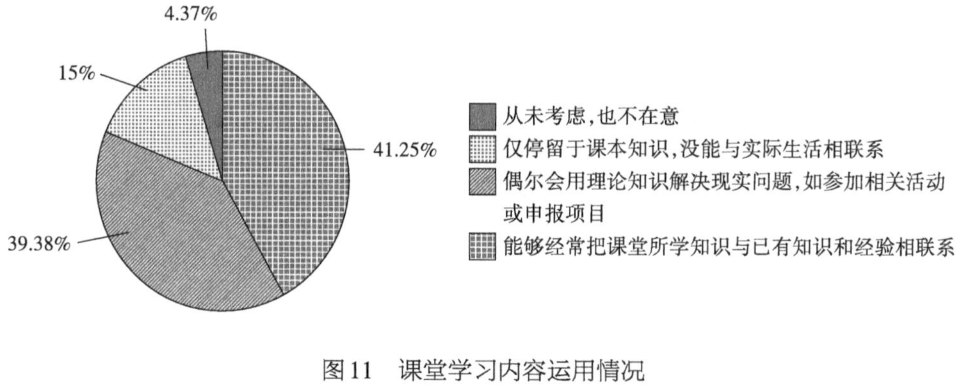

图11　课堂学习内容运用情况

如图12所示,学生对"中国特色社会主义理论与实践研究"课堂知识现实应用的主观感受情况总体良好，41.25%的学生认为非常有帮助，经了解，这部分学生认为这门课不但可以完善自己的知识结构、拓宽视野，还能帮助自己正确看待事物等。也有相当一部分学生认为这门课程对考公务员、考教师资格证，等比较有帮助。

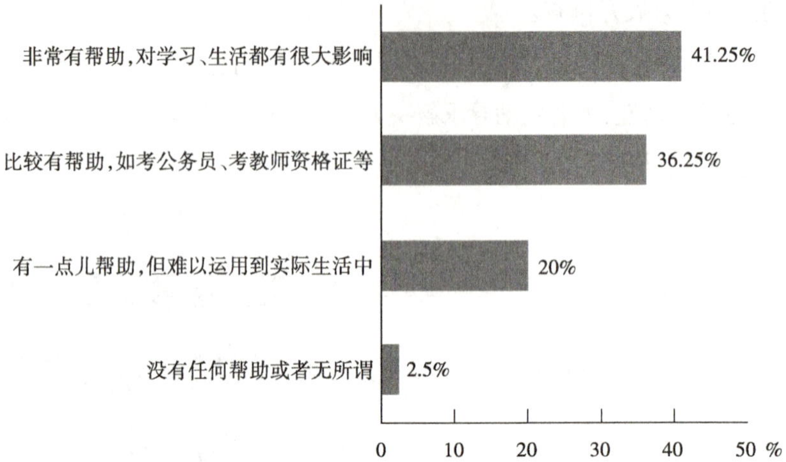

图12　对课堂知识现实应用的主观感受情况

(四)学生对课堂的偏好明确

除了行为、情感、认知投入三大维度，我们还额外调查了两个问题。

如图13所示，虽然大部分学生对本门课程的开设原因的认识是比较明确的，但从前面的分析来看，大家的重视不够，相当一部分学生仅仅将这门课程的学习视为完成任务就行。

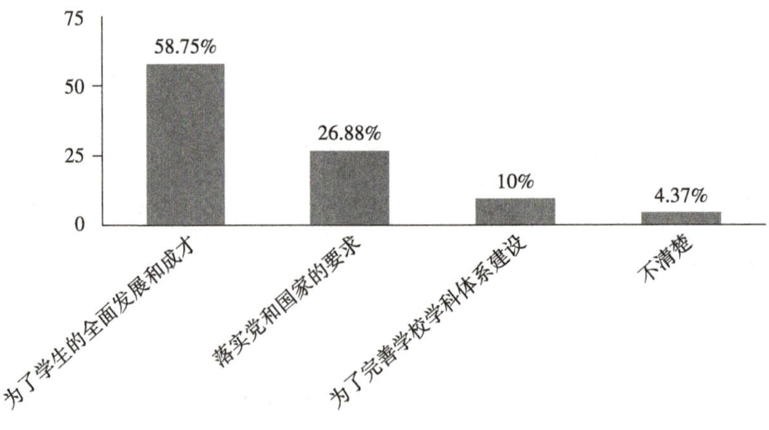

图13　课程开设原因调查

如图14所示，关于影响大家积极主动学习该课程的主要因素，受访者认为主要因素排名是：首先是个人兴趣，其次是教师的教学态度，再次是教学形式和方法，而后课程内容和课堂氛围的占比不相上下，占比最少的则是学习基础。虽然说“兴趣是最好的老师”，但是，老师帮助学生树立对“中国特色社会主义理论与实践研究”这门课程的正确认识，以及不断改进自己的教学方式、方法，适当调整教学内容仍然是非常有必要的。

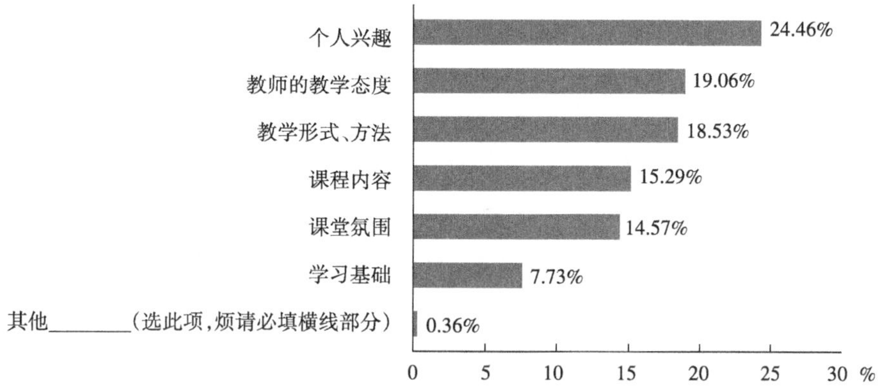

图14　影响积极主动学习课程的主要因素

如图15所示，在“对课堂效果不满意的主要因素”的调查中，我们看到选择“教师的教学方法和教学模式传统、单调”的人数最多，占比39.61%；其次是这门课程“教学内容政治色彩浓厚”，再次是“课堂学习氛围不好”。较少人认为是“教师的教学态度不佳”，还有人表示是因为其他因素，比如理论仅停留于课本层面，感觉离自己比较遥远。由此可看出，西南大学“中国特色社会主义理论与实践研究”课程授课教师的教学态度是值得肯定的，但在具体教学过程中教学方式和方法还需要进一步改进。

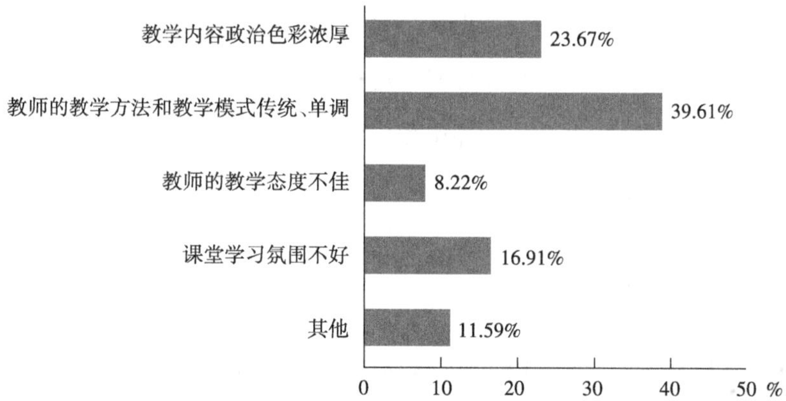

图15　对课堂效果不满意的主要因素

二、硕士研究生在课程学习过程中存在的问题

综合各项数据及所收集的部分学生的意见，我们分析了西南大学硕士研究生在“中国特色社会主义理论与实践研究”课程学习过程中存在的突出问题，具体表现在如下几个方面。

（一）认知差异化明显

由于我国的文理分科制度由来已久，从中学时代起，学生的文理分科观念就较为明显，往往文科类专业的学生对理论性的知识接受能力更强，而理工科类的学生则注重操作性。很多理工科类学生表示自己对“中国特色社会主义理论与实践研究”这一课程有着较高的兴趣，对课程有自己的见解并且能从中有所收获，只是由于学科知识背景、研究方法差异较大等原因，没能更好地理解和领悟课堂内容。有很多理科学生没有正确认识到这门课程的目的是对其世界观、人生观、价值观进行正面引导。相较而言，文科学生的认识水平更高，理解更加深刻，大多数文科学生认为开设该门课程是为学生的全面发展和成才而服务的。

（二）行为投入与情感投入未成正比

相关调查数据显示，西南大学硕士研究生在“中国特色社会主义理论与实践研究”课程中情感投入较高。与之相比，学生的课堂行为投入较低，在具体行为表现上出现了很多问题。在研究生阶段仍然存在旷课、迟到和早退等现象，学习态度不够端正。学生在课前预习和课堂学习状态方面存在很多问题，大部分学生只针对自己感兴趣的部分进行了解，少部分学生从不做相关的课前准备。除此之外，很大一部分学生注意力不够集中，只能在部分时间段做到认真听课和做笔记，且笔记多以老师课件展示的内容为主，对老师额外讲授的知识点不够关注，而很多时候这一部分才是研究生该重点掌握的内容。

（三）受惯性思维影响大

在该项调查中，学生的惯性思维表现在认为思想政治理论课内容重复、是公共课而非专业课等几个方面。首先，很多学生认为大学开设的思想政治理论课都是类似的，甚至与高中的思想政治课没有太大的区别。在访谈中有学生表示“重复的知识点

讲来讲去没有新东西，理论性较强，但对实际生活没有太大的帮助，感觉没有必要认真听”。其次，调查数据显示，除马克思主义理论类专业的学生外，其他专业学生对这一课程的学习时间主要集中在上课时间。在他们看来，公共课不能与专业课相提并论，过多学习公共课就是浪费时间。这些思想都严重影响了学生学习该课程的积极性。

（四）教学态度和方式极大影响着学生学习的积极性

在“对课堂效果不满意的主要原因”的调查中，认为“教师的教学方法和教学模式传统、单调”的比例最高。在后期的访谈中也了解到很多学生对思想政治理论课教师的评价褒贬不一，有学生表示“教学分离”“课堂教学枯燥”导致听不下去。目前，西南大学的思想政治理论课大多都是百人左右的大课堂，教师无法顾及每个学生，二者之间的交流较少，且学生主动寻求答案的积极性较低，导致一些学生对于所学知识的困惑得不到及时解决，使他们学习的兴致逐渐被消磨掉。除此之外，教师的教学理念决定了教师的教学态度以及教学方法，同样的教学内容，教学理念不同的教师在教学过程中传递给学生的意境是截然不同的。而现在部分思想政治理论课教师的教学理念还是过多地侧重于灌输式教学，追求的是把知识点讲清讲透，至于学生得到了什么启发，意识上有什么变化，关注度不是很高。所以从某种意义上来说，教师的教学理念也在一定程度上影响了学生的学习投入。

三、硕士研究生在学习过程中存在问题的成因

发现问题不是目的，解决问题才是根本目的。要解决学生在当前学习“中国特色社会主义理论与实践研究”课程所遇到的问题，我们首要的任务是对现存问题进行正确归因。综合分析西南大学研究生“中国特色社会主义理论与实践研究”课程学习投入的基本情况与现存问题可知，现存问题的出现是学校学习环境、学生自身因素和社会大环境三者交互作用的结果，现存问题出现的主要原因可以概括为以下三点：即传统教学模式束缚、学生学习需求多变，以及社会不良因素影响。

（一）传统教学模式束缚

虽然新一轮基础教育课程改革进行得如火如荼，但传统教学模式的影响依然根深蒂固。传统教学模式对学生学习“中国特色社会主义理论与实践研究”课程的负

面影响主要有以下两点：首先，传统的文理分科制度使得理科学生没有学习“中国特色社会主义理论与实践研究”课程的知识基础和知识背景。文理分科制度在高中时期就阻断了理科学生在课堂上学习历史、政治类相关知识的热情和机会，这导致他们没有学习相关学科的知识积累，所以在本科和研究生期间学习中国特色社会主义理论体系等内容显得尤为吃力。在没有兴趣作为支撑的前提下，一部分理工科类学生对“中国特色社会主义理论与实践研究”课程的学习呈现出茫然且无所谓的态度。其次，传统教学模式下的大班教学形式，未能很好地突出教师主导作用和学生主体作用。调研结果显示，有超过50%的学生（见图4）不会主动参加老师组织的课堂讨论，除非是在考勤或者分数的激励下进行。在此情况下，讨论式教学演变成“灌输式”教学，师生互动、生生互动不能很好地体现。

（二）学生学习需求多变

教育的成功，既有赖于教育者的科学引导，又依托于受教育者自觉发挥主观能动性。

西南大学硕士研究生学习“中国特色社会主义理论与实践研究”课程现存问题之一就是学生课堂情感投入较高而课堂行为投入较低，这一问题的出现归结于学生学习需求的变化。首先，这门课程是针对西南大学在校硕士研究生开设，与本科生不同，硕士研究生更注重对一般性知识的深层次理解和加工。当学生发现教师讲授的知识过于浅显易懂，不符合深加工的条件时，消极怠慢、逃课旷课、迟到早退等现象就开始出现，甚至部分学生学习动力开始减弱，从而导致对此门课程的学习行为投入减少。同时，研究生面临着考博与就业这两大迫切需要解决的现实问题，在此巨大压力之下，学生的学习动机变得多元化。例如：超过36%的学生认为此门课程最大的作用在于可以帮助考公务员和教师资格证（见图12）；还有超过24%的学生认为个人兴趣是自己学习的最大动力（见图14）。研究生学习动机的多元化以及学习需求的改变，是导致学生在“中国特色社会主义理论与实践研究”课堂上行为投入不理想的重要原因。

（三）社会不良因素影响

当今世界正处于百年未有之大变局中，国际国内形势错综复杂。“中国特色社会主义理论与实践研究”课程的特殊性质决定了此门课程的教学效果要受到国际国内局势以及网络舆论的影响。在网络发达时代，学生极易受到海量良莠不齐的信息的冲击，在此消极因素影响下，有少部分学生认为开设此门课程无用，更不用谈提起兴趣去学习这门课程。

综上所述，西南大学硕士研究生“中国特色社会主义理论与实践研究”课程现存问题的出现，不是单一原因作用下的结果，而是传统教育模式、学生自身因素以及社会不良因素影响综合作用下的结果。要想解决这门课程的现存问题，必须从学校、学生及社会环境等方面切入。

四、硕士研究生“中国特色社会主义理论与实践研究”课程学习投入的提升路径

学校、教师、学生三者是“中国特色社会主义理论与实践研究”课程能否高效优质实施的三大重要因素，提高硕士研究生“中国特色社会主义理论与实践研究”课程学习投入质量，推动学生更好地学习“中国特色社会主义理论与实践研究”课程，离不开这三者的共同努力。

（一）硕士研究生自觉发挥主体性

该课程承担着对硕士研究生进行系统的马克思主义理论与实践教育的任务，是使高校研究生坚定政治立场、坚定“四个自信”的主渠道。硕士研究生作为“中国特色社会主义理论与实践研究”课程实施过程中的受教育者，其主观能动性的发挥对其在本门课程上的学习投入程度起着关键性的作用。从问卷调查结果的分析中我们可以看到，西南大学硕士研究生在学习该课程的过程中存在着诸多问题，为增加硕士研究生的课程学习投入，针对学习主体，即硕士研究生，有以下参考对策。

1.转变学习观念，明确学习目的

本门课程是高校开展马克思主义理论教育的主阵地，硕士研究生综合素质的全面发展离不开本门课程的教学。然而长期以来，很多硕士研究生忽视了本门课程的重要性和必要性，甚至认为此类课程枯燥无趣，仅仅为了修完学分。通过调查，我们发现：在所调查的对象中，部分学生认为开设本门课程是为了落实党和国家的要求，还有部分学生完全不清楚课程开设的原因，这些认识误区导致部分硕士研究生学习该课程的热情不是很高，学习投入不足，情感投入也降低。因此，增加学生课程学习投入的一个关键条件是要让硕士研究生明确本门课程的学习目的和意义：提高自身

思想政治素养，培养自身的综合思考能力和社会实践能力，造就全面发展的人。硕士研究生作为本门课程学习过程中的主体，只有充分明确本门课程的开设目的，认识到本门课程开设的重要性，才能认真学习相关的课程内容，实现自我综合素质的提高，促进自我的全面发展。

2.明确学习差异，积极正确归因

每个学生都是独特的生命个体，其先天禀赋、家庭背景、成长环境、兴趣爱好、专业学习的方向等方面都存在着一定差异。从调查的数据来看，硕士研究生对本门课程的投入时间与他们的兴趣度成正比，与学习效果成正比。因此，硕士研究生应该有意识地对本门课程学习投入不理想的现状进行归因，探讨是何原因导致自己对本门课程的学习不积极，在适当情况下可以与老师进行沟通，找到自己本门课程学习的弱点所在，集中精力解决本门课程学习过程中遇到的问题，并达到改善本门课程学习效果的最终目标。

3.增强主体意识，培养自身兴趣

硕士研究生作为高校课程的学习主体，应该是积极地、主动地获取知识，提升自身的境界，而不应该过多地进行被迫的、选择性的、形式的、变质的学习。硕士研究生自身首先要摆正自己的地位和态度，明确自己想要在课程学习中获得什么，培养自身兴趣，变被动学习为主动学习，增强学习活动中的幸福感，积极发挥主观能动性，将课程理论内化为自己的思想政治素质，并将课程理论和自身实践相结合，转化成有效的自主学习行为，这是本门课程所要完成的任务，也是一大难题。因此，为充分发挥学生在本门课程学习中的主观能动性，培养兴趣很重要。

4.提高应用能力，理论联系实际

本门课程在立足培养学生的思想素质，促进学生树立正确的世界观、人生观和价值观的同时，更注重培养学生灵活运用所学知识分析和解决现实生活中的相关问题的能力。硕士研究生应在学习、掌握本门课程知识的基础上，通过自身实践创造性地将课程理论运用到实际中，深化对理论的认识，并通过各种思维方式发现新观点、新方法和新知识，进一步增加对本门课程的学习投入。

(二)强化导师及任课教师的引导作用

教师作为学校教育功能得以发挥的主要实施者，是人才生产的主要承担者，在学生的培育中起到重要的引导作用。同时，硕士研究生阶段普遍实行导师负责制，立德树人是导师的首要职责，帮助学生树立正确的政治思想是树人的根本任务。导师对研究生负有思想政治教育、优良品格培养和学术纪律教导等责任。针对部分学生轻视本门课程、对该课程学习抱有消极情绪等情况，研究生导师应引导学生树立全面发展的理念，提高学生的学习兴趣。

1.了解学生困惑，帮助学生明确学习目的

教师既担负着向学生讲授马克思主义基本原理与中国化马克思主义理论体系，宣讲党的路线、方针和政策的教学任务，又需要引导学生建立正确的世界观、人生观和价值观，提升学生的道德素养和培养学生的社会责任感。为此，针对学生对本门课程的多元化需求，教师一方面要继续坚定自己的思想政治信仰，并不断更新已有理论知识，时时刻刻关注实践过程中的变化，积极对自身的思想理论体系做出完善；另一方面，更要将学生学习本门课程中产生的迷茫、倦怠、学习投入不佳等问题列为重中之重，主动探索解决方法。本门课程的授课教师首先要帮助学生明确学习的目的，完成他们对本门课程的正确认知定位，特别是帮助理工科学生进行合理的课程学习规划，让学生逐步认识到本门课程的意义和价值。

2.关注学生动态，构建师生情感纽带

人是教育的出发点，也是教育的归宿。思想政治理论课要求教师必须关心学生，关注学生的思想动态，多与学生进行思想与情感上的交流。教师需要从促进硕士研究生身心健康和全面发展的目的出发，去关注学生的成长，而不仅仅是关注学生对理论课的实际掌握情况。尤其是，西南大学在每年寒暑假都有社会实践活动，这就需要大量本门课程的教师进行实践指导。若本门课程教师能够积极地对学生进行指导，将本门课程的方法论运用到实际生活中去，带领学生在实践中领悟真知，缩短师生之间的距离，就能潜在地激发学生在本门课程中的学习热情。

3.钻研并优化教学内容，把握教学差异

本门课程由于理论性和政治性较强，所以有关理论的内容比较多，这些深奥、枯燥的知识在教师照本宣科的情况下学生会很难理解。此外，本门课程隶属于思想政治课门类，研究生从本科开始就上过类似的课程，如“毛泽东思想和中国特色社会主义理论体系概论”等，极易产生倦怠心理。尤其是文科生和理科生学习本门课程的基础和兴趣有很大的差异。

对此，教师必须在教学内容上进行更多的钻研、优化。对于文科生和理科生这两种不同的受众群体，在教学内容上要有所区别。对于学生熟知的内容，应采取精讲精练的方法，挖掘内容的深度，拓展内容的广度，同时让学生发表自己的观点和见解；对于深奥的、枯燥的理论知识，在教学中更应超越课堂，走进生活，找到抽象理论与社会实践的结合点。

4.创新教学方式，加强学习合作

教师在教学方式上做出积极的创新，可以根据不同的课程内容采取灵活多样的形式，积极尝试专题式、研讨式和案例式的教学方式，科学运用网络信息技术等新媒体教学手段，搭建网络资源共享平台，促进优质资源的合理配置、利用与共享，丰富教学形式。积极尝试探索新的教学模式，尝试由大班授课模式向小组合作学习的转变，形成共同体课堂教学模式，注意充分尊重学生的主体地位，加强与学生的交流与沟通，努力形成"教"与"学"的和谐统一。

5.调整课程考核方式，构建多元化考核体系

在调查中可以看出，大多数学生在课上与老师进行互动，积极主动参与到本门课程的学习中，但有相当一部分在很大程度上是在成绩的激励之下产生的。为此，教师也可以充分发挥学业成绩在学生对本门课程学习投入方面的促进作用，调整现有的课程考核方式，构建多元化的考核体系。

（三）发挥学校统筹"学"与"教"的全局作用

西南大学硕士研究生对本门课程的学习投入程度仍有待加强，根本原因在于研究生自身出现了认知偏差，从而对本门课程的兴趣度、满意度不高，进而出现行为偏差。表面上看，这些问题的产生是由学生自身因素所导致的，但我们也不能忽视学校这一外部环境的重要影响作用。

1.加强宏观指导，重视引导和管理

就学校而言，要增加硕士研究生本门课程的学习投入，学校的重视和制度支持是重要保证。高校的课程教育工作是一项系统工程，需要加强领导、统筹规划、密切配合、形成合力。尽管各高校针对教师和学生都有相应的规章制度，但往往都偏向于课程设置、学期任务、学时划分和学生准则等方面。学校应该充分结合学生与教师的需求，对该课程采取有效的管理，通过采取一些硬性的激励措施（如增加学分等），让学生明确本门课程的重要性。

2.大力推进相关学科建设

学科建设是加强和改进该课程的基础。尤其是该课程教育教学所依托的学科是我国特有的一门政治性、科学性和实践性很强的学科,只能加强,不能削弱。不重视学科建设,不重视理论联系实际,是现今这门课程教学中普遍存在的问题。要想增加硕士研究生对“中国特色社会主义理论与实践研究”课程的学习投入,必须正确处理好理论体系、学科体系、课程体系、教学体系和教学方法体系之间的各种关系,学校应该重视本门课程在高校教学体系建设中的地位,并根据不同专业的学生设置不同的课程教育方向和培养方案,充分思考并着力解决由各种差异性导致的本门课程学习投入不高的问题。

3.改善课堂松散局面,缩减大班规模

尽管学校建立了硬性考勤制,但由于大班教学的特殊性,教师多以随机考勤为主,这就出现了“上课没见人、点名人来到”的现象,教学管理缺乏实效性,容易滋长学生的惰性。大班教学制是高校中本门课程教学的主要授课模式,西南大学也不例外,但这种模式在一定程度上不利于增强学生的学习积极性,提高学生的注意力。在一个可以容纳上百甚至数百人的大教室中,任课教师只有一人,这种师生比例严重不协调的模式,不利于良好教学效果的产生和有效课堂管理的实现。因此,缩减大班的规模,是有效提高本门课程教学质量的一个重要前提和保障。

4.丰富教学资源,建设优秀师资队伍

若要提高本门课程的教育教学质量和水平,优秀的师资队伍是重要的保障。教师作为本门课程教学过程中的重要一方,对硕士研究生“中国特色社会主义理论与实践研究”课程学习投入的影响不可忽视,学校有必要重视对本门课程教师的培养。学校可以适当对本门课程教师采取特殊政策和措施,如加强组织领导,加大科研经费支持力度,为从事本门课程教学的教师提供学习、培训、研修、交流,特别是考察的机会。重视对本门课程师资队伍的政治责任感、使命感的培养,增强其政治意识、大局意识、核心意识、看齐意识,以优秀的“中国特色社会主义理论与实践研究”师资队伍带动西南大学硕士研究生在本门课程中学习投入的提升。

高校作为马克思主义学习、研究、宣传的重要阵地,应该更加重视马克思主义理论课等相关课程的建设。本次对西南大学硕士研究生在“中国特色社会主义理论与实践”课程中的学习现状和提升路径的研究,对学校在马克思主义理论教育上的严格管理、创新发展以及党建工作的开展都有一定的参考价值。同时,对学校在当今教育发展尤为迅猛的形势下提升对思想政治理论类课程教育教学的重视程度,进一步在学生、教师和学校中形成马克思主义理论教育的合力,努力贯彻落实《关于深化新时代学校思想政治理论课改革创新的若干意见》等方面都有一定的帮助。当然，本次调查还存在样本量不足、问卷有待改进以及缺乏访谈补充等问题，但本次研究使小组成员在科研方面受益匪浅。小组成员在进行调查时还是科研经验有限的研一学生，能够较为完整地完成了选题破题、文献查阅、问卷设计及发放、数据统计与处理、结果分析、报告撰写等一系列过程，并且，成员间共同合作、积极交流，及时发现错误并改正，在一定程度上扩宽了我们的视野，也更激发了我们对科研和学习的兴趣。总的来说，国内外关于高校学生思想政治理论课学习投入的实证研究较少，缺乏系统性和代表性，而本次调查虽然对高校学生在思想政治理论课上的学习投入方面进行了一定的研究，但也只是初步的、探索性的一种尝试，还需要进行理论的深入研究和科学实践的验证。

（指导教师：西南大学马克思主义学院　王永友）

硕士研究生"中国特色社会主义理论与实践研究"课程"学"与"教"现状调查报告

——以西南大学硕士研究生为例

黄遵红　周杨　梅倩　戴婉①

摘要 高校作为重要的人才渊薮，在传授知识的同时也承担着立德树人的重要责任。当前，在立德树人理念的指导下，高校思想政治理论课作为研究生思想政治教育主渠道的重要地位更加凸显。随着我国高等教育进入普及化发展阶段，我国研究生群体也日益庞大。研究生是新时代中国特色社会主义事业的重要人才资源，是中国特色社会主义事业重要的建设者和接班人，其思想价值观念关乎国家、社会未来的发展。"中国特色社会主义理论与实践研究"课程作为硕士研究生的一门必修思想政治课，在让研究生正确理解党和国家方针政策，形成正确的思想价值观念方面具有重要作用，所以本课程的"学"与"教"状况备受社会各界的关注。本研究从课程认知、课程学习和课程教学三个维度设计问卷的主要内容，以西南大学197名硕士研究生作为研究对象，分析该课程的"学"与"教"的情况。经过问卷收集、统计与分析后发现，这门课程"学"与"教"中存在学科融合认知不足、课堂参与度不高以及课堂教学模式创新欠缺等问题，究其原因主要是课程学科性质的"特殊性"、课堂的交互式学习欠缺和教师的教学主导性不足三个方面。最后，以问题为中心提出了学科融合、创新教学手段和打造共生课堂的建议，旨在有效优化研究生的课程学习。

关键词 硕士研究生；"中国特色社会主义理论与实践研究"课程；"学"与"教"

① 黄遵红、周杨、梅倩、戴婉为西南大学教育学部2019级硕士研究生。

立德树人是高校的根本任务,高校思想政治理论课是落实立德树人根本任务的关键课程,“中国特色社会主义理论与实践研究”课程作为硕士研究生的必修课,其“学”与“教”的状况直接影响研究生思想政治素质的形成。本文以西南大学硕士研究生为例,通过对该门课程学习现状的问卷调查,具体分析该课程在课程认知、课程学习和课程教学等环节存在的问题,期望能对“中国特色社会主义理论与实践研究”课程的建设提出有针对性的建议,更好地发挥“中国特色社会主义理论与实践研究”课程的育人功效,提高研究生的思想政治理论水平和思想政治素质。

本次调查主要围绕“中国特色社会主义理论与实践研究”课程的“学”与“教”现状进行,包括课程认知、课程学习和课程教学三个维度。本研究采用了问卷调查法,以西南大学硕士研究生为调查对象,尽量涵盖不同年级、年龄、性别的学生,共收回有效问卷197份。在调查对象的性别比例上,女生占比为87.31%,男生占比为12.69%;在所处年级方面,研一占比为74.62%,研二占比为17.77%,研三占比为7.61%;在专业方面,文史类占比64.48%,理科类占比12.88%,工科类占比9.14%,艺术、体育和其他类占比13.5%。

本次调查采用了定量与定性研究相结合的方法。定量研究主要采用了线上问卷调查法,通过问卷星将生成的问题通过微信、QQ等渠道发给了200余名硕士研究生。通过问卷星剔除无效问卷后,将剩余问卷利用SPSS软件生成调查结果用于后续分析。

一、“中国特色社会主义理论与实践研究”课程“学”与“教”基本状况分析

在问卷的设计中,我们受国家中学思政课程三维目标的启发,并参考陆秋梅和刘

勤[①]、魏晓梅等[②]、谭向阳和阎占定[③]等国内学者的文献，在对已有研究结果的分析和对比的基础上，以课程认知、课程学习和课程教学三个维度作为依据进行问题编制（见表1）。问卷一共设计出21个问题，其中4个基本信息题、11个单选题、5个多选题和1个填空题（即开放性问题）。

表1　问卷具体维度内容

维度	指标	具体内容
课程认知	课程态度、价值观念	1.课程对未来人生发展的作用 2.课程对专业学习的作用 3.学生对课程的看法与态度
课程学习	课程参与、互动情况	1.学生对课程的兴趣程度 2.对课程内容哪部分感兴趣 3.课堂出勤情况 4.课堂表现如何 5.课下是否及时预习和复习 6.参与课堂互动的频率 7.参与课堂互动的态度
课程教学	教学内容、教学方式、教学评价	1.教学内容是否满足需求 2.教学方式是否符合学习特点 3.任课教师的所属类型 4.存在的主要教学问题 5.期望的教学方式 6.课程的学习收获

（一）课程认知：定位正确，但对课程学科融合性的认知不足

认知是行为的先导，课程的认知是正确分析行为的前提与基础。本次研究通过调查学生对课程的态度、价值观念来了解研究生对课程的认知情况。从调查结果可知，大部分的研究生都已正确认识到该课程对未来人生的重要作用（见图1），认为"重要"和"非常重要"的比例之和为86.8%；大部分研究生将本门课程定位为一种重要的思想意识形态教育课程（见图2），比例高达88.83%；哲学类、法学类、理科类、文科类、管理

① 陆秋梅，刘勤.在校大学生思想政治理论课学习状况调查研究——以G校为例[J].大学教育，2018(1)：89-91.

② 魏晓梅，朱红霞，戴玉，等.关于研究生政治公共课学习情况的调查报告[J].当代教育实践与教学研究，2017(6)：270+269.

③ 谭向阳，阎占定.高校研究生思想政治理论课学习现状调查——以湖北省武汉市高校为例[J].学校党建与思想教育，2016(5)：42-45+51.

类、农科类、其他类和工科类学生认为本门课程对于专业课学习重要和非常重要之和的比例分别为100%、100%、80%、78.74%、75%、71.43%、70%和61.11%(见图3)。

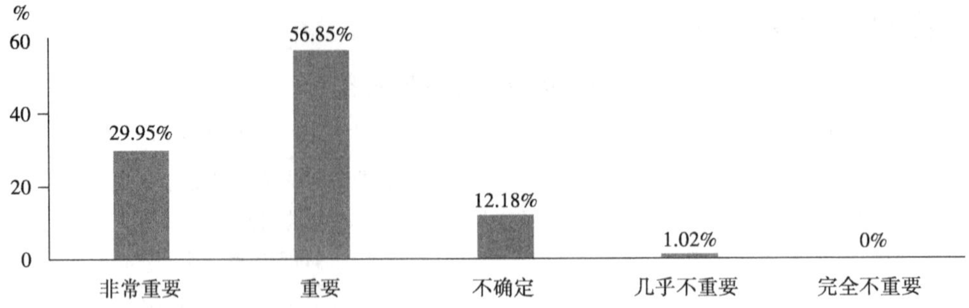

图1　课程对未来人生发展的作用

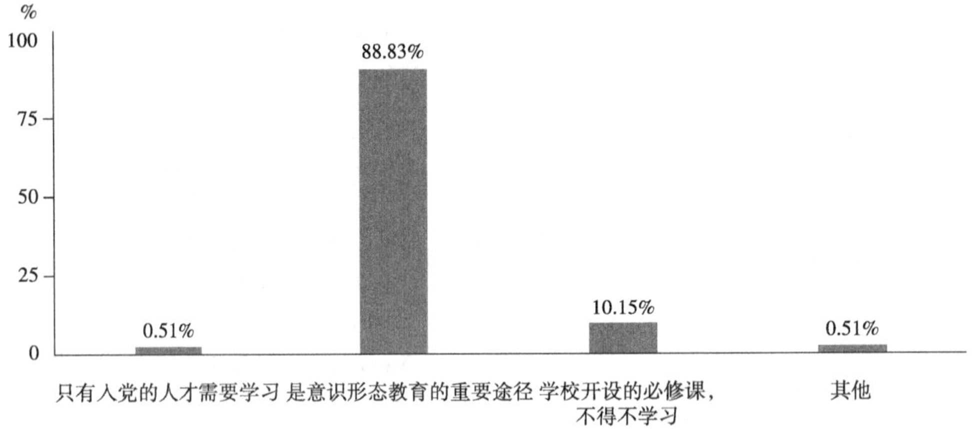

图2　对于课程的看法

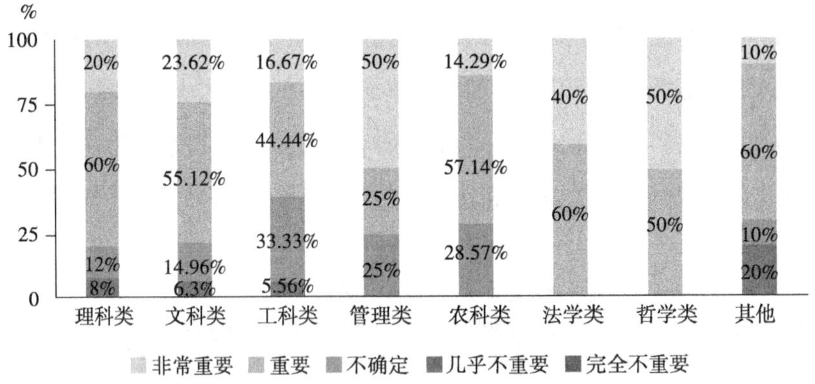

图3　课程对于专业学习的作用

由此可以看出，大部分的研究生都能正确定位本门课程在各种课程与人生发展中的重要地位。但是，在涉及与自己专业发展的联系时，有部分学生对于课程的认知仅停留在表面上的思想意识形态教育，而欠缺对于本门课程的内涵与广延性的认识，只有与本门课程联系紧密的相关专业的学生才能真正认识到本门课程的重要意义，即“中国特色社会主义理论与实践研究”这门课程不仅发挥着武装思想、帮助树立正确的价值观等方面的作用，还有益于学好专业课程，所以这门课程和专业课程是一种相辅相成、相互作用的关系。基于此，我们认为硕士研究生对这门课程的定位基本正确，但对本门课程与专业课的联系认知不足是学生存在的主要认知问题。

（二）课程学习：兴趣充分，但课堂学习的参与度不高

学生是课程学习的主体，而学习是由学习兴趣作用的结果。本次调查表明，12.18%和57.87%的学生对于课程的态度为“非常感兴趣”和“感兴趣”，两者之和的比例达70.05%（见图4）；从课程学习出勤数据的对比分析可看出，只有0.5%的学生经常缺勤，只要老师不点名就不来上课，而大部分学生在这门课程的学习上保持着高出勤率，一次都没缺勤的比例高达85.86%（见图5）。

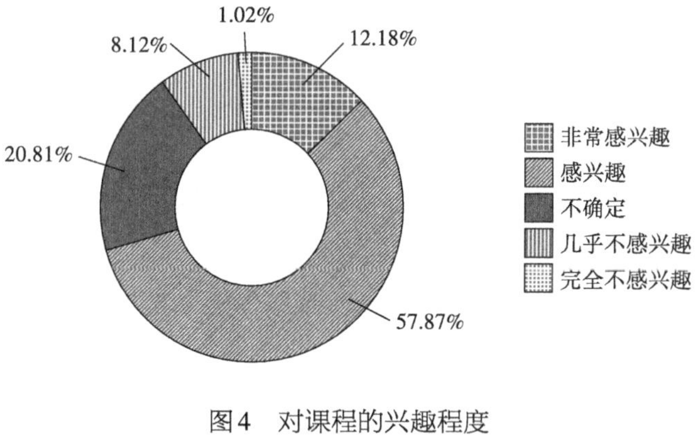

图4　对课程的兴趣程度

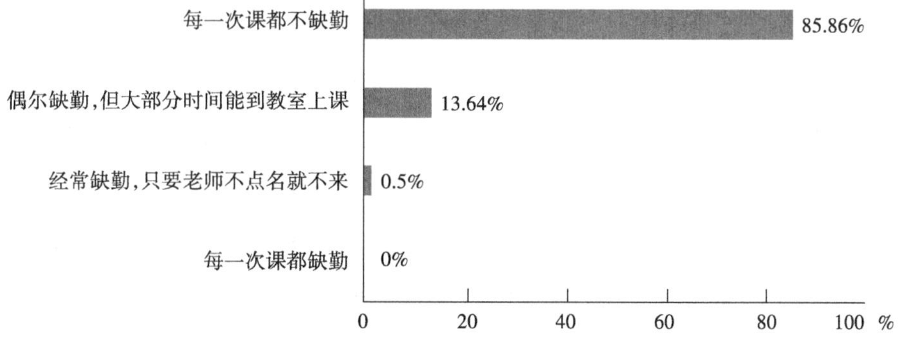

图5　课程学习出勤情况

然而，在调查学生课堂学习的参与情况时，通过回归分析发现，学生对这门课程的兴趣高低确实会影响学生在课堂学习前后的行为，兴趣高的学生会做到课前预习和课后复习（见表2）；但是并不影响学生在课堂的表现，特别是在课堂互动上，80% 的学生只对感兴趣的内容进行互动，且每次认真对待课堂互动的学生只占33.33%（见图6）。由此可知，学生在课堂学习中的参与度不高，且存在应付老师的情况。

表2　课堂参与情况回归分析

	零标准化系数		标准化系数	t	ρ	VIF	R^1	调整 R^1	F
	B	标准	$Beta$						
常数	0.556	0.311	–	1.790	0.080	–			
你在课堂上的表现如何？	0.284	0.161	0.233	1.767	0.084	1.466			
你参与课堂互动的频率是多少？	0.209	0.142	0.227	1.472	0.148	1.999	0.466	0.418	$F(4,45)=9.815$，$\rho=0.000$
你在课堂学习前后的变化如何？	0.249	0.109	0.336	2.290	0.027*	1.816			
在课堂互动中，你的学习态度如何？	0.065	0.228	0.051	0.283	0.778	2.765			
因变量：这门课程的学习让你有什么感受？									
D-W值：1.817									
$*p<0.05**p<0.01$									

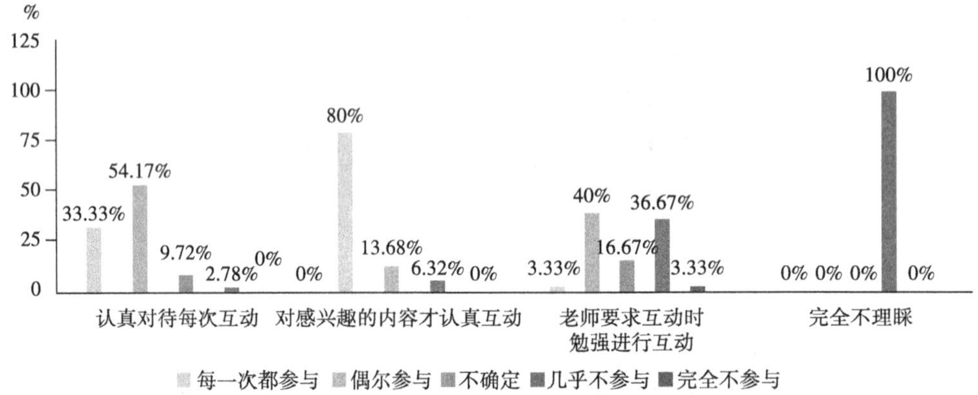

图6　课堂互动情况交叉分析

基于以上分析，我们认为学生在课堂学习上虽然对本门课程抱有很大的兴趣，但是兴趣的高低只是表现在形式上的预习和复习，却忽略了课堂参与的重要性，同时也表明学生在课堂学习上存在着师生互动不足、学习积极性不高、专注度欠缺等方面的问题。因此，如何将学生兴趣转化为高度投入的课堂参与行动将是本门课程教学的一个重要问题。

(三)课程教学:教学专业,但课堂教学模式的创新性不足

课程教学是课程的主体部分,也是教师与学生进行互动活动的重要媒介。本次调查研究从教学内容、教师、教学方式和教学评价等几方面分析课堂教学的现状。首先,在教学内容上,59.6%的学生认为目前的课程教学内容是可以满足自身发展需求的,例如,从课程教学的内容调查中发现大部分课程内容不仅满足学生的兴趣,也符合学生的发展需求(见图7)。其次,在教师方面,专业素养深厚型与理论联系实际型特征的教师分别占51.52%与52.53%,表明教师具有深厚的专业教学功底(见图8)。再次,在教学方式上,60.1%的学生认为教师的教学方式是符合学生学习特点的,表明大部分学生认可目前的教学方式。最后,在评价上,本次调研主要从问题与建议两个方面的内容开展评价、分析,一方面从教师角度去评价、分析教师目前教学中存在的问题,如"教学方式陈旧、单一,难以激发学生的学习兴趣""语言表达缺乏感染力,导致课堂气氛沉闷"等,分别占比51.52%与46.97%(见图9);另一方面,从建议的角度出发分析如何改进目前存在的教学问题,对收获与改进方式的交叉分析结果显示(见图10),"老师结合书本内容,联系当下热点事件授课""适当设置课堂辩论环节,更多地引导学生自己思考"是学生认为收获最大的方式,这也是值得改进的地方。由此可见,教师不仅需要扎实的课程理论基础,还需要顺应时代发展,将时事热点融入课程的教学中,使得课程更加具有时事性。同时,在教学过程中需要注重学生的主体地位,调动学生学习的主动性和积极性,给学生创造表达自己想法的空间,让他们真正地参与到课程学习中来。

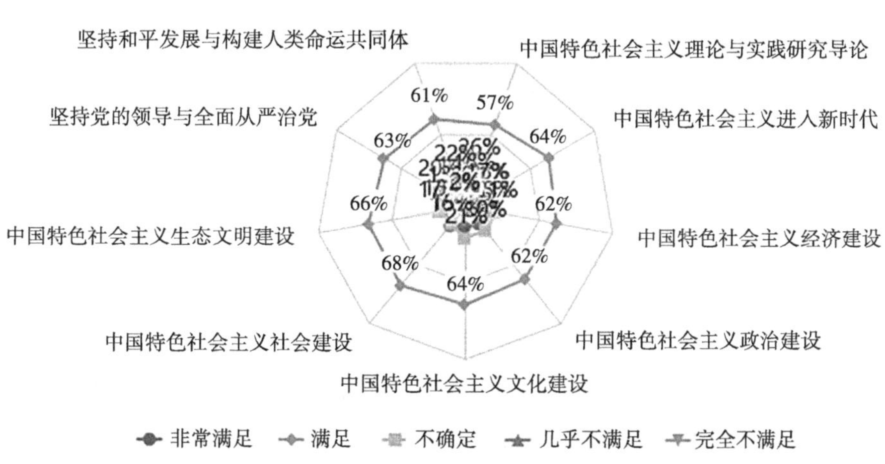

图7 教学内容是否满足发展需求

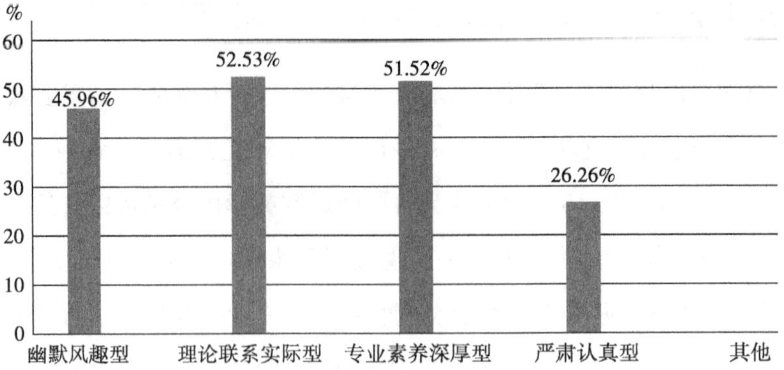

图8　教师类型占比分析

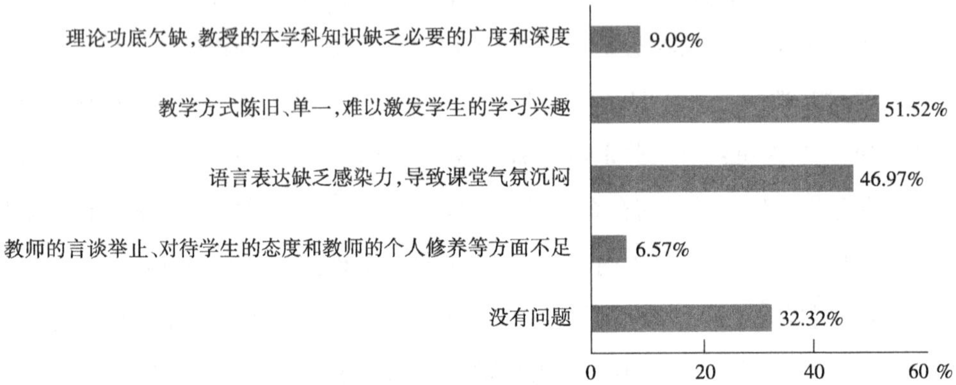

图9　教师在教学上最主要的问题

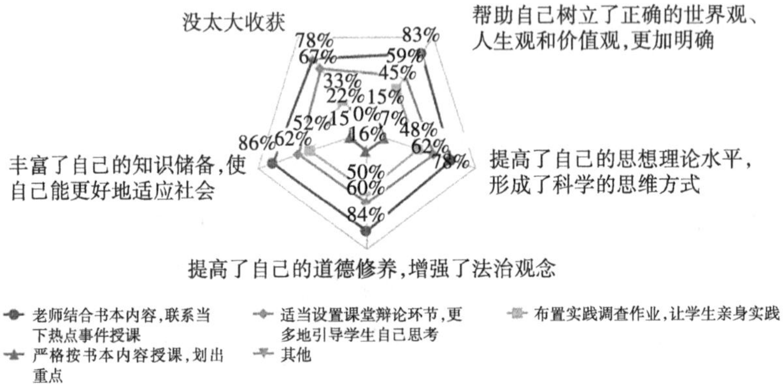

图10　课程教学评价分析

综上分析可知，当前的课程教学在师资、内容以及工具等方面都是专业的，但是在具体的教学过程中还需不断创新，充分调动学生的积极性与主动性，助力学生的全面发展。

二、“中国特色社会主义理论与实践研究”课程“学”与“教”存在问题的原因分析

造成课程认知、课程学习以及课程教学三个方面问题的原因是多方面的,但主要原因是学生对“中国特色社会主义理论与实践研究”课程学科性质的“排斥”、课堂的交互式学习欠缺,以及教师的教学主导性不足。

(一)对课程学科性质的“排斥”

相较而言,理科类、文科类、管理类、农科类、其他类和工科类的部分学生不注重“中国特色社会主义理论与实践研究”这门课程与专业课之间的联系问题,除了受学生个人认知的影响外,还受学科本身的性质影响。一是学科的分类,毋庸置疑,“中国特色社会主义理论与实践研究”这门学科属于人文社会学科,故它具有明确的社会性与人文性双重特点,具体表现为它不仅以人类的精神世界及其积淀的精神文化为研究对象,还用以揭示社会各种现象及其发展规律。因此,由于两类学科的差异性,不同专业的学生会受到自己专业学科固有概念的影响继而形成一种思维定式,这就是人文学科的学生对这门学科的认知度比自然学科的学生高的原因。二是根据学科的属性,主要可分为理论学科和应用学科。“中国特色社会主义理论与实践研究”这门课程属于理论学科,它是中国推进马克思主义中国化形成的理论成果,反映的是新中国成立以来党中央的重大战略思想与决策,可以说,这既是一种智慧的结晶,也是一种历史的见证。由此可知,它与应用类学科相比更加注重思想的培养与精神的熏陶。综上所述,课程的学科性质会影响学生对学科的认知。

(二)课堂的交互式学习欠缺

交互式学习指的是一种学生与学生之间或者是学生与教师之间的交流与互动的学习方式,教师不再只是知识的传授者,而是与学生形成共同体——既是学习者,也是分享者。但从调查来看,在当前的课程学习中学生参与不足的问题突出,而大部分学生的互动参与也只针对自己感兴趣的内容。“中国特色社会主义理论与实践研究”作为一门理论性比较强的学科,光靠单纯的理论知识传授,不仅枯燥乏味,还容易让学生失去学习的兴趣。具体可从学生兴趣的角度分析。首先,从调查结果显示,大部分学生对这门课程的学习都表示感兴趣。兴趣除了是学习产生动力的源

泉，它还代表了想要急切探索未知事物的情感倾向和态度，这种倾向与态度会激发学生积极的行动。反观当前的课堂学习，虽然教师与学生之间有简单的交流互动，但是缺乏对学生兴趣的积极激发。因此，教师除了从学习内容上引起学生的学习兴趣外，还应该结合教学的方式或评价等激发学生学习的兴趣。其次，在调查中发现学生对感兴趣的内容会积极参与互动，这从侧面反映了学生其实是有互动交流的意愿的，但是欠缺一个良好的学习交流环境。而互动式学习强调学生需要围绕一个探索性的问题进行交流，这无疑可以为他们创造一个好的互动学习环境，让他们能够更充分、更自由地参与学习。目前，课程中的交互式学习是十分欠缺的，主要体现在互动式学习的兴趣激发不足和环境氛围营造不够。由此可知，当前的课程学习方式还是以讲授式为主，互动式学习还未真正融入教学之中。

（三）教师的教学主导性不足

教师在教学过程中发挥着重要的主导作用，教师主导作用的充分发挥有利于激发学生的学习兴趣，提高学生的学习效率。教学过程是教师的“教”与学生的“学”共同组成的互动活动，二者互相促进、相辅相成。根据调查结果可知，“中国特色社会主义理论与实践研究”的课程内容以及教师的专业知识储备都能够满足学生的学习需求，但是在教学形式以及课堂氛围方面还需要进一步改进。本课程当前的教学形式较为单一，且仍然停留在传统的灌输知识的形式，教师角色占据了教学过程的主体部分，学生在教师单一输出式的教学中会产生烦闷的负面情绪，学生的学习兴趣难以被激发。另外，教师在教学过程中也缺乏生动形象的语言表达，导致课堂氛围过于沉闷，学生在课程的学习过程中难以与教师形成有效的互动，“教学”这一双边活动过程难以形成完整的闭环，导致教师的“教”与学生的“学”难以达到相互促进的效果。由此可见，教师主导作用的发挥在教学过程中尤为重要，一方面，教师在教学过程中要充分发挥自身的主导作用，成为课程学习的引导者和组织者，这样才能充分调动学生的学习兴趣，有效地发挥学生的主体性作用，提高学生在课程中的参与度；另一方面，教师要利用好自身的专业教学技能，同时也要与时俱进，将时事热点融入课程内容当中，充分活跃思政课堂的氛围，为思政课堂注入新鲜活力。

三、增强“中国特色社会主义理论与实践研究”课程学习效果的对策

根据调研结果分析可知，如何加强不同学科之间的融合、提高学生课堂参与度、打造师生共生课堂是增强“中国特色社会主义理论与实践研究”课程学习效果的重要对策。

（一）以学生为主体，加强不同学科之间的融合

从调查结果分析可知，大部分学生都认同该课程对未来人生的重要作用，并将本门课程定位为一种重要的思想意识形态教育课程。但是部分学生对于课程的认识仅停留在表面上的思想意识形态教育，认为该课程与自己所学的专业课程联系不紧密。因此，讲授该门课的教师和受教育者（研究生）两个主体都要注重不同学科之间知识与思维的融合问题。一方面，教师须提高自身素质，引导研究生重视中国特色社会主义理论与实践问题的研究。高校思政课老师应该具备深厚的政治理论知识和素养，加强理论武装。同时，课程效果在很大程度上取决于学生，研究生的主体意识日渐增强，教师在授课的时候应该贴近生活、贴近实际，讲解学生想要了解的知识点，并利用现代科学技术营造一种生动、有趣、平等的对话交流学习氛围，吸引研究生主动参与到课堂中来。另一方面，研究生应该加强对该课程与专业课的联系的认知。学生作为学习的主体，首先应该明确“中国特色社会主义理论与实践研究”课程在一个人的成长中的重要地位。这门课程不仅仅是讲述有关中国特色社会主义理论与实践问题，它会提供更多先进的思想，培养科学思维方式。因此，研究生应该主动将“中国特色社会主义理论与实践研究”与自己的专业相联系，将其作为专业课学习的思想基础，进而将该课程与专业课有机融合，共生共长，创造出色的成果。特别是工科和理科的学生，应该明确该门课程和专业课程是一种相辅相成、相互作用的关系。

（二）创新教学手段，提高学生课堂参与度

随着经济和科技的快速发展，研究生对于知识的获取渠道不再仅仅局限于书本，而是借助于更多样的信息渠道，更加关注社会中的新事物和新观点。这也就决定了如今的课堂教学手段需要更新，才能适应当今学生日益多元的学习需求。在课堂学习中，学生的课堂参与度非常重要，而从调查结果可知，学生参与课堂互动的程

度明显不够。参与是课堂教学有效性的基本前提，无论什么理论的教学，如果没有人参与，再有深度也是枉然。在“中国特色社会主义理论与实践研究”的课堂教学中，教师应改变一味对学生进行简单的知识灌输的传统教学方式，借助现代化的教学手段，调动学生参与课堂学习的积极性和主动性。“中国特色社会主义理论与实践研究”课程的重点在于“研究”，课程必须要激发学生的学习兴趣，让学生参与到课堂教学中来。在研究生的课堂学习中，教师应该采取讲授与讨论相结合的方法，让学生积极地参与到课堂互动中来，使学生不再感觉自己只是在课堂中被动地接受知识，而是作为一个参与者，乐意将自己的看法和见解积极主动地表达出来。同时，教师也应借助互联网时代的便捷之处，将课程内容不断更新，紧跟时事，将社会中的新观点、新热点与课程内容相结合，在引起学生兴趣的同时，也能引导学生积极地参与到课堂互动中。通过课堂互动，不仅可以加深学生对于课堂知识的印象和理解，而且可以使学生真实地表达出自己对于各种社会现象的见解，提高学生的兴趣和课堂参与度，促进师生之间、生生之间的相互启发和交流，也可以增强学生的社会责任感。

(三)创新课程实践，打造师生共生课堂

党的十八大以来，中国特色社会主义进入了新时代。在此背景下，高校研究生思政课将提升到更高层次的地位。因此，加强和改进研究生思政课教学，对于贯彻党的教育方针，培养全面发展的高层次创新人才，推动马克思主义中国化研究具有重要的理论与实践意义。首先，教学内容是课堂教学的核心所在，教学内容的改革和创新是增强教学实效性的关键，其重要之处就在于教学内容的设计和安排必须具有鲜明的时代特征，及时根据党的理论发展和国家热点时事来更新教学内容，推动教材体系向教学体系的转变。其次，在教学方式上，教师应注意采用研究性教学方式培养学生的问题意识，采取多样化的教学手段，组织学生围绕社会现实问题展开研讨，同时加大实践教学的力度以增强教学效果。此外，教师作为教学活动的主导者，其个人素养在很大程度上决定了教学的质量和效果，因此，提高教师素养是增强教学实效性的重要途径，教师不仅需要在专业知识上不断学习，更需要提升自己的人格魅力以便去感染学生，通过幽默风趣的语言来带动课堂气氛，形成特色鲜明的教学风格，不断提高自己的教学水平。最后，各级各类高校应健全课程管理体制，为

课程教学改革提供重要的制度保障,举行相关的研讨会和搭建学术交流平台,加强青年教师队伍建设,规范地管理高校思政课教学。综上所述,教师与学生其实构成了一个共生共长的发展共同体。因此,只有教师与学生在课堂教学环境中充分地参与课堂活动,形成共生课堂(见图11),才能更好地使课堂教学朝着生态化、科学化、可持续化的发展方向进步,最终实现教师与学生的共同成长进步。

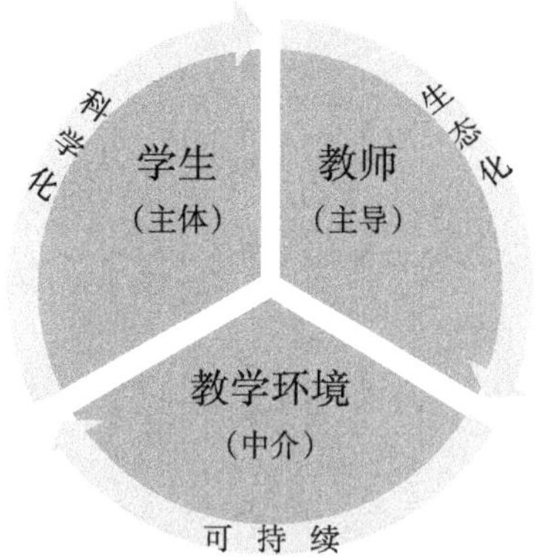

图11　共生课堂模型图

(指导教师:西南大学马克思主义学院　史君)

后 记

《实践的力量:西南大学研究生思政课社会调查报告》(第一辑)终于要付梓了。

编辑出版这本研究生社会实践调查报告实属不容易。几次接到研究生思政课教学负责人邱永琼老师的电话,要我写个后记,算是对我们出版这本书的一个交代。作为“中国特色社会主义理论与实践”这门课的课程负责人,本应主动完成这项工作,早该写好的,但却因教学科研和人才培养任务太重,迟迟没能动笔。时至今日,已是不能再推。

从之前的“中国特色社会主义理论与实践研究”到今天的“新时代中国特色社会主义理论与实践”,这门课程一直受到西南大学党委、行政的高度重视,多年来一直坚持课程组教学团队集体统一备课,多年来一直坚持教学改革与教学研究相结合,先后承担国家社科基金思政课专项项目,教育部教学改革团队建设重点项目、专项任务项目,重庆市研究生教学改革项目十多项(如吴艳东教授主持的国家社科基金思政课专项项目“总体国家安全观融入高校思政课教学研究”,陈跃教授主持的教育部人文社科专项任务项目“研究生思想政治理论课中国特色社会主义理论与实践研究”和重庆市教育教学改革研究重点项目“研究生思想政治理论课教学改革创新探索”,邱永琼副教授主持的教育部高校示范马克思主义学院优秀团队建设重点项目“西部地区高校研究生思想政治理论课教学研究”和重庆市教育教学改革研究重点项目“研究生思想政治理论课‘网络·课堂·实践’一体化教学模式研究”,以及我本人主持的重庆市教育教学改革研究一般项目“贯穿科学思维方法的研究生思想政治理论课教学模式探索”等)对推动这门课程的教育教学改革实践起到了重要的支撑作用。我们选送的“培养科学思维方式让学生爱上思政课”入选教育部第四届全国教育改革创新典型案例,成为两个入选的高校思想政治理论课教学案例之一;在全国首届高校思想政治理论课教学展示活动中,我们这门课程的展示获得二等奖;我们的教改成果获重庆市研究生教育教学改革研究优秀成果奖两项,西南大学教育教学成果一等奖一项、二等奖一项;我们承担的这门课程获得了重庆市研究生教育优质课程立项。

学校对这门课程的实践教学高度重视,实践教学方式包括社会调查、专题研究和到红岩联线参观。社会调查和专题研究分小组进行，由我们课程教学团队统一提供社会调查和专题研究的参考选题，各教学班自愿组成若干个社会调查或专题研究团队，每位研究生都必须参与到团队中，并在任课老师的指导下确定选题，完成社会调查或专题研究，撰写社会调查报告和专题研究报告。各教学班在完成社会调查和专题研究的基础上，分别组织班级各团队在课堂上进行汇报，并推选出1~2篇优秀社会调查报告或专题研究报告参加全校的实践教学汇报竞赛，对在竞赛中获奖的团队颁发一定的激励奖金和获奖证书，实践教学占总成绩的40%。重庆是一个红色文化资源十分丰富的英雄城市，在市委、市政府的精心打造下，将一系列红色文化资源进行整合形成了“红岩联线”品牌。学校将红岩联线作为研究生思想政治理论课实践教学基地，每学期都统一组织研究生到红岩联线参观，学生自愿报名参加，报名参加的研究生约70%，要求研究生参观后将观后感融入课程学习的心得体会中。学校研究生院每年投入实践教学经费100万，对研究生思想政治理论课实践教学给予大力支持，在此，对研究生院的领导和老师们表示衷心感谢！

本次入选的16篇实践报告主要是社会调查报告。我们对近两年在学校组织的实践教学汇报竞赛中获奖的社会调查报告按照调查主题进行了精心挑选，选出的报告在各班教师的指导下，同学们认真进行了多次修改。在这里，对实践报告入选本书的同学们付出的努力，对各班指导老师们的用心指导，表示由衷的感谢！我们对整书也统一进行了多次编改，编改的过程十分艰难，特别是邱永琼老师在此过程中付出了宝贵的时间和大量的精力，虽然入选的报告都是获奖的报告，但各个团队完成的调查报告无论是类型、内容还是写法、体量等差别都很大，作为一本书必须有一个统一的标准，使读者在阅读的时候能有一个良好的体验。尽管我们做了艰辛的努力，但问题一定还有，也恳请读者们特别是各高校的同行们、研究生同学们提出宝贵意见，以便我们在今后的编撰过程中不断改进。

本书的出版得到了西南大学出版社的大力支持，得到了西南大学马克思主义学院领导和老师们的关心、帮助，得到了西南大学马克思主义学院学术出版基金的全额资助，在此一并表示感谢！

王永友

2022年2月28日